虹の身体

チベットのヨーギたちと光の錬金術

永沢 哲

序文

深い青に澄みわたった天空に、真白な峰々が突き刺さる。ヒマラヤを横目に飛行してきたプロペラ機は、着陸態勢に入る。

パロ空港は、狭く切り立った山の斜面にはさまれた谷にある。チベットから蛇行しながら流れ落ちてくる川の水面が視界に入る。同時に、飛行機は急に機体を斜めにかしげ、横なぐりの風の中、ぶるぶる震えながら高度を下げる。かすかにからだが緊張し、床を踏む足に力が入る。

竜の国ブータン。大地に車輪が触れ、ブレーキの音が軋む。世界の各地からやって来た乗客のあいだから、ぱらぱら拍手が起こる。

翌日の夕方、わたしはティンレー・ノルブ・リンポチェ（「リンポチェ」はすぐれたラマへのチベット語の尊称）の弟子の一人と同じ車中にいた。

二〇一一年一二月、ティンレー・ノルブ・リンポチェは、カリフォルニアのパーム・デザートで一週間のトゥクタム（「聖なる御心」）――呼吸が止まったまま、瞑想の姿勢を保つ状態――に入った。二か月後、美しく装飾された厨子に納められた遺体は、ティンレー・ノルブ・リンポチェと深い縁に結ばれたブータンに空輸された。厨子はブータンの各地に運ばれ、多くの人々がその前にぬかずき、カタ（白い絹の布）を捧げた。厨子は、その後パロ郊外の高台にある瞑想洞窟の近くに安置されていた。

「リンポチェのご遺体は、ずいぶん小さく縮んだと聞いたのですが……」

車高の高いランド・クルーザー、霧雨が柔らかく降りかかる北向きの斜面はすでに暗くなっている。西チベット出身のラマが答える。

「ええ。ずいぶん小さくなりました。呼吸が止まり、瞑想のポーズを保ったままトゥクタムに入られた日から、毎日お部屋に見に行ったのです。そのたびに少しずつ小さくなっていくのですよ。最後は八歳の子供くらいの大きさになってしまった。」

「なるほど。ゾクチェン（「完全なる完成」）の密教の伝統において、修行に専念して最高の覚りにいたった修行者は、肉体が完全に光になって消えてしまう「虹の身体」を成就する。利他のためにはたらいた者の体は、完全な「虹の身体」になることなく、八歳の子供くらいの大きさになって残ることがあるといいますね。トゥクタムはどれくらい続いたのですか？」

「ちょうど一週間です。経典に書いてあるとおりでした。」

茶毘の日程を確認したわたしは、翌朝中央ブータンに向かった。

二週間後、中央ブータンから戻ったわたしは、再びパロにいた。小さな市街地から川沿いの道を北西に上がり、パドマサンバヴァが瞑想した聖地タクツァンに向かう途中を、左に曲がる。夜明け前でまだ暗い。乾いた砂と石ころだらけの急な坂道で、スニーカーの足元が滑る。

ティンレー・ノルブ・リンポチェからは、数年前に灌頂を受けたことがある。カリフォルニアの

ティンレー・ノルブ・リンポチェの収縮した遺体（2013 年、パロ）

生前のティンレー・ノルブ・リンポチェ

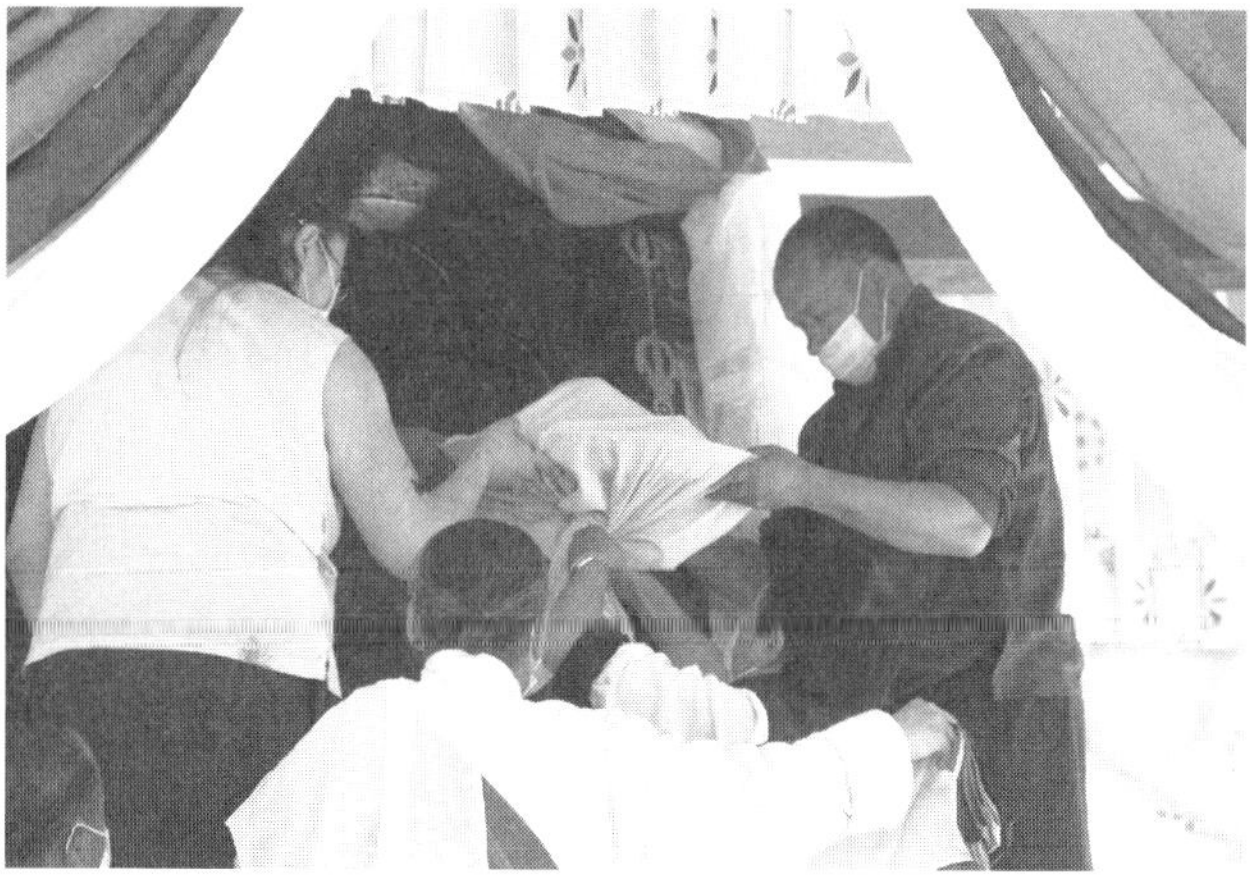

プルカンから遺骨を取り出す

乾ききった砂漠。すでに七十代後半にさしかかっていたティンレー・ノルブ・リンポチェは、高い塀に囲まれた別荘地の一角で、ティーンエージャーの若い弟子たちといっしょに暮らしていた。法要が終わると、供養のために捧げられたワインのボトルを片手に、弟子たちが踊る密教の神々の舞いを見る。宴は深夜まで続いた。

坂を登りきると、荼毘に用いられる白い仏塔のような建物（「プルカン」:phur khang）のまわりに、白地に吉祥のシンボルを縫い取った巨大なテントが立ち並んでいる。ブータン人行者用のテントはいっぱいだ。外国人向けの席に陣取る。バックパックから、ティンプーで手に入れた経典を取り出す。トーマ・ナクモ（「黒い忿怒の女神」）の儀軌は、チュー（gcod「切断」）の修行の一種だ。行者は大きなデンデン太鼓と金剛鈴を打ち鳴らしながら、観想の中で、頭頂から一気に意識を抜き出し、紺青色の女神に姿を変える。大地に横たわる自分の肉体を半月形のナイフで切り裂き、甘露に変えて供養する。十九世紀にドゥジョム・リンパが「発掘」したトーマ・ナクモの体系は、強烈な加持力によって知られる。ティンレー・ノルブ・リンポチェの葬儀は、このトーマ・ナクモの儀軌とともに行われた。

東ブータンを中心に、ヒマラヤの各地から集まった三百人ほどの行者たちの歌声と楽器の音で、空間は満たされる。

数時間後メロディーが変わる。密教の師に呼びかける「遥かなる師への祈り」が、嫋々《じょうじょう》たる声明とともにくりかえされる。

「そのご恩を何にたとえることもできないラマよ、……命が尽きるその日まで修行を続けられるよう、どうかご加持ください。」

コーラス・マスターの声が、ときどき涙で途切れがちになる。その中を、輿に乗せられたティンレー・ノルブ・リンポチェの遺体は進む。

もともとティンレー・ノルブ・リンポチェの遺体が納められた厨子は、プルカンより一段高い平らな地面の上につくられた、五色の絹の天幕の中に安置されていた。その日数か月ぶりに、厨子から取り出されたのである。

巡行は、プルカンの反対側からゆったり進む。どれくらいたっただろう。「遥かなる師への祈り」を歌い続けるわたしの前を、輿がゆっくり通り過ぎて行く。遺体は、白いマスクと密教の法衣を身に着け、金剛薩埵の姿勢で結跏趺坐を組んでいる。

ティンレー・ノルブ・リンポチェはもともと小柄な方だった。けれども、それにしても小さい。たしかに、小さな子供ほどの大きさだ。わたしはその姿を記憶に刻みこもうと、じっと見つめた。

遺体はプルカンの周囲を一まわりすると、斜めに取りつけられた白い階段をとおって、その最上部に運ばれ、小さな戸口から内部に安置される。コーラス・マスターの声が、とりわけパセティックになる。小枝を束ねた焚き木に火がつけられ、中に放りこまれる。扉はしっかり閉ざされる。すすり泣く声が、あちこちから聞こえてくる。

一週間後、封印を解かれたプルカンからは大小の仏舎利が出た。

チベットに伝えられるゾクチェンの密教の修行者たちは、物質からできた粗大な肉体を、純粋な光に変える修行に取り組む。死のときあるいは生きている間に、肉体は純粋な光に変容し、消えてしまう。「虹の身体」は、ゾクチェンの修行の究極の果実だと考えられてきた。八世紀にゾクチェンがチベットに移植されて以降、無数の修行者たちが、「虹の身体」の覚りを得てきた。本書はこの「虹の身体」をテーマにしている。

「虹の身体」を成就する修行者の多くは、人里離れた行場で、誰にも知られずに、瞑想に専念するヨーギだった。だから彼らがどんな一生を送ったのか、知ることはとてもむつかしい。けれども、例外もある。身近な弟子や同時代の学僧が書いた伝記が、残されていることがあるのだ。

本書の第一章から七章は、ゾクチェン行者たちのうち、十九世紀から二十一世紀に出現したごく少数の人々について、そうした伝記をもとに、彼らの生を現代によみがえらせる試みである。

第八章と九章は、「虹の身体」の背景にあるゾクチェンの「光の存在論」と、チベットに伝承されるほかの密教の伝統との関係、さらに現代の物理学――量子論および超弦理論――との対話をテーマにしている。

こうした作業をつうじて、わたしは、チベットに伝承されてきた古代からの叡知が、現代の文明と鋭角に交差し、その隘路を突破していく可能性について考えようとしている。

虹の身体——チベットのヨーギたちと光の錬金術　目次

序文

第三章　青空に消える――メワ・ケンポ・ツェワン・リグズィン　65

第四章　狂気から覚りへ――トクデン・ウギェン・テンズィン

第九章　光の錬金術――ゾクチェン・ニンティクの光の存在論

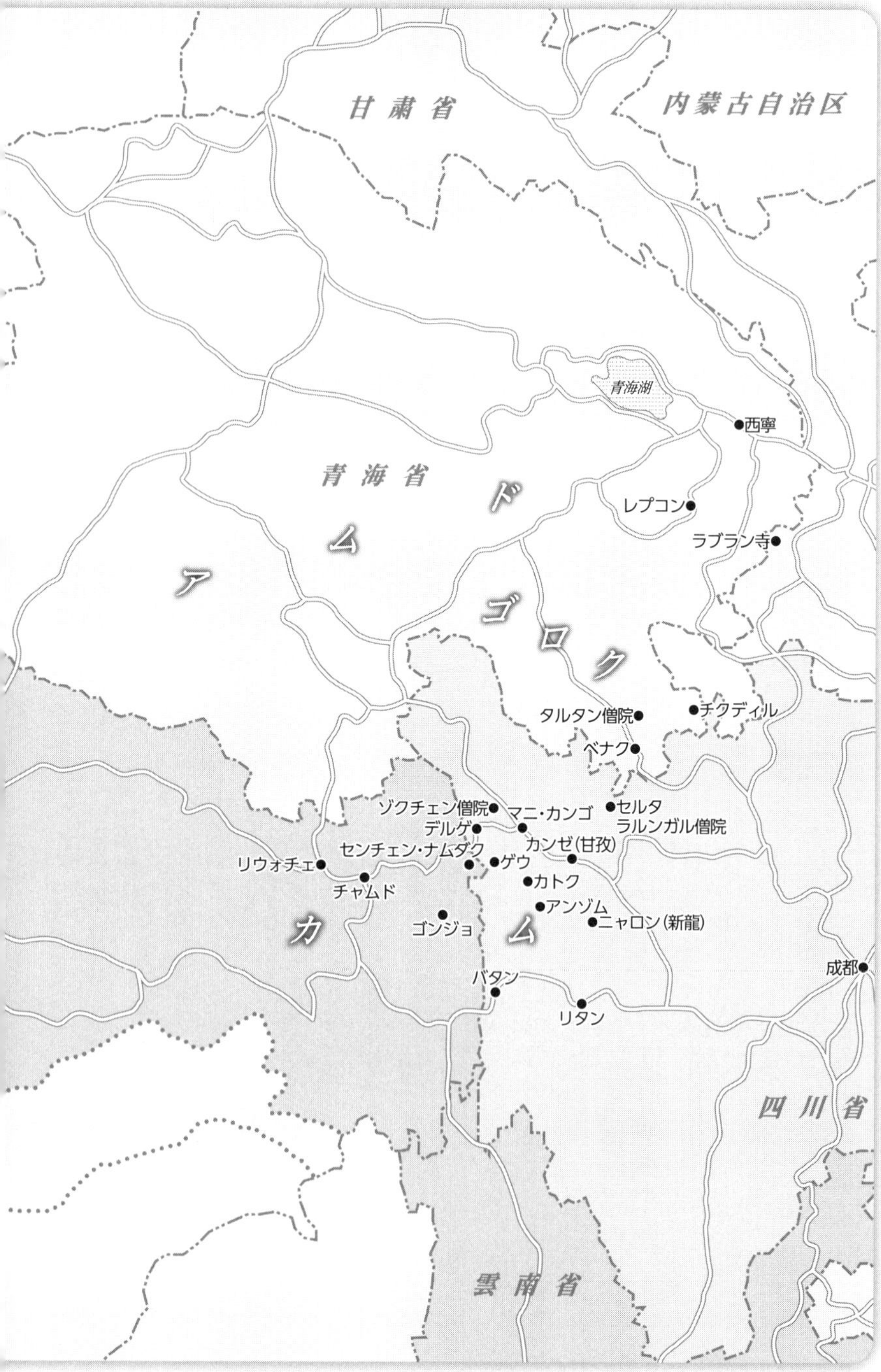

甘粛省
内蒙古自治区
青海湖
西寧
青海省
アムドゴロク
レプコン
ラブラン寺
タルタン僧院
チクディル
ベナク
ゾクチェン僧院
マニ・カンゴ
セルタ
ラルンガル僧院
デルゲ
センチェン・ナムダク
カンゼ(甘孜)
リウォチェ
ゲウ
チャムド
カトク
アンゾム
ゴンジョ
ニャロン(新龍)
カム
成都
バタン
リタン
四川省
雲南省

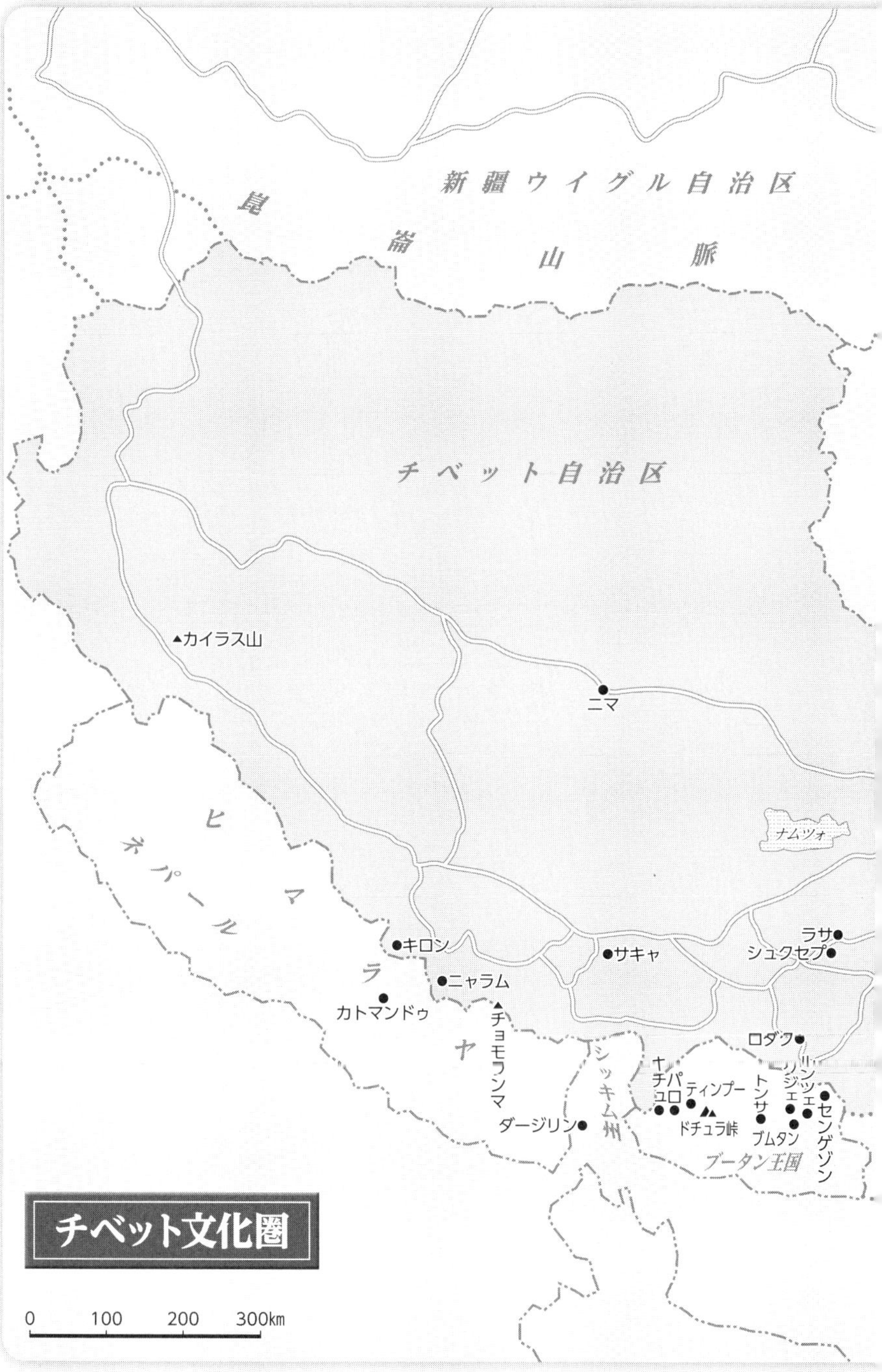
新疆ウイグル自治区
崑崙山脈
チベット自治区
カイラス山
ニマ
ナムツォ
ヒマラヤ
ネパール
キロン
ニャラム
カトマンドゥ
チョモランマ
サキャ
ラサ
シュクセプ
ロダク
シッキム州
ダージリン
ハ
チュ
パロ
ティンプー
ドチュラ峠
トンサ
ブムタン
ジャカル
リンツェ
センゲゾン
ブータン王国
チベット文化圏
0 100 200 300km

第一章

「虹の身体」一九九八年——ケンポ・アチュー

あらゆるブッダの慈悲を一身に集め、
その恩義はかぎりない。
悪業にまみれたわたしを救ってくださる唯一なる聖なるラマよ、
心の奥底から祈ります。
その御心から離れることがないよう、ご加持ください……。
若々しい童子の壺の身体に解脱できるよう、ご加持ください。
今生において、虹の身体を成就することができるよう、ご加持ください。
輪廻を滅することができるよう、ご加持ください。

（ドゥジョム・リンポチェ・ジグデル・イェシェ・ドルジェ「あらゆるブッダの慈悲を一身に集めたラマへの祈《いの》り」）

ケンポ・アチュー

一九九八年、北京で発行されている『チャイナズ・チベット』に、一つの短い奇妙な記事が掲載された。『チャイナズ・チベット』は、この時期北京で発行されていた季刊誌で、西蔵自治区、青海省、四川省、甘粛省、雲南省にまたがるチベット人地域の政治、環境、社会、経済、文化についての多様な報告記事が七〇ページほどの誌面にまとめられている。

そこには次のように書かれていた。

逝去したラマの体が縮む。『甘孜日報』によると、新龍県ルンモ寺（ママ）の僧院長アチューが九月一三日に逝去した。その遺体は仏教の伝統にしたがって、七日間お堂に安置されていたが、六日目の午後にはインク瓶の大きさにまで縮んだ。八日目には豆粒大になり、十日目には完全に消えた。[2]

『チャイナズ・チベット』は、もともと中国の国立名門大学である清華大学と深い関係を持っていた。チベット人が住む地域における地方政策の進展や、開発状況、最近の経済指標、気候変動に伴う農業、牧畜の現状についての記事が大半を占める「お堅い」雑誌だ。

中国政府はチベット侵攻後、チベットにおける「迷信」を批判するキャンペーンを、五十年にわたって続けてきた。遷化したラマの遺体が縮んで姿を消してしまったなどという記事は、『チャイナズ・チベット』の性格を考えると、いかにもその誌面にそぐわない。まったく突拍子もないものに見える。もう一つこの記事には、ひどく奇妙なところがある。『チャイナズ・チベット』は、英語と中国語の二か国語で発行される、バイリンガルの雑誌だった（現在のオンライン版は、五か国語になっている）。英語版は、おもに国外のチベット研究者や欧米在住のチベット人たちを読者として想定している。それに対して中国版の読者は、チベットの行政や教育に関わるチベット人や中国人の官僚や共産党員だ。

たいへん不思議なことに、この記事は英語版のみに掲載され、中国語版にはケンポ・アチュー（「ケンポ」は「僧院長」の意）の死を告げる言葉は、一言も見つからないのである。中国版と英語版のほかのページを見比べると、両者の内容はほとんど変わらない。それなのに、この記事は英語版だけに載せられ、中国語版からは注意深く取り除かれている。

それはまるで、『チャイナズ・チベット』の編集者が、この驚異に満ちたニュースを中国の外部の読者に向けて、秘かに発信しようとした、賭けにも似た試みに見える。

金剛のうるわしき太鼓の音

この記事があらわれてからしばらくして、弟子の一人だったロサン・ニェンダクが書いたケンポ・アチューの伝記が、私家版で発行された[3]。『虹の身体から自然に鳴りわたる金剛のうるわしき太鼓の音』と題された、この伝記によると、ケンポ・アチューは、一九一八年に東チベット、ニャロン地方（現在の四川省新龍県）のルモラプに生まれた。十四歳（数え年。以下同じ）のとき、生まれ故郷にあったニンマ派のルモラプ寺――『チャイナズ・チベット』の記事の「ルンモ寺」――に入門し、六年間にわたってニンマ派で用いられる仏教経典の学問に邁進した。

二十歳でニンマ派の典籍を学びつくすと、中央チベットにあるゲルク派の重要な学問寺であるセラ寺に移った。そこでゲルク派で大切にされる顕教経典の学問を続けるとともに、二十六歳からは、ニンマ派の偉大な密教行者として令名の高かったドゥジョム・リンポチェ・ジグデル・イェシェ・

ドルジェ（以下、ドゥジョム・リンポチェ。一九〇四〜八七）を師として、密教の教えを学んだという。

長期にわたる中央チベットでの顕密の勉強を終えたアチューは、生まれ故郷のルモラプに戻り、僧院大学の僧院長となった。引退後も、寺から五〇〇メートルほど離れた小さな家で、三人の弟子といっしょに暮らしながら瞑想修行を続けた。

死に先立つ数年間、ケンポ・アチューの周囲では、不思議な出来事がしばしば起こった。

数人の知り合いが訪ねたときのことだ。彼らはケンポ・アチューを家の中に残したまま、外から扉の錠をかけ、用事をすませに外出した。数時間後に戻ってきた三人は、びっくりした。家に閉じ込められていたはずのケンポ・アチューが、庭に出ていたのである。

「ケンポ、どうやって外に出られたのですか？」

「扉からだよ！」こともなげに答える。だが扉はしっかり外から錠がかかったまま、窓も閉まったままだった。

ケンポ・アチューの死の数日前、地元の人々は、家の左右から二つの虹が天空に向かって垂直に立ちのぼるのを見た。それだけではない。毎日若い女の美しい歌声が、響きわたっている。家の中に誰かいるのかと思って、入ってみても、誰もいない。家の中からは、今度はまるで上空から鳴り響くかのように、女の歌声が聞こえる。

一九九八年のチベット暦七月七日の午後、ケンポ・アチューは示寂した。

病をしめす兆候は何もなかった。数珠を繰り、観音菩薩の真言を唱えながらの最期だった。

夜の七時ごろ、身の回りの世話をしていた弟子が、服を着替えさせようと部屋に入ってみると、驚いたことに肌のしわは消え失せ、まるで子供のようにピンク色に輝いている。それだけではない。

少し体が小さくなっているように見える。

翌日、仏壇に置いた供物のバター・ランプを替えに行くと、さらに小さくなっている。

三日後、困り果てた弟子は、近くの別の僧院長のところに相談に出かけた。答えは「一週間誰にも言わず、秘密にしておきなさい」というものだった。

八日目、ごく親しかった四人の弟子ともう二人、あわせて六人で見に行くことにした。ベッドには、法衣がまっすぐ立っている。取り除いてみる。

何もない。爪も、髪も、何一つ残されていない。

呆然とした弟子は、頭を床に打ちつけ、大声で泣き始めた。

チベットでは、高い悟りを得たラマが亡くなると、生前身につけていた服や、荼毘に付したときに姿をあらわす仏舎利を、とても大切にする。仏像の中に入れたり、新しく仏塔を建立して、その中に納める。それは、修行を続ける弟子たちにとって、かけがえのない心の拠りどころとなる。ところが、何一つ残されていなかった。

そもそも遺体が姿を消したなどと、誰が信じてくれるだろう。

「虹の身体」とゾクチェン

『チャイナズ・チベット』の短い記事や、ロサン・ニェンダクの伝記に描かれたケンポ・アチューの示寂のようすは、チベット人やその周囲に広がる社会に、しだいに静かな、しかし深い波紋を広げていった。

その最初の例は、東チベットの有名な学問寺であるラルンガル僧院の学頭であるケンポ・ツルティム・ロドゥが、ケンポ・アチューの死にまつわる出来事について綿密な調査を行い、その結果を公刊したことだ。ケンポ・ツルティム・ロドゥは、最後の日々をいっしょに過ごした弟子たちや、ケンポ・アチューの友人で、死のときに遺体をどのようにしたらいいか、弟子たちの相談を受けて助言を与えた僧院長にインタビューを行い、その結果を公表したのである。[4]

ケンポ・ツルティム・ロドゥは、師のケンポ・ジグメ・プンツォク亡き後、チベットにおける最高の学僧にして、清浄な比丘僧として知られる人物である。彼が仏教の最も簡単な戒律である三帰依戒を与える授戒の儀式には、十万人を超える人々が、チベット全土から集まってくる。そのケンポ・ツルティム・ロドゥが、ケンポ・アチューが最後の日を過ごしたルモラプ寺に、わざわざおもむいて調査したのである。

「虹の身体」は、ニンマ派とボン教に伝承されるゾクチェンの密教修行の究極の結果だと考えられている。

ニンマ派のゾクチェンは、パキスタン北西部にあったウディヤーナ王国に出現したガラップ・ドルジェ（五世紀ころ?）によってはじめて説かれ、その後八世紀に、チベットに移植された。ニンマ派のゾクチェンは心部（セムデ:sem sde）、原初空間の部（ロンデ:klong sde）、秘訣部（メンガギデ:man ngag sde）という三つのセクションからなりたっている。秘訣部の中で、もっとも高度な中核の部分は、「ニンティク」（「心臓のエッセンス」）と呼ばれる。「虹の身体」は、そのうち原初空間の部、および秘訣の部の修行をつうじて達成される、特別な悟りだと考えられてきた。

ドゥジョム・リンポチェの『ニンマ仏教史』によると、原初空間の部と秘訣部の最初の十九人の導師たちのうち十一人が、「虹の身体」の成就を得た。そのうちガラップ・ドルジェや、チベットにゾクチェンをもたらしたパドマサンバヴァ、ヴィマラミトラ、チベット人のチェツン・センゲ・ワンチュクは、生きたまま肉体が光に変化する「虹の身体の大いなる転移」を覚ったとされる。「虹の身体」にいたらなかった八人も、呼吸や心臓が停止した後も瞑想のポーズを保つ「トゥクタム」――その長さは数日から一か月に及ぶこともある――の状態にとどまり、その遺灰からは五色の仏舎利や仏像があらわれたと伝えられる。

二十世紀も終わりに近づきつつある時期、ケンポ・アチューの死の出来事は、この伝統が現代にいたるまで、きわめて強力に維持されてきたことを、チベット人やその周囲の人々に、あらためてはっきり印象づけたのである。

ティンレー・ノルブ・リンポチェとラマ・カルマ

ケンポ・アチューの後も、チベットの内外で、「虹の身体」の悟りを得る実例は続いた。たいへん大きな画期となったのは、序文で触れたティンレー・ノルブ・リンポチェの遷化だった。ティンレー・ノルブ・リンポチェの遺体は、飛行機でブータンのパロに運ばれ、茶毘に付された。そのとき撮影された写真やビデオが、公開されたのである。

すでに述べたように、「虹の身体」の悟りを得た密教行者の肉体は、光になって消え去ってしまう。だが多くの弟子を持ったラマの場合、完全には消え去ることなく、「八歳の子供ほどの大きさ」の遺体が残されることがある。

ティンレー・ノルブ・リンポチェは、ネパール、インド、ブータン、アメリカに多くの弟子を持っていた。そのせいだろうか、遺体は完全には消えず、八歳ほどの大きさのからだが残されたのである。アメリカから搬送された遺体は、厨子に入れられたまま、約一か月にわたってブータンの各地に運ばれた。多くの信心深いブータン人たちが集まり、敬虔に五体投地の礼拝をくりかえし、あるいは敬意を表現するカタを捧げた。

二〇一二年三月、パロで行われた荼毘にあたっては、遺体を燃やすための伝統的な構造物「プルカン」がつくられ、弟子の行者たちをはじめとし、数千人の人々が集まった（その中には、即位して間もない第五代国王ジグメ・ケサル・ワンチュク夫妻の姿もあった）。

密教の阿闍梨がかぶる宝冠のついたマスクをつけ、両手は報身のブッダである金剛薩埵のムドラーを組んだティンレー・ノルブ・リンポチェの遺体――それは誰の目にもはっきり分かるように収縮していた――は御輿《みこし》に乗せられ、仏塔のまわりを巡行しながら進んだ。その姿が、じかにあるいは写真や録画をつうじて、人々の目に触れることになった。[6]

二〇一四年には、東チベット・カム地方のゾクチェン僧院の近くにある洞窟で、孤独な瞑想修行を続けていたラマ・カルマが、「虹の身体」を成就した。身近な弟子は、ラマ・カルマの身体が背中をまっすぐ伸ばして座りながら収縮していくありさまを、携帯電話で撮影した。写真はインターネットをつうじて世界中に転送され、拡散した。

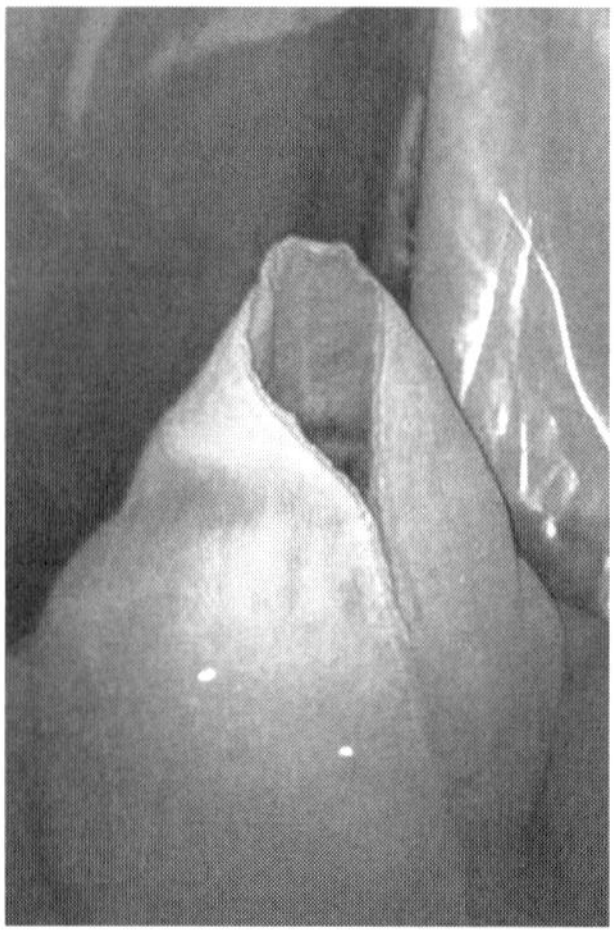

ラマ・カルマの収縮した遺体

生前のラマ・カルマ（ゾクチェン僧院）

岩に描かれた金剛薩埵（ゾクチェン僧院）

「虹の身体」と光の哲学

「虹の身体」はゾクチェン密教に特有の悟りの形であり、ブッダの二つの類型のうちの一つだと考えられている。ゾクチェン・ニンティクのクラスの最も古い層に属す『十七タントラ』（ギュー・チュプドゥン：rgyud bcu bdun）の一つである「金剛薩埵の心臓の鏡」タントラには、次のように書かれている[7]。

> ニルヴァーナには二つの種類がある。真に完全なブッダと、現前に完全なブッダである。真に完全なブッダとは、肉体を残すことなくブッダとなることである。現前に完全な

ブッダとなった場合、光、音響、仏舎利、仏像、大地の震動が生じる。（「金剛薩埵の心臓の鏡」）[8]

完全な覚者となってニルヴァーナに入る。そのときには、素晴らしい芳香が空中を満たし、うるわしい楽の音が鳴り響く。周囲にはまるで光の宮殿のような、あるいは垂直に立ちあがる大きな虹が、何重にも姿をあらわす。荼毘に付された遺骸からは、五色に輝く宝石や真珠のような仏舎利が次々に生まれ、心臓や舌からは仏像が姿をあらわす。それが「現前に完全なブッダ」となった場合のしるしだ。ところが、死のときに粗大な物質でできた肉体が、完全に光に溶け去ってしまうことがある。そうやって「真に完全なブッダ」になった者は、純粋な光でできた「光の身体」（ウール：'od lus）を持ったまま、アクティヴに利他の活動を続ける。そうゾクチェンのタントラは述べる。「虹の身体」という言葉は、この「真に完全なブッダ」を指す。

十九世紀に「虹の身体」の悟りを得た、ニャラ・ペマ・ドゥドゥルの伝記について研究を行ったマシュー・キャプスタインは、「虹の身体」について、文化や言語によって構築されたものだと考える「文化構築主義」（cultural constructionism）――その背景には文化相対主義がある――によっても、また現在の自然科学によっても、十分に理解できないことを指摘している。キャプスタインによると、「虹の身体」は、光の「宗教的」性質をめぐる物語の文脈の中で理解される必要があるという。[9]

けれどもわたしたちは、キャプスタインとはまったく異なる角度から、アプローチすることにしたい。まずは「虹の身体」を覚った行者たちの聖者伝を読みながら、彼らの一生や修行について明らかにする。その後、ゾクチェン・ニンティクの理論書を紐解き、「虹の身体」の背景にあるユニークな「光の存在論」を明らかにする作業に取り組むことにしよう。

【註】

1　bDud 'joms 'jigs bral ye shes rdo rje, *gSol 'debs rgyal kun thugs rje gcig bsdus ma,* in *gDung sras phirn las nor bu'i gsung 'bum*, Hong kong gi ling dpe skrun tshe yod kun si, 2009, vol.2, pp.279-280.

2　*China's Tibet,* vol.10, no.3, 1998.

3　bLo bzang snyan grags, *Nges gsang rdzogs pa chen po'i rnal 'byor pa nyag bla chos dbyings rang grol gyi nang gyi rnam par thar pa mdo tsam brjod pa 'ja' lus rdo rje'i rang gdangs kun khyabs snyan pa'i rnga sgra*' in *rJe 'ja' lus pa mkhan po a chung rin poche'i nang gi rnam thar mdor bsdus, n.d.*

4　mKhan po tshul khrims blo gros, *mKhan chen a chos rinpoche 'ja' lus su dengs tshul rtsod gcod byas pa, in dPal bla rung gi mkhan po tshul khrims blo gros kyi gsung 'bum*, Mi rigs dpe skrun khang, 2006, vol.1, pp.289-298.

5　bDud 'joms ye shes rdo rje, *bDud 'joms chos 'byung*, Si khron mi rigs dpe skun khang, 1996.

6　https://www.youtube.com/watch?v=kISUNaoL6gw
http://xd-3.blog.163.com/blog/static/6643674820122813853684/

7　ゾクチェンは、「心部」（sems sde）、「原初空間の部」（kLong sde）、「秘訣部」（man ngag gyi sde）の三つに分かれ、それぞれ異なる哲学と修行法を持っている。「虹の身体」の悟りは、そのうち「原初空間の部」と「秘訣部」にかかわっている。

8　*rDo rje sems dpa snying gi me long gyi rgyud,* in *rNying ma rgyud 'bum(mtshams brag)*, National Library of the Royal Government of Bhutan, 1982, vol.12(na), p.239.

9　M. Kapstein, The Strange Death of Pema the Demon Tamer, in M. Kapstein (ed.), *The Presence of Light*, The University of Chicago Press, 2004, pp.119-156.

第二章

狩人から「虹の身体」へ——イルン・ソナム・ナムギェル

「虹の身体」の悟りを達成する修行者は、たいていの場合、人里離れた山の中の洞窟や瞑想小屋でひそかに修行を続ける「隠れたヨーギ」（sbas pa'i rnal 'byor）だ。だから彼らがどんな修行をし、どんな悟りの境地をその中に秘めていたのか、ふつうのチベット人が知ることは、ほとんどなかった。

ただ、ときたま肉体を残さずに消えてしまう行者たちがいるらしいことは、みんなよく知っていたのである。

チベットの外部の世界に、はじめてゾクチェンや「虹の身体」が知られるようになったのは、二十世紀後半のことだった。中国人民解放軍によるラサ侵攻とチベットの併合によって、チベット人のラマたちは、雪に覆われたヒマラヤの山々を徒歩で越えて脱出し、インドやアメリカ、ヨーロッパをはじめ世界の各地に亡命した。外国の地で、彼らはしだいに自分たちが千年あまりにわたって育んできた伝統について、語るようになったのである。[1]

「虹の身体」の実例が、チベット語以外の書物にはじめて書き記されたのは、チョギャム・トゥルンパ（一九三九～八七）の自叙伝だったと思われる。

チョギャム・トゥルンパは、チベットを徒歩で脱出し、インドからイギリス、さらにアメリカに移動した。そして詩人のアレン・ギンズバーグや歌手のジョニ・ミッチェル、生物学者のフランシスコ・ヴァレラをはじめとする、多くの西洋人の瞑想の師となった。

西欧世界におけるチョギャム・トゥルンパは、世俗的な常識を逆なでする「狂気の知恵」の持ち主として知られた。けれども、チョギャム・トゥルンパはもともと幼いころから転生化身として、厳格な仏典の学習と瞑想修行の訓練に明け暮れる日々を送った人物だった。

一九六六年に出版された彼の自伝、『チベットに生まれて』（邦訳は人文書院、一九八九年）には、東チベットの僧院と山中の瞑想道場での厳しい教育のあいまに、「虹の身体」を悟った一人の在俗行者の住まいをたずねたときのことが記されている。

その行者の死のときには、たいそう不思議な出来事が起こった。チョギャム・トゥルンパは、死後聖者と呼ばれるようになった行者の息子と妻から聞いた話を、次のように書き残している。[2]

この行者はもともと裕福な家庭の召使だった。ところが中年になると、僧院で瞑想の指導を受けるために、召使の仕事を辞めてしまった。昼間は生活の糧を得るためにはたらいていた。けれども夜はひたすら瞑想に専念し、二、三時間しか眠らなかったという。

行者は死の三年ほど前から、病の床につくようになった。家族はとても心配したけれど、周囲の心配をよそに、本人はどんどん幸せになっていくように見えた。仏教の高い学問を修め僧院長になった息子が、伝統的な祈りを唱えるようにすすめても、笑って答えなかった。かわりに自分で作った祈りの言葉に、独特のメロディーをつけて歌った。

死が間近になったとき、息子は言った。「どうぞお父さん、今まで学んだ教えを全部、よくよく思い出してください。」

すると年老いた行者は、笑いながらこう答えたのである。「全部忘れてしまったよ。思い出さなければならないようなことは何一つない。すべては幻なのだから。わたしが死んだら、一週間はからだを動かさないでおくれ。それだけがわたしの望みだ。」

ついに最期の日が来た。家族は遺言の言葉を思い出し、一週間は遺体を動かさないことにした。

八日目の朝、葬儀のために人々がやってきて、遺体が安置されている小部屋の中をのぞき込んだ。するとなんとも不思議なことに、残されていたのは、爪と髪の毛だけだったのである。

この話を聞いたチョギャム・トゥルンパは、さらに情報を得たいと思って、村の中をあちこち聞き歩いた。どの村人も、そのとき立った無数の虹を目のあたりにしており、遺体が消えてしまったことを知っていた。

チョギャム・トゥルンパが東チベットの村を訪れたころには、すでに中国からラサをむすぶ幹線道路が開通し、この地域は中国人民解放軍の支配下にあった。「虹の身体」を悟った行者について耳にした中国人の役人は、噂が広がることをひどくおそれ、口外することを固く禁じたという。

狩人イルン・ソナム・ナムギェル

一九五七年に亡くなったこの行者、イルン・ソナム・ナムギェルについては、東チベットにおけるニンマ派の学問センターであるゾクチェン僧院の最も重要な転生化身であるゾクチェン・リンポチェ七世、テンズィン・ルントク・ニマ（以下、ルントク・ニマ）が、さまざまな口碑《こうひ》を集めた短い伝記を書いている。[3]

この伝記は、ゾクチェンの哲学を背景にして、たいそう圧縮された表現で書かれている。言葉をおぎないながら、一九五〇年代のなかばに「虹の身体」を悟った行者の一生について、見ていくこ

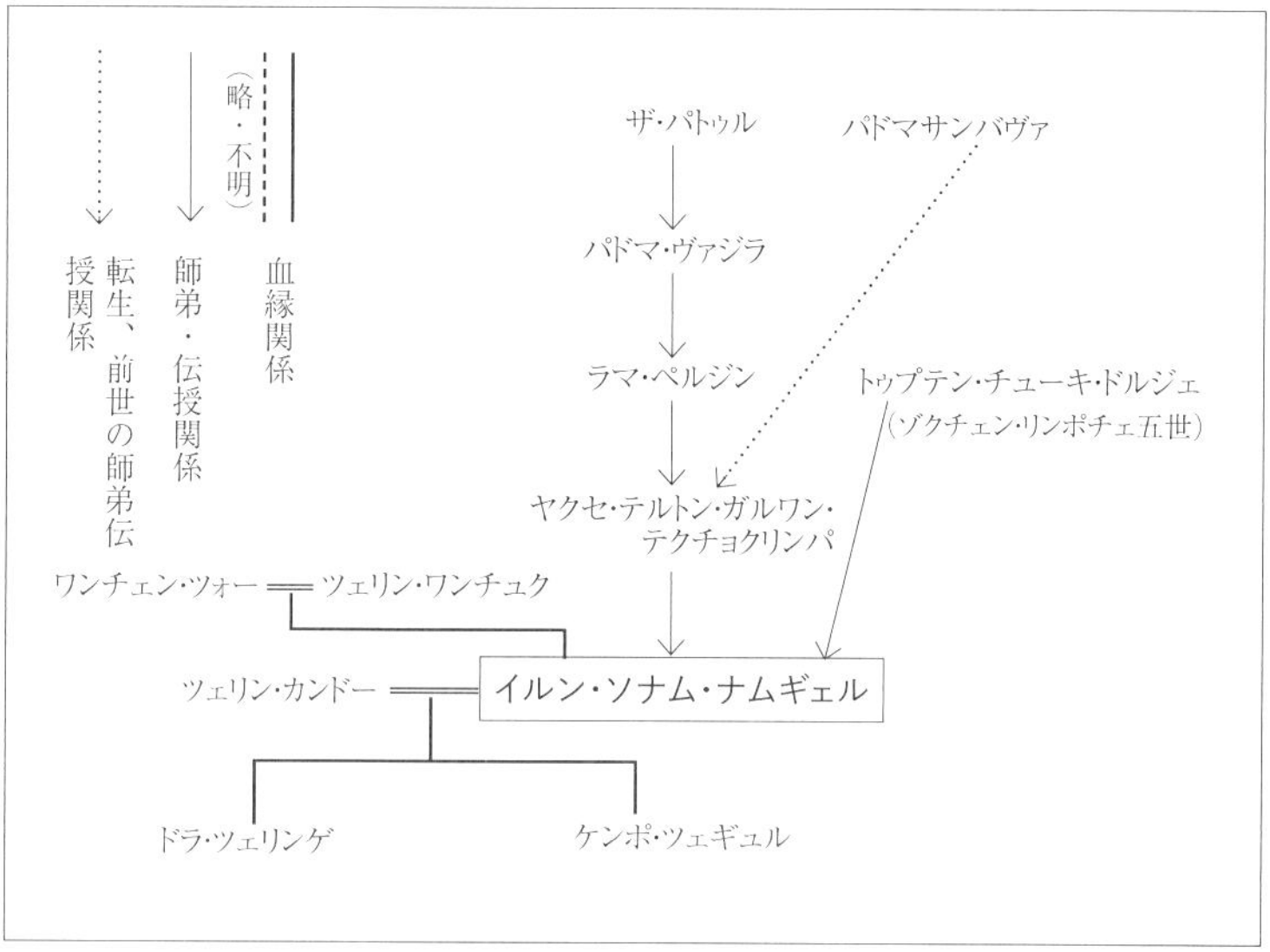

とにしよう。

イルン・ソナム・ナムギェルは、一八八一年に東チベット・カム地方イルンのロンツァという場所に生まれた。イルンは、東チベットの交通の要衝であるマニ・カンゴから西になだらかな坂道を登った先に姿をあらわす高原で、羊やヤクを放牧する牧畜民たちが暮らしている。聖なる湖として有名なイルン・ラツォの周りには豊かな牧草地が広がり、その南側にそびえ立つ聖なる山々の切り立った斜面の間からは、深い青に澄み渡った天空が、心を吸い込むように広がる。イルン・ソナム・ナムギェルは、この聖地にほど近い、信心深い牧畜民たちの世界に生まれ育った。

父の名前はツェリン・ワンチュク、母はワンチェン・ツォー。父の一族は、タクロン・アク・トートゥンというラマに連なる家系だった。

イルン・ソナム・ナムギェルは、幼いころ

から家の仕事を手伝いながら成長した。木を切り、石を彫る。土地の習わしにしたがって、世俗のさまざまな仕事をしながら大きくなった。

イルン・ソナム・ナムギェルは、腕のいい猟師でもあった。罠をかけ、あるいは弓矢で、高山地帯に住む鹿をたいそう巧みにとらえた。鹿だけではない。鳥、小鳥、魚、ヘビなど多くの動物を殺生したという。

けれどもそうした狩人としての生活を送りながら、もう片方では、八世紀にチベットに高度な密教の教えを伝えたパドマサンバヴァへの「七章の祈り」(レウ・ドゥンマ:le'u bdun ma)の読経だけは、毎日欠かすことがなかった。

サンポ・ダクパと「七章の祈り」

この「七章の祈り」の勤行を若いころから続けたことは、イルン・ソナム・ナムギェルの人生にとって、とても大切な意味があったと思われる。

「七章の祈り」は、十四世紀の埋蔵宝発掘者サンポ・ダクパ(bZang po grags pa)が取り出した埋蔵経典である。チベットに密教をもたらした、ウディヤーナ国出身の偉大な阿闍梨パドマサンバヴァは、チベットを去るにあたり、悲嘆にくれる王をはじめ、見送る弟子たちのために、七つの特別な祈りを作った。それからおよそ六百年後、サンポ・ダクパは、南チベットの聖地に隠されていたこの祈りを発掘した。「七章の祈り」は、現代でも最もよく唱えられる祈りの一つである。

パドマサンバヴァ（メリガル壁画）

パドマサンバヴァ像（カダク・トゥデル僧院）

サンポ・ダクパは、ネパールとの国境に近い南チベット——ディンリ、ニャラム、キロンにかけての地域——に生まれ、生涯の大半を南チベットと西チベットの聖地での瞑想修行に過ごした。[4]そのため、たんに「リトゥーパ」（ri khrod pa）——「山の行場で暮らす人」。人里離れた山の小さな瞑想小屋や洞窟にこもって、孤独な隠棲《いんせい》修行を続ける行者——と呼ばれることもある。

　サンポ・ダクパは、ダクポ・カギュ派の師から教えを受け、山中の洞窟で、光り輝く心の本体にとどまり続けるマハームドラーや、肉体を布施するチュー（「切断」）の修行に専念していた。

ところがある日のこと、ブレ山という万年雪に覆われた高山で、深い瞑想に入っていると、ヴィジョンの中で土地神があらわれた。その土地神は、サンポ・ダクパに、前世から深い縁のある埋蔵宝典を発掘するときが来た、と告げたのである。

チベットでは、埋蔵宝を守る神々や土地神は、性格や特徴によって八つの異なるクラスに分類されている。サンポ・ダクパの前に埋蔵宝のありかを教えにやってきたのは、そのうちラクシャ（「羅刹」）のクラスに属す神霊だった。

ラクシャは動物や人の血を好み、夕方になると人間の近くをうろつく。けれどもその中には、仏教に信仰を抱き、仏教を守るという誓願を立てている者もいる。

ブレ山の土地神は、サンポ・ダクパの前に、白い絹のターバンを頭に巻いた少年の姿であらわれた。夢ともヴィジョンともつかない中で、サンポ・ダクパは、少年と言葉をかわした。

少年は言った。西チベットのラルツェ（lha rtse）地方にあるドンパ・ギャンという寺に、パドマサンバヴァと弟子たちが、後世のために隠した埋蔵宝典がある。あなたはその経典を取り出す特別な運命を持っている。早く行って発掘しなさい。

ドンパ・ギャン寺は、七世紀にソンツェン・ガンポ王が、荒々しい土地神たちによって支配されているチベットの大地を鎮めるために、風水にしたがって建立した重要な寺の一つだ。少年はすぐ行くように命じた。

だがサンポ・ダクパは、そうしたヴィジョンの中で与えられる授記をすぐ信じ込むようなタイプの人間ではなかった。瞑想の途中で生じるヴィジョンを実在だと考え、執着すれば、修行のさまたげになる。そういう口伝の言葉を注意深く思い出し、放置していた。

ところがしばらくして、サンポ・ダクパの考えを根底からくつがえす出来事が起こった。ディンリ地方のランコルという聖地で、托鉢をしながら放浪しているときのことだ。サンポ・ダクパは一人の瞑想の師に出会い、あらためて授記を与えられたのである。

ランコルは、肉体を布施するチューの教えを創始した女性行者、マチク・ラプドゥンの師で、強烈な治病の力で知られるインド人のグル、パダンパ・サンギェーが長く滞在した聖地だ。チューの行者にとって特別な意味を持っている。サンポ・ダクパは、そこで「眠りながら瞑想する者」（ニャナムラ・ゴム：snya nam la sgom）という名前の行者と出会った。

「眠りながら瞑想する者」という言葉は、チベットの密教行者にとってたいへん深い意味を持っている。インドからチベットに移植された後期密教では、睡眠を自覚し、瞑想に変えるヨーガがとても大切にされる。「眠りながら瞑想する者」と名乗った行者は、実はパドマサンバヴァの化身だったのだ、とサンポ・ダクパ伝は語る。

サンポ・ダクパはこの行者から、かつてブレ山の神から与えられた予言にしたがって、埋蔵宝典を取り出しに行くよう命じられたのである。確信を得たサンポ・ダクパは、ラルッェ地方に早速向かった。そしてヴィジョンの中で教えられたとおり、ドンパ・ギャン寺とそのすぐ近くにあるパドマサンバヴァの瞑想用の洞窟から、経典が入った二つの小箱を発見したのである。

このときサンポ・ダクパが発見した経典には、弥勒菩薩や馬頭観音、観音菩薩、金剛手といった本尊の修行や、ゾクチェン・ニンティクのクラスに属する口伝書が含まれていた。イルン・ソナム・ナムギェルが毎日唱え続けた「七章の祈り」は、このとき発見された経典の一つである。

サンポ・ダクパは、それ以外にも、チャンタン高原出身のもう一人の埋蔵宝発掘者リグズィン・グーデムが、どこで埋蔵経を発掘するかが書かれた予言の書も発見した。この予言書を手にしたリグズィン・グーデムは、後に「北の埋蔵経」の体系を発掘した。「北の埋蔵経」は修行方法が簡単で、しかももっとも高度な密教のエッセンスを含んでおり、その伝統からは、「虹の身体」の悟りを得る多くの修行者たちが輩出した。

「七章の祈り」と「三身の祈り」

「七章の祈り」の多くは、病や飢餓、侵略、災害、戦争、死といった困難に直面したとき、救ってくれるようにという祈りだ。

けれども、最も高度なゾクチェンのクラスに属す密教の哲学を表現した、次のような「三身の祈り」も含まれている。[5]

エマホ！
すべての観念を超えた法身《ほっしん》の浄土にあって、生じることも滅することもない、
（過去・現在・未来の）三つの時間を超えた法性の境地にあり、
意思による行為を離れた、あるがままで完全な、
大楽に満ちたブッダの身体をそなえたお方。

あなたの慈悲は、まるで大空のように偏ることなく、あまねく広がっている。
法身の導師に祈ります。
ウディヤーナの蓮から生まれたグルに祈ります。

大楽に満ちた、あるがままで完成している浄土において、
身・口・意・徳・行為の五つの智慧をそなえた如来の仏身。
その慈悲は、すべての生きものを、それぞれにふさわしいあり方で教化する。
報身の導師に祈ります。
ウディヤーナの蓮から生まれたグルに祈ります。

娑婆世間の浄土において、大いなる慈悲によって、
有情のために来臨された方。
それぞれにふさわしいあり方で教化し、
すぐれた方便によって有情たちを利する。
過去、未来、現在の三つの時間における
変化身の導師に祈ります。
ウディヤーナの蓮から生まれたグルに祈ります。

この祈りには、ゾクチェンのクラスに属す密教の哲学が、凝縮して表現されている。

ブッダの三つの身体は、輪廻の中にあって、生死をくりかえすすべての生きものの中に、もともと存在している。

すべての現象が滅し、ただ叡智の輝きだけが自覚される法身。そこから自然に五色の光のマンダラの構造を持ってあらわれてくる報身。さらにそこから六道の有情たちの生きる物質の世界に姿をあらわす変化身。そういうブッダの三つの存在のあり方は、パドマサンバヴァやブッダのみならず、わたしたち一人一人のうちに、もともと内蔵されているのだと、ゾクチェン密教の哲学は語る。

イルン・ソナム・ナムギェルが、幼いころから唱え続けたパドマサンバヴァへの「七章の祈り」の冒頭には、この「三身の祈り」が置かれているのである。

出離

「七章の祈り」を毎日唱えながら、木を切り、石を彫る。そんなある日のこと、ホル・ダルギェー寺の本堂を建立する仕事を請け負ったイルン・ソナム・ナムギェルは、プルロという名前の友人といっしょに、材料となる木を切りに、森に出かけた。相談の結果、プルロがお茶をわかし、イルン・ソナム・ナムギェルは木を切ることになった。ところが道具が、なんともひどくお粗末だった。おかげで数本の木の枝をとることしかできなかった。

その夜二人は、恥ずかしく思いながら床についた。うとうとし始めた二人を取り囲むようにして、ぱちぱちと火花がはぜる音が激しく鳴り響いた。

仏教を守る護法尊は、前世のカルマが熟し、修行に入る準備ができた者に近づき、夢やヴィジョンをつうじて、そのことを伝えようとする。目に見えない神々の訪れは、火花をはじめ特別な音や香りをともなうことがある。思いどおりに木を切ることができず、惨めな思いで眠ったイルン・ソナム・ナムギェルは、たぶんその音を聞いたのである。

三十歳になったころ、イルン・ソナム・ナムギェルの心には、輪廻の世界から離れたいという激しい出離の念と、すべての生きものに対する深々としたあわれみの気持ちが、自然に湧き起こるようになった。

やむにやまれぬ思いに突き動かされ、イルン・ソナム・ナムギェルは、すぐれた覚りを得たラマを探し出し、密教の修行を始めた。

師と教え

イルン・ソナム・ナムギェルにとって、特別な意味を持っていたラマは、ヤクセ・テルトン・ガルワン・テクチョクリンパ（以下、ヤクセ・テルトン）だった。ヤクセ・テルトンは、十九世紀のカム地方、羊の皮でできたボロボロの服だけを身につけ、無一物で放浪を続けたゾクチェンの導師ザ・パトゥルの血脈につらなる密教行者だった。[6]

ザ・パトゥルには、パドマ・ヴァジラという、すぐれた学問の知識と高い悟りを兼ねそなえたとても大切な弟子があった。パドマ・ヴァジラは、ゾクチェン僧院の僧院長として、多くの弟子たちを育てた。ヤクセ・テルトンは、そのうちの一人、ラマ・ペルジンから学んだ。

ヤクセ・テルトンは、真っ青に澄み渡った大空のような心の本質を悟った。それとともに、前世でパドマサンバヴァに授けられ、心の本質に書きこまれた教えが、自然に湧き起こるようになったのである。

埋蔵宝典は、大地や洞窟、寺院の柱に隠された経典にかぎらない。すでに述べたように、前世でパドマサンバヴァによって与えられた教えが、何十年、いや何百年もたってから、心の奥底から湧き上がってくることもある。ヤクセ・テルトンは、大地に埋蔵され、あるいは心の奥深くに隠されている宝のような教えの両方を、この世界に引き出す、特別な力を持っていた。

イルン・ソナム・ナムギェルは、このヤクセ・テルトンから、ゾクチェンの本格的な修行に入っていくための準備の修行（「前行」）からはじめて、もっとも高度な瞑想にいたるまで、あますことなく口伝の教えを受けたのである。

イルン・ソナム・ナムギェルが修行していた行場の近くには、いくつもの洞窟があった。伝記作者のルントク・ニマによると、その一つの壁には、「ペマ・テクチョクリンパよ、お見守りください」と、指で大きくはっきり書かれているのが、現在でも残されている。またイルン・ソナム・ナムギェルは、死にあたって法界《ほっかい》の境地に入るとき、「ペマ・ガルワン・テクチョクリンパよ、お見守りください」と祈りをささげたとも伝えられる。

十九世紀東チベットの放浪行者で、「狂気の知恵」の持ち主として知られたド・キェンツェ・イェシェ・ドルジェ（以下、イェシェ・ドルジェ。一八〇〇〜六六）は、ラマ・ペルジンに「あなたの弟子たちの血脈からは、虹の身体の悟りを得る行者が七人出ることになるだろう」と授記した。ラマ・

ペルジンの孫弟子であるイルン・ソナム・ナムギェルは、きっとその一人だったにちがいない。人々は、彼の死後、そんなふうに考えるようになった。

イルン・ソナム・ナムギェルにとってもう一人の大切なラマは、ゾクチェン・リンポチェ五世トゥプテン・チューキ・ドルジェ（一八七二〜一九三五）だった。

チベット各地を放浪しながら、洞窟での孤独な瞑想を続け、ゾクチェンの高度な悟りを得たことで知られるチャダル・サンギェ・ドルジェ（一九一三〜二〇一五）が、イルン・ソナム・ナムギェルの隠棲していた行場を訪れたことがある。そのとき彼は、チャダル・サンギェ・ドルジェに問われて、自分の心の境地について語った。

それを聞いたチャダル・サンギェ・ドルジェは、仰天した。「あなたは、俗人の格好をしている。ところがこんなにも高い見解と悟りを得ていらっしゃる。師匠はどなたですか。」それに答えて、イルン・ソナム・ナムギェルは言った。「わたしのラマは、如意宝珠であるゾクチェン・リンポチェ五世トゥプテン・チューキ・ドルジェです。このラマのおかげで、原初の知恵を完全に悟ることができたのです。」

チャダル・サンギェ・ドルジェ

チベットの僧院での教育は、それぞれの伝統に属す経典を、大量に暗記することからはじまる。だがイルン・ソナム・ナムギェルは、僧院で経典の勉強をしたことなどなかった。ただ、深い悟りを得た二人の師から、それぞれの修行体験にもとづく口伝を与えられ、それにしたがって修行することで、心の本質をじかに理解したのである。

隠棲修行と達成

イルン・ソナム・ナムギェルは、家族との生活のあいまに、長期の隠棲修行に入ることがあった。イルン・バギェー・ノルブ山で、洞窟の扉を固く閉め、厳格な隠棲修行に入ったときのことだ。

学問寺の僧院長になっていた息子のケンポ・ツェギュルが、どうしても話さなければならない用事があって、会いに行った。そのときイルン・ソナム・ナムギェルは、次のように息子に語ったという。

はじめは目に見るものも、聴くものも、すべてブッダのお姿と智慧の光の戯れとして、あらわれるようになった。寂静尊と忿怒尊の神々が姿をあらわし、さらに五部族のブッダたち、原初の法身のブッダであるサーマンタバドラが女神と抱き合うヴィジョン、そして最後にはサーマンタバドラだけがあらわれるようになった。今では光のヴィジョンも、それを生じさせる心もまったくなくなってしまった。これはいったいどうしたことだろうかね。

ゾクチェン・ニンティクの高度の修行を続けると、心の本体に埋蔵されている光が、鮮やかなヴィジョンとして、あらわれてくるようになる。このヴィジョンは四段階を経て、しだいに成長する。イルン・ソナム・ナムギェルが息子に語った言葉は、彼がゾクチェン・ニンティクの最も高度な瞑想修行であるトゥゲル（「超躍」thod rgal）の修行における「四つの顕現」を完成させ、最後の「法性滅尽《チューニ・セパ》」（chos nyid zad pa）の境地にいたったことを意味しているのである。

またあるとき、イルン・ソナム・ナムギェルは、イェンドゥンという土地にあった瞑想用の洞窟にこもって、十八世紀にジグメリンパが発掘したロンチェン・ニンティク（『ロンチェンパの心臓のビンドゥ』）の密教体系に含まれる赤い忿怒の神、馬頭観音のマントラを何億回も唱えた。空性から本尊のマンダラを生み出し、そしてそのマンダラを再び空性に溶け入らせる、深遠なる三昧の大切な要点をしっかり守り、とぎれることなく修行を続けた。

この隠棲修行の途中、洞窟の内部には、馬のいななき声が鳴り響き、イルン・ソナム・ナムギェルは、本尊である馬頭観音のヴィジョンを目のあたりにした。イルン・ソナム・ナムギェルは、ゾクチェンだけではなく、こうした本尊の修行によって、究極の悟りと神通力の両方を手にしたのである。

この修行用の洞窟の天井には、彼が指で描いた馬頭観音の絵が、またその入口には、「心を散失させてはならない」（気を散らすな）と、やはりこれも指で書かれた文字が、今でも残っている。

イルン・ソナム・ナムギェルは、聖地の洞窟で一日に四座（夜明け前、午前、午後、夜の四回）のヨーガを続ける隠棲修行を、くりかえし行った。それによって、自然な心の本質にとどまる深々とした三昧について、はっきりした確信を得ることができた。ついには四座のヨーガのあいまにも、まるで流れる水のように、とぎれることのない三昧にとどまることができるようになった。

隠棲修行から出てくると、三昧の境地にとどまったまま、たくさんの石に仏像やダラニ、マントラを彫る仕事を続けた。

　この時期、十一世紀の埋蔵宝発掘者ニャンレル・ニマ・ウーセルの密教体系の中にある黒馬頭観音の姿が自然に浮き出た、一尺ほどの大きさの黒い石を掘り出したこともあった。この石は、友人のタクロン・チメーワンチュクの家に、今でも安置されているという。

望みが自然にかなう祈り

　イルン・ソナム・ナムギェルは、七十歳になったころ、マニ・カンゴの近くにある観音菩薩の聖地に移り、妻のツェリン・カンドー、息子のドラ・ツェリンゲとともに、ヤクの毛で織った布製の小さなテントを張って暮らすようになった。

　ルントク・ニマによると、このころイルン・ソナム・ナムギェルは、パドマサンバヴァの姿を石に彫り、それを本尊としてパドマサンバヴァへの祈りである「望みが自然にかなう祈り」（サムパ・ルンドゥプ：bSam pa lhungrub）を十万回唱えた。それ以外にも、石にダラニやマントラを彫ったときには、たった一つの文字を彫るのに何日間もかかることもあった。

　こうして昼も夜もとぎれることなく回転する輪のように、光に満ちた智慧の境地にとどまり続けた。自然な心の本質にゆったりとどまる等持の境地にあって、その心は鮮明に輝いていたと伝記は語る。

　このころのイルン・ソナム・ナムギェルの行為には、とても大切な意味があったように思われる。

彼が数え年の七十歳になった一九五〇年の一月、北京放送は、中国人民解放軍がチベットや台湾、海南島を、イギリスおよびアメリカの帝国主義者から解放する活動に入ると、宣言した。同年一〇月七日、中国人民解放軍はラサへの行軍を開始し、一〇月一六日には、重要な戦略的拠点であるリウォチェに到達した。一九五一年七月、チベットは一七条の条約を中国政府と結び、独立を失った。[7]

　このラサへの進軍に先駆ける一九五〇年七月、イルン・ソナム・ナムギェルの故郷であるイルンの地では、中国人民解放軍とチベット軍の最初の激しい戦闘が交わされている。

　ルントク・ニマの伝記には、はっきり書かれていないけれども、イルン・ソナム・ナムギェルが、故郷のイルンから三キロあまり離れたマニ・カンゴの聖地に移り住んだのは、ちょうどこの時期にあたっているのである。

　勇猛なカムパ族と中国人民解放軍の戦いは、その後も激しさを増していった。一九五五年にはカムパ族の一大蜂起が起こり、追討されたカムパ族は山中や僧院に逃げ込んだ。一九五六年には、抵抗の拠点となっていたサンペルリン僧院に爆撃がくわえられ、さらにリタンにあったゲルク派僧院にも空爆が行われた。偉容を誇る大僧院は瓦礫と化し、何百もの死体が残された。

　この時期ラマたちの目には、伝統的な仏教文化を維持できなくなるだろうことが、火を見るよりも明らかになっていた。当時の東チベット・カム地方の超宗派運動のもっとも重要な指導者の一人だったゾンサル・キェンツェは、一九五五年にカム地方を離れ、ラサを経て、ヒマラヤの南にあるインド領シッキムへと移った。イルン・ソナム・ナムギェルの最晩年の七年間は、それまでのチベットの伝統、社会、文化が急激に破壊されていくのを、目のあたりにする時間だったのである。

　この時期、イルン・ソナム・ナムギェルが十万回唱えた「望みが自然にかなう祈り」は、すでに述べた「三身の祈り」などとともに、サンポ・ダクパが発掘した「七章の祈り」の一部をなしている。この祈りは、「七章の祈り」の中でも、末世や濁世にあって世界が混乱に向かい、崩壊していくという感覚を、もっとも強くはっきり表現している。

「七章の祈り」には、それぞれの祈りがどのようなときにつくられたのか、由来が書かれている。「望みが自然にかなう祈り」は、パドマサンバヴァがチベットを去る際に、ティソン・デツェン王の息子である王子、ムティ・ツェンポの懇願にこたえて、つくられたとされる。

由来書きは語る。ムティ・ツェンポは、末世の暗黒の時代において、すべての衆生たちが悪しきカルマによって、ひたすら苦しみを味わわなければならないとき、その苦しみから救ってくれる祈りを授けてくださるように、と願った。

暗黒の時代、社会の秩序は破壊され、戦いと暴力が支配するようになる。修行者たちがこもる人里離れた瞑想小屋はこわされ、山や谷には盗賊たちが満ちる。寺院は戦場となり、仏像、経典、仏塔は破壊される。聖なる仏法のために用いられる法具は、大地に投げ出され、汚される。僧院や寺は塵芥と化し、仏法は衰える。すぐれた徳を持つ清僧たちは殺され、病と戦争、飢餓が広がる。隣国の軍隊が侵入し、悪霊たちが跳梁する。そういう苦しみに満ちたときのために、生きものたちを救う祈りを作ってください。ムティ・ツェンポは、涙ながらに、パドマサンバヴァに願った。「望みが自然にかなう祈り」は、その言葉にこたえて書かれた。

末世の時代には、社会が混乱するだけではない。地震、嵐、洪水などの天変地異が続き、それまでなかった病がはびこる。「望みが自然にかなう祈り」には、天災や病、饑饉から救ってくれるようにという祈りや、死後のバルド（中有《ちゅうう》）において極楽浄土に生まれ、解脱できますようにという祈りも含まれている。

たとえば、自然災害が鎮まるようにという次の祈りは、今でもチベットやインド、ネパールの僧院でしばしば唱えられる。

地・水・火・風の自然の元素が混乱し、その妨げによって
幻のような身体が破壊されそうなとき、
疑いにまどわされることなく祈ります。
四つの元素の女神たちに囲まれたウディヤーナのグルは、
元素を、その本来のありように鎮まらせてくださる。
疑いの心を捨てて、
ウディヤーナの蓮から生まれた方に祈ります。
望みが自然にかなうようにご加持ください。

けれども、自然災害にもまして特に強い力をもって訴えかけてくるのは、末世の暗黒の時代、荒々しい怒りの煩悩から生まれる戦争や争い、暴力から守ってくれるようにという、次のくだりだ。

末法の時代、争いの絶えることのない濁世において、
すべての衆生たちの五つの粗大な煩悩の毒は荒れ狂い、
五つの煩悩の闇に覆われ、その煩悩のままに、何一つ恥じることなく行為するようになる。

そんなとき、わたしのように信仰を持つ者を、
お慈悲によって、より高い善趣の世界に導いてくださる、大いなる慈悲の持ち主よ、
ウディヤーナの蓮から生まれた方に祈ります。
望みが自然にかなうように、ご加持ください。

モンゴルをはじめとする、恐ろしい軍隊によって周囲を取り囲まれ、
ブッダのダルマが説かれる大切な場が、破壊されそうになるとき、
疑いにまどわされることなく祈ります。
八つのクラスの神々やラクシャに囲まれている
ウディヤーナのグルが、
モンゴルなどの軍勢を追い返してくださることに疑いはない。
ウディヤーナの蓮から生まれた方に祈ります。
望みが自然にかなうようにご加持ください。

十三世紀にモンゴル軍に侵攻されて以来、チベットはモンゴルや明、清をはじめとする中国の大帝国との関係のなかで、いかに独立を守るかという難題につねに直面してきた。「望みが自然にかなう祈り」のこの一節は、そうしたチベットの置かれた社会的・政治的環境と密接に結びついている。チベット人たちは、自分たちの文化が、インドからヒマラヤを越えてもたらされた仏教に支えられていることに、とても大きな誇りを抱いてきた。そうしたすぐれた仏教の伝統を維持してきた僧

院や寺が、軍隊や武器によって破壊されていく。

　牧草地のテントに暮らしながら、「望みが自然にかなう祈り」を唱え続けたイルン・ソナム・ナムギェルの心の目と耳には、鳴り渡る銃声や砲撃の音が、十三世紀から反復されてきた出来事と重ねあわされ、二重写しになって聞こえ、見えていたにちがいない。

　そうした戦いのとき、仏教の修行や学問を続けたい者たちは、ヒマラヤを越え、インドやネパールとの国境地帯に散らばる、隠された聖地に移り住む。そして、仏法の伝統を守る。

ヒマラヤ山脈の南に点在する「隠れた浄土」（ベーユル：sbas yul）に対する信仰は、「望みが自然にかなう祈り」を発掘したサンポ・ダクパから渡された予言書をもとに、「北の埋蔵経」の体系を発見したリグズィン・グーデムによって、十四世紀以降、たいへんはっきり表現されるようになった。[8]

一九五〇年代の後半、東チベットの超宗派運動の指導者として深い信仰を集めたゾンサル・キェンツェがたどりついたシッキムも、そうした「隠れた浄土」の一つである。

「隠れた浄土」への旅は、ヒマラヤの雪山を越え、ジャングルを抜け、獣道をたどる道行きになる。

「望みが自然にかなう祈り」には、そうした旅路の無事を祈る次のような言葉も含まれている。

隠れた浄土、森、人里離れた場所をさまよいながら旅するとき、
嵐、雨、雪によって孤立し、道が分断されたとき、
疑いにまどわされることなく祈ります。
土地の主なる神々に取り囲まれたウディヤーナのグルが、
仏法の修行者たちに道を示し、導いてくださることに疑いはない。

ウディヤーナの蓮から生まれた方に祈ります。
望みが自然にかなうようにご加持ください。

虎、豹、熊、雪男、毒蛇といった牙をむく猛獣たちが、
野蛮で恐ろしい無人の地に満ち溢れ、脅かすとき
疑いにまどわされることなく祈ります。
勇者なる密教の神々、ギン、護法尊たちに囲まれたウディヤーナのグルが、
悪しき心を持った動物たちを追い払ってくれることに疑いはない。
ウディヤーナの蓮から生まれた方に祈ります。
望みが自然にかなうようにご加持ください。

「隠れた浄土」への旅だけではない。社会が大きく混乱し、人間の存在が裸にむかれ、動物に近くなるとき、盗みや強奪、殺生が習わしとなる。そうした恐怖から救われますように。パドマサンバヴァへの祈りは続く。

険しい道や恐ろしい場所を旅する途中、
殺生し強奪する盗賊に脅かされるとき、疑いにまどわされることなく祈ります。
四つのムドラーの悟りを得ているウディヤーナのグルが、
貪欲に駆られる、残虐な心を粉々にしてくださる。

ウディヤーナの蓮から生まれた方に祈ります。
望みが自然にかなうようにご加持ください。

殺人者たちの軍勢に取り囲まれ、鋭い刃物によって突き刺されそうなとき、
疑いにまどわされることなく祈ります。
金剛のテントをそなえたウディヤーナのグルは、
殺人者たちを恐れさせ、武器をばらばらに飛び散らす。
ウディヤーナの蓮から生まれた方に祈ります。
望みが自然にかなうようにご加持ください。

イルン・ソナム・ナムギェルは、この「望みが自然にかなう祈り」を、手彫りのパドマサンバヴァの仏像を前に、くりかえし唱え続けた。自分が生きている間、そして死後も生じるだろう人々の苦しみを幻視しながら、たぶんこの祈りを唱えたのである。

利他の行い

チベットの聖者伝は、ふつう、次のような七つのパートから出来上がっている。
①誕生と家族　②出離と入門　③学問　④修行　⑤悟り　⑥利他の行為　⑦ニルヴァーナ。

ところが、ルントク・ニマの著したイルン・ソナム・ナムギェル伝には、悟りを得たあとの利他行にかかわる六番目の部分が、ほとんど存在しない。この点については、たとえば、本書の第六章であつかうニャラ・ペマ・ドゥドゥル（八一六〜一八）の伝記ときわだった対照を示している。[9]ニャラ・ペマ・ドゥドゥルの弟子だったイェシェ・ドルジェが書いた伝記（『幸運なる者たちの喜びの甘露の雲』）は、十二章からなっている。そのうちの三章は、ニャラ・ペマ・ドゥドゥルが、夢やヴィジョンのお告げにしたがって、東チベットの高原地帯に住む牧畜民たちに行為の因と果について説いたこと、あるいは深い信仰を持って密教の修行に入った弟子たちを解脱へと導いたありさまを、詳しく物語っている。

ところがイルン・ソナム・ナムギェルの伝記には、そうした要素がほとんど欠けているのである。それには、はっきりした理由がある。「虹の身体」の悟りを完成する行者たちのほとんどは、一生の大半を人里離れた山中の行場ですごす「隠れたヨーギ」だった。多くの人々に説法し、寺を再建し、多くの弟子に密教の灌頂を与え、修行のエッセンスを短い詩の形で表現する遺言を書き残した、ニャラ・ペマ・ドゥドゥルのような人物のほうが、本当はとてもまれだったのである。

それに利他は目に見えるかたちでだけ、行われるものではない。大乗仏教において、空性の悟りを得た菩薩は、しだいにパラノーマルな能力（神通）を成長させていく。こうした考え方からすれば、すべての生きものの幸福を祈ることは、はっきり目には見えないけれども、とても大切な利他行になりうる。

「望みが自然にかなう祈り」には、戦争や暴力の恐怖から逃れられるようにというだけではなく、阿弥陀仏の浄土である極楽浄土に生まれるようにという祈りも含まれている。イルン・ソナム・ナムギェルは、末世の時代、大きな社会的混乱の中で死んでいく者たちが、ひとしく、極楽に往生するように祈ったのである。

もう一つ、イルン・ソナム・ナムギェルは、この時期大量のマニ石を彫ったと伝えられる。観音菩薩のマントラである「オム・マニ・ペメ・フム・フリー」を、岩や石に彫りつけ、屋外に置いておく。それを目にする者は、ブッダの教えとの深い縁に結ばれ、その心には解脱への種子が播かれることになる。チベット人たちは、マニ石をつくることが大好きだ。

マニ石は野外に置かれる。だからたとえ僧院が破壊され、仏像が鋳つぶされて金属のかたまりになってしまっても、マニ石は残され、道や山や川を歩く者たちの目に触れる。そのことによって人々の心に、観音菩薩のあたたかい慈悲の心を、注ぎ入れる役割を果たすことができる。

この時期東チベットでは、かつてなく大量のマニ石がつくられた。熱心にマニ石を彫ったのは、イルン・ソナム・ナムギェルだけではなかった。寺院が破壊されることを予期したラマたちは寺の財産を地元の人々に分配し、多くの人々を雇って、マニ石をつくらせたのである。[10]

悟りと最後

イルン・ソナム・ナムギェルは、一九五七年、七六歳のときに、「虹の身体」の悟りを成就した。ヤクセ・テルトンをはじめ、多くの埋蔵宝発掘者たちは、「大いなる聖地マニ・カンゴにおいて、一人の行者が虹の身体の悟りを達成する」と異口同音に授記していた。その言葉どおり、イルン・

ソナム・ナムギェルは「虹の身体」を成就したのだ、と伝記は語る。

最後の数年間、イルン・ソナム・ナムギェルは、しばしば病にふせった。そのときも「ガルワン・テクチョクリンパよ、お見守りください」と、何回も祈りの言葉をくりかえした。

ときどき見舞いの人が訪れると、立ち上がって「わたしは人間だと思うかい？　それとも神だと思うかい？」と言って、踊ってみせた。

「亡くなったら、小さな布をかぶせて誰も触らないように、遺体は小部屋に置いておくように。」

遺言どおり、遺体は小部屋に安置された。

三日後家族は、オグル・トゥルクという導師を招いて、遺体を水で浄化する儀礼を行ってもらおうとした。ところが、オグル・トゥルクは「ああ、行者が一人、ブッダになったね」と言って、浄化の儀礼は行わず、かわりにガーナプジャの法要を念入りに行じた。

このオグル・トゥルクの言葉には、たいへん重要な意味がこめられている。遺体の浄化の儀礼では、儀式用の瓶に入れられた水に、ブッダのマンダラの光に満ちた加持の力を溶け入らせ、その水を遺体に注ぎかけて浄化する。この儀礼は、死者がまだ完全に清らかなブッダの境地にいたっていない場合に行われる。ところが、イルン・ソナム・ナムギェルは、すでにすべての罪や障害を完全に浄化し、ブッダの境地にいたっていた。オグル・トゥルクは、そのことをはっきり見抜いたのである。

かわりに、オグル・トゥルクが行ったガーナプジャは、密教の導師と弟子の間にむすばれた密教の誓約（三昧耶《サマヤ》戒）を浄化することを目的としている。

家族や隣人たちにとって、身近に生活してきた老人が、ブッダになったなどというのは、そう簡単に信じられることではない。ガーナプジャは、そうしたかすかな疑いや不信の心を浄化することによって、残された人々とイルン・ソナム・ナムギェルとの間に、けっして壊れることのないダルマの絆をあらためて結びなおすのに、たいそう大きな役割を果たすことができる。

オグル・トゥルクがガーナプジャを行じたその日から、遺体にかけられた布は、どんどん下がっていくように見えた。けれども、誰にもその意味はわからなかった。

たいそう不思議なことに、家の中には五色の光が満ち、虹が立ち続けた。亡くなって一週間後、小部屋に入ってみると、残されたのは髪の毛と爪だけだった。

うわさを聞きつけて、地元の指導者だったチャゴー・トプデンが、取り巻きを連れて、やってきた。髪の毛も爪も全部壺の中に入れ、五色の絹の布でおおって、葬儀の場所に持っていった。

さらにチャゴー・トプデンは、各地の僧院に使者を送った。イルン・ソナム・ナムギェルは、本当に「虹の身体」を悟ったのでしょうか？　ゾンサル、ゾクチェン、カトクといった大僧院からきた返事の手紙は、すべて一致していた。イルン・ソナム・ナムギェルは、まちがいなく「虹の身体」を悟ったのである。

多くの高僧たちが、東チベットの各地から、ひきもきらずにやってきて、誓願の言葉を唱えた。残された髪の毛と爪は、三人の高僧、家族、そしてチャゴー・トプデンによって分けられた。

イルン・ソナム・ナムギェル伝と行者の伝統

チベットでは、偉大な学僧や修行者について、膨大な量の伝記が書かれた。ルントク・ニマが書いたイルン・ソナム・ナムギェルの伝記は、そうしたチベットにおける聖者伝の伝統にたいそう忠実なものだ。

チベットの聖者伝は、伝統的に外的、内的、秘密の三つのカテゴリーに分類される。「外的」な聖者伝は、どこで生まれ、どのような行為をなしたか、という側面に関心を集中している。その意味で、近代社会における「伝記」とよく似た性格を持っている。

それに対して、「内的」な聖者伝では、どのような教えを受け、どのような修行をしたか、あるいはその過程で生まれるヴィジョンや授記といった神秘体験に、大きな比重が置かれる。

三番目の「秘密」の聖者伝の場合、外的な行為や出来事と、内面的体験との境界は崩れさる。その両方が綿密に折り合わされた織り物として、一生の流れが記述される。

こうした伝統的な分類からすると、ルントク・ニマによって書かれたイルン・ソナム・ナムギェル伝は、「外的」な伝記のカテゴリーに入ることになる。

この聖者伝は、それ以外にも、チベットでつくられたものにふさわしい、いくつかの特徴を持っている。

一つ目は、イルン・ソナム・ナムギェルが、幼いころから多くの動物を殺生したと伝えられていることだ。

ヤクや羊を追いながら移動し、テントの中で生活を続ける遊牧民たちにとって、生きるための殺生は、生活の避けることのできない一部をなしている。

殺生の事実は、生きることそのものにともなう「悪」についての強烈な自覚と、輪廻からの激しい出離の念を生む。高度な密教の教えがインドから移植された後、チベットで大きく開花した背景には、牧畜を重要な生業とするチベット特有の風土があった。

牧畜の民だけではない。森林地帯に住んで木を切り、野生動物の狩猟にたずさわる人々は、仏教の教えから遠く離れた「野蛮人」だ、と顕教の仏典には書かれている。

けれどもひとたび発心し、輪廻をさまようすべての生きものたちを導くことができるブッダになろうと決意し、修行するなら、誰でも人間としてのこの生のうちに輪廻から解き放たれ、完全なブッダとしての悟りを得ることができる。ブッダや菩薩の化身が、狩猟を事とする人々の中に生まれることだってある。チベットの伝統は、そう考えてきた。

こうしたチベット人の思想をもっともよく表現しているのは、十一世紀の聖者、ミラレパの弟子だったキラレパである。「キラ」は狩人を、「レパ」はマイナス数十度の山中において薄い木綿の衣一枚で修行を続ける行者を、それぞれ意味している。

若いころのキラレパは、仏教にまったく信仰がなく、鹿や鳥を狩って生活する狩人だった。ところがあるとき、狩猟の途中気絶し、ヴィジョンの中で、光り輝く千手観音菩薩の姿を目のあたりにした。このときを境に、キラレパは修行の道に入り、ミラレパの弟子となった。十一世紀にインドからチベットに移植された高度な密教の隠棲修行に、残りの生をささげ、ミラレパのもっとも大切な弟子の一人になったと伝えられる。

イルン・ソナム・ナムギェルの生涯は、こうしたチベットの伝統にじかにつながっている。

二番目の特徴は、ゾクチェンの修行のプロセスを、とても鮮やかに描き出していることだ。

伝統的な三年三か月の隠棲修行に入る場合、顕教から密教、ゾクチェンにいたる階梯を一歩一歩進んでいく。

まず十万回の五体投地、十万回の発菩提心の修習《しゅじゅう》などからなる前行を完成する。それが終わったら、今度は空性から本尊のマンダラを生み出し、マントラをくりかえし唱える生起《しょうき》次第《しだい》の隠棲を行う。それから、仏教的クンダリニーヨーガである「脈管と風」（rtsa rlung）の修行をする。一定のしるしが出たら、さらにゾクチェンの口伝を受ける。

ところが、イルン・ソナム・ナムギェルの場合、前行が終わると、そのままゾクチェンの修行を始め、その後で生起次第の隠棲修行を行っている。三年三か月の隠棲修行の場合とは異なる、より直接的なプロセスをたどったことが、伝記からは読み取られる。

けれども、イルン・ソナム・ナムギェルが、特に例外的だったわけではない。家族がいて、何年間にもわたる長期の隠棲に入ることができなかったり、あるいは十分に心身の浄化がされ、準備ができている場合、前行の後でそのままゾクチェンの高度な修行に入ることも、まれではなかった。

心の本性をじかに体験する。ゾクチェンにおける三昧の境地について、確信を得る。その後であらためて、本尊のマントラをたくさん唱える隠棲に入る。あるいは「脈管と風」のヨーガを学ぶ。すぐれた導師に出会い、深い信仰を抱いていれば、どんなやり方でもかまわない。そう考えられてきたのである。

三番目の特徴は、チベットのヨーギたちの伝統がどのようなものであるかを、とてもヴィヴィッドに表現していることだ。密教の修行は、僧院で伝承されてきた多くの経典を学習し、分析する知的な活動とは、ほとんど関係がない。たとえ文字を読むことができず、戒律や唯識、中観の知的な哲学についてなにも知らなくても、深い信仰を持っていれば、すぐれた導師の体験にもとづく口伝にしたがって、修行を続ければいい。それによって、ただこの生において、「虹の身体」のように、たいそう高度な悟りにいたることができる。

それとは逆に、どれほど経典についてよく知り、大僧院の長として多くの弟子たちに、その意味を説くことができたとしても、瞑想の実践がなければ、死ぬときには地獄に落ちかねない。そんなふうに、チベットの伝統は口を酸っぱくして語る。

チベット人やブータン人は、仏教に対してたいそう深い信仰を抱いている。そのことに外国人たちは、とても大きな驚きを感じる。けれどもチベットの庶民たちの深い信仰の背景には、イルン・ソナム・ナムギェルのように身近な隣人が、「虹の身体」をはじめとする高度な悟りを得、無数に立ち上がるあざやかな虹の中で、ブッダになってしまうことの不思議への大きな讃歎の念が、存在してきたのである。


【註】
1　ナムカイ・ノルブ『虹と水晶』（永沢哲訳、法蔵館、一九九二年）第八章、チョギャム・トゥルンパ『チベットに生まれて』（竹内紹人訳、人文書院、一九八九年）第八章。
2　チョギャム・トゥルンパ、同書、一〇六～一〇七ページ。
3　bsTan 'dzin lung rtogs nyi ma, *sNga 'gyur dzogs chen chos 'byung chen mo*, Beijing Krung goï bod pa dpe skrun khang, 2004, pp.689-692.
4　Gu ru bkra shis, *Gu bkra'i chos 'byung*, Krung goï bod kyi shes rig dpe skrun khang, 1990, pp.473-474.（原著一九世紀）。J. H. Valentine, Zangpo Drakpa, in Treasury of Lives.（http://treasuryoflives.

org/biographies/view/Zangpo-Drakpa/)

5 「七章の祈り」のチベット語原文は『古訳大祈願祭勤行集』所収のテキストによる。*sNga 'gyur smon lam chen mo'i zhal 'don phyogs bsgrigs*. Chos spyod par skrun khang, 2008, pp.64-103.

6 彼は、イルン・ソナム・ナムギェルが一生を過ごしたマニ・カンゴとイルンからほど近いヤクセを拠点にしているラマだった。この地域には、観音菩薩と深く結びついた多くの聖地や洞窟があり、テクチョクリンパの弟子の一人が書いた聖地の由来書が残されている。Tshe ring dge 'jigs med mthong grol rgya mtsho, *gNas mchog ma ni rang byon gyi kha byang dkar chag mthong thos kun grol*, in Karma rgyal mtshan (ed.), *mDo khams gnas yig phyogs bsgrigs*, Mi rigs dpe skrun khang, 2005, pp.152-171.

7 S. Schaik, *Tibet*, Yale University Press, 2011, pp.180-237. D. Jackson, *A Saint in Seattle*, Wisdom, 2003, pp.163-217.

8 Rig 'dzin rgod ldem et al., *sBas yul spyi dang bye brag yol mo gangs ra'i gnas yig*, Khenpo Nyima Dondup, 2003.（原著一四世紀）。F. Erhardt, The Role of "Treasure Discovers" and their writings in the search of Himalayan sacred lands, in T. Hubert (ed.), *Sacred Spaces and Powerful Places in Tibetan Culture*, LTWA, 1999, pp.227-239.

9 Ye shes rdo rje, *Nyag bla padma bdud 'dul gyi rnam thar dang nyams mgur*, Si khron mi rigs dpe skrun khang, 1998. このニャラ・ペマ・ドゥドゥル伝には、以下の英訳がある。O. Aguilar (trans.), *The Cloud of Nectar*, Shang Shung Institute, 2013.

10 ラマ・カルマの著者へのパーソナル・コミュニケーション（二〇〇四年、ネパール）。ほかに、mKhan po bsod nams nyi ma, *rDo grub rig 'dzin 'ja' lus rdo rje'i rnam thar*. mGo log khul bod sman zhib jug lte gnas, 2004. Tulku Thondup, *Masters of Meditation and Miracles*, Shambhala, 1999, pp.298-313. を参照。

第三章

青空に消える——メワ・ケンポ・ツェワン・リグズィン

最もすぐれたヨーギは、他者を仏法に導くために、衆生の目の前で、光と音響とともに、光の塊となって虚空に消え去る。それは持明者たちが、より高い境地に上るため、体を持ったまま光に包まれ、衆人環視の中で去っていくのと似ている。それは想像を絶する無数の大陸において、不可思議なる化身をつうじて利他を行じるしるしである。偉大なるヨーギの自在主チェツン・ワンチュクがその例である。

（ロンチェンパ『至高なる乗の宝蔵』）

イルン・ソナム・ナムギェルが、東チベットのマニ・カンゴで、「虹の身体」を悟った翌年の一九五八年、東北チベット、アムド地方で、たいそう学識豊かな学僧として知られたメワ・ケンポ・ツェワン・リグズィン（一八八二〜一九五八）が、ディ（雌のヤク）に乗せられ、収容所に護送される途中、空中に浮かび上がり、虹の光の中に消え去った。

メワ・ケンポ・ツェワン・リグズィンは、清らかな戒律を守る比丘僧だった。仏典の深く広い知識と長期にわたる隠棲修行によって培われた悟りの持ち主として、また、アビダルマコーシャ（阿《あ》毘達磨倶舎論《びだつまくしゃろん》）から唯識、中観、般若、さらには密教まで、インドから伝えられた経典の厳密な学問を、長年にわたって行う学堂を東北チベットに開設し、この地域に仏典の正確な理解が広がり、伝統として根付くうえで、たいへん大きな役割を果たした人物として知られていた。

名前の頭に冠された「メワ」は、出身地である東チベットの地名を、「ケンポ」は「学堂長」ないし「哲学博士」を、「ツェワン・リグズィン」は、「密教の修行によって寿命を支配する力を得た行者」をそれぞれ意味する。

メワ・ケンポ・ツェワン・リグズィンは、イルン・ソナム・ナムギェルのように、呼吸も心臓も止まった「トゥクタム」の状態に一週間とどまり、その間に肉体が虹の光に変化し、消えてしまったわけではない。

生きたままで、粗大な物質からなる肉体が、虹色の光に輝く「光の身体」に変化してしまった。空中に浮かび上がり、大空に吸い込まれたのである。

このメワ・ケンポ・ツェワン・リグズィンのように、「トゥクタム」に入ることなく、生きたまま、肉体が虹の光に溶け入ってしまうことを、「虹の身体《ジャル》・の大いなる転移《ポワチェンポ》」(ja 'lus 'pho ba chen po)と呼ぶ。「虹の身体の大いなる転移」は、特に高度な悟りとされてきた。チベットにゾクチェン・ニンティクの教えを伝えた、インドの偉大な学僧ヴィマラミトラや、パドマサンバヴァ、十一世紀チベットの行者、チェツン・センゲ・ワンチュクなど、その実例はごく少数にかぎられている。

学堂を一つつくっては、次へ。東チベットと東北チベットの各地を、ほとんど無一物で放浪しながら、仏典を説き続けた学僧は、中国人民解放軍の兵士たちの目の前で、「虹の身体の大いなる転移」とはどんなものかを、示したのである。

誕生と入門

メワ・ケンポ・ツェワン・リグズィンは、チベット暦十五ラプジュン癸未《みずのとひつじ》の年（一八八三年）の秋、東チベット、ワシュル地方のメ（rme）に生まれた。[1] メはヤクや羊の放牧を生業とする牧畜民

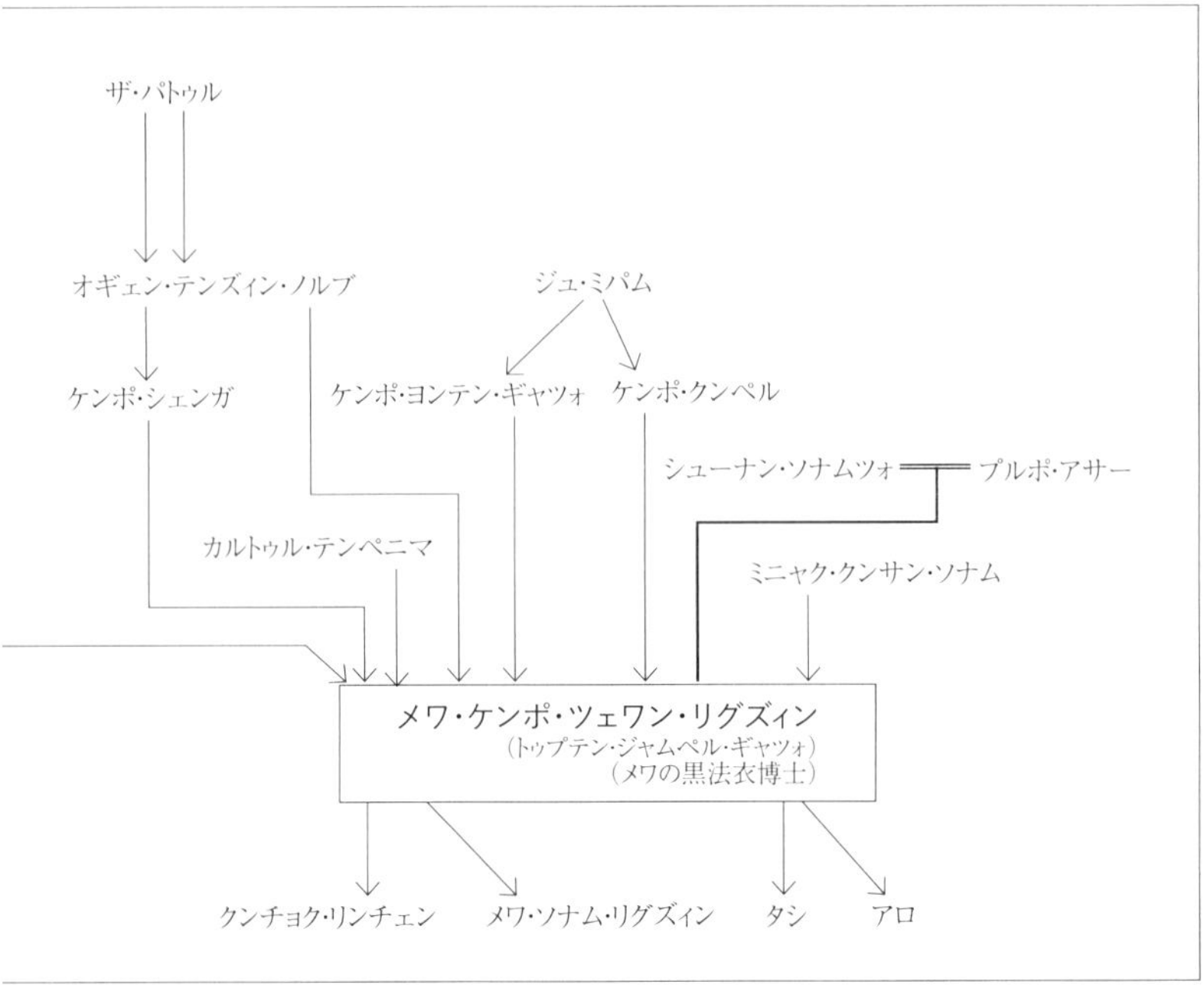

たちが住む地域で、数千人の僧が学問と修行に励む、ニンマ派の巨大な僧院によって知られていた。

父の名はプルポ・アサー、母の名はシューナン・ソナムツォ。七人兄弟の長男だった。わずか妊娠五か月の早産で生まれ、幼いころから仏法に対する深い信仰、輪廻の世界を厭う強烈な出離の念、誰に対してもわけへだてのない慈悲の心をそなえていた。

数え年の十歳のとき、地元のソク・タシ・チューコルリン僧院に入門した[2]。この僧院では、カルトゥル・テンペニマをはじめとする多くの導師から、仏典の講説や密教の灌頂《かんじょう》を受けた。それとともに、勤行経典の暗唱、密教の儀軌《ぎき》や声明、儀式で用いられる金管楽器や太鼓などの演奏

ジグメリンパ
↓
ドドゥプチェン・ジグメ・ティンレー・ウーセル
↓
ゾクチェン・リンポチェ四世
ミンギュル・ナムケー・ドルジェ
↓
ゾクチェン・リンポチェ五世
トゥプテン・チューキ・ドルジェ

『四つの心臓のビンドゥ』

法を学んだ。

密教の大きな灌頂を行うときには、結界を張った内部の空間で、神々への供養として特別なダンスを踊る。あるいは悪霊を退散させるために、密教の本尊となって、僧院の庭で踊ることもある。こうした密教の舞踏も、ずいぶん達者になった。灌頂のとき、五色の砂を使って、厳密な比率にしたがってマンダラを描く方法や、密教で用いられる法具や供物の準備も、完全にマスターした。

十五歳になると、厳格な戒律を守る清らかな比丘僧として名高い、ミニャク・クンサン・ソナムを戒師として、具足戒を受けた。このとき、トゥプテン・ジャムペル・ギャツォ――「釈尊の教えにしたがい、大海のごとき文殊の智慧を持つ者」――という名前を与えられた。

こうして、生まれつき深い信仰と慈悲をかねそなえた少年は、十歳から十五歳までの五年間に、生まれ故郷で学べるかぎりの学問を、終えたのである。

十五歳になったトゥプテン・ジャムペル・ギャツォは、いよいよ東チベットの中心都市デルゲの近くに位置するニンマ派の学問センター、ゾクチェン僧院に移り、本格的な学問と修行のトレーニングを始めることになった。

ゾクチェン僧院

ゾクチェン僧院は、マニ・カンゴから北西に向かってザチュカにいたる途中、ルダム（ru dam）という地に位置している。

ザチュカは、イルン・ソナム・ナムギェルが人生の大半を過ごしたイルンと同じく、素朴な牧畜民たちが暮らす地域だ。高原地帯の牧畜民たちは、仏法にたいそう深い信仰を抱いている。この地域からは、ザ・パトゥルをはじめ、多くのすぐれた学僧や修行者が輩出した。

マニ・カンゴとザチュカの中間にあるルダムは、もともとボン教の聖地だった。チベット全土を統一し、聖俗両権を一身に掌握したダライ・ラマ五世ロブサン・ギャツォ（一六一七〜八二）の死後間もない一六八五年、この地にペマ・リグズィン（ゾクチェン・リンポチェ一世。一六二五〜九七）が、ゾクチェン僧院（別名ルダム・オギェン・サムテン・チューリン僧院）を、新たに建立したのである。[3]

ゾクチェン・ペマ・リグズィン

ゾクチェン・ペマ・リグズィン（以下、ペマ・リグズィン）は、一六二五年、東チベット・カム地方西部のリウォチェに生まれた。父の名はタシといい、工芸の技にすぐれた人物だった。そのせいもあって、少年は幼いころから、文字の読み書きだけではなく、仏像や法具をつくる職人の技を、やすやすと身につけた。[4]

ブッダの教えにたいそう深い信仰を抱いていた少年は、十三歳のときに、伯父である二十代半ばのヨーギ、カルマ・チャクメ（一六一三〜七八）の弟子となった。

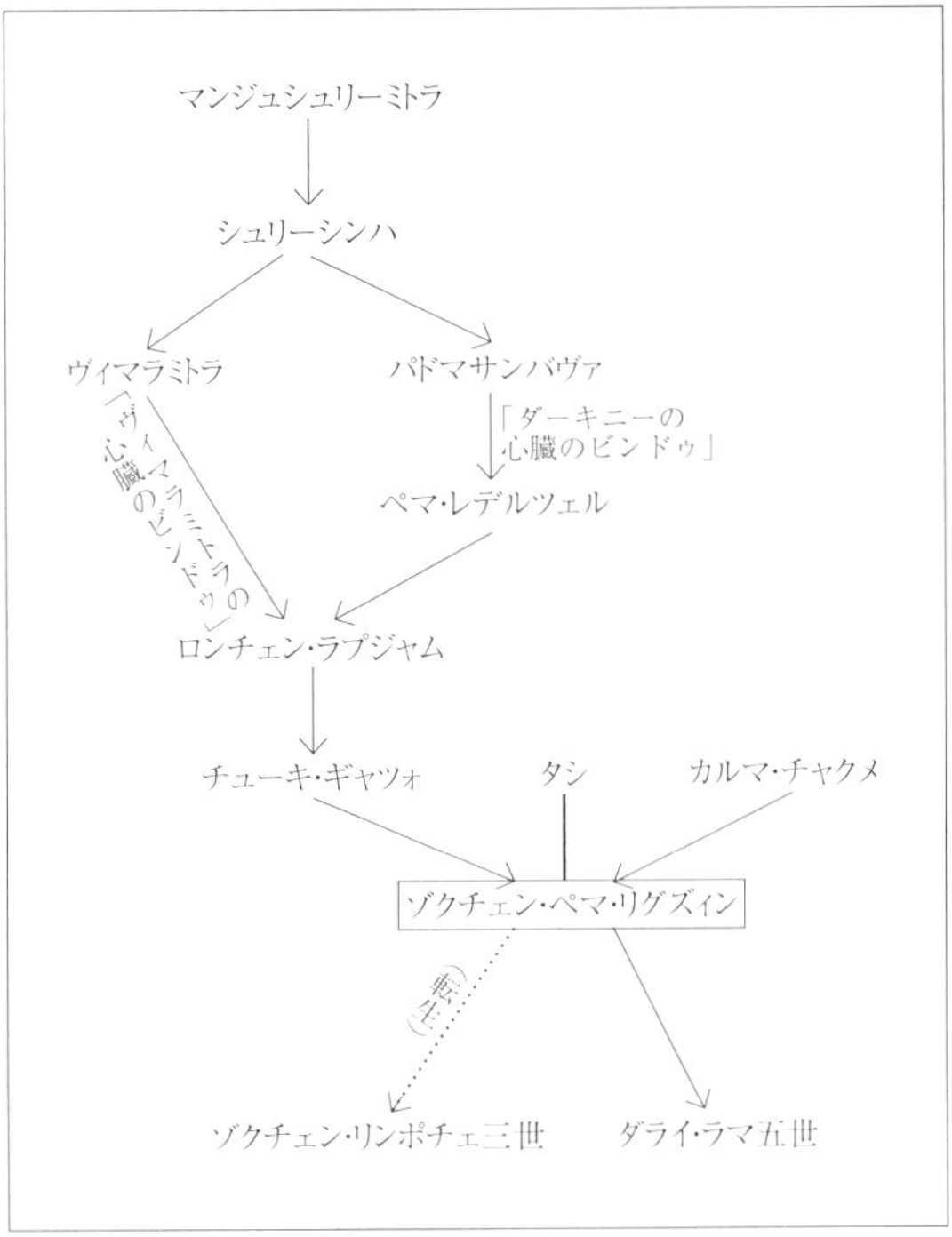

カルマ・チャクメは、カギュ派とニンマ派の教えを学び、密教の高度な悟りを得た行者だった。彼が著した隠棲修行のためのマニュアルである『山の教え』（ri chos）やゾクチェン、マハームドラーの指南書は、現在でも広く用いられている。

　師となったカルマ・チャクメは、弟子のすぐれた資質をはっきり見抜き、埋蔵宝発掘者のラトナリンパやカルマリンパが発掘した体系をはじめ、密教の教えを惜しみなく与えた。そうやってペマ・リグズィンに教え

ペマ・リグズィンが石の上に残した足跡

ることで、逆に自分の悟りを深めることができたと、カルマ・チャクメは後年述べた。

密教では、誰を守り本尊にするかが、とても大切だ。前世から特に深いきずなのある本尊の修行ができれば、素早く悟りの結果を得ることができる。

師匠のカルマ・チャクメは、観音菩薩と格別に深い縁で、結ばれていた。弟子のペマ・リグズィンはどうだろうか？　観音菩薩か、それともチベットにゾクチェンをはじめとする密教の教えを伝えたパドマサンバヴァがいいだろうか。カルマ・チャクメが考えあぐねていたある夜のこと、思春期の少年は、夢の中で、パドマサンバヴァにまみえるという体験をした。それと同じころ、師のカルマ・チャクメも、パドマサンバヴァを本尊とすべし、という結果を占いで得た。

無常について考え抜く心の浄化の瞑想からはじめて、空性の中から本尊のマンダラを生み出し、マントラを何百万回、何千万回と唱える修行が終わると、「脈管と風」のヨーガの修行に入る。ヤントラヨーガや呼吸法を駆使して、身体の内部を運動するプラーナの生命エネルギーをコントロールし、身体の真ん中にすっくと立ち上がる、中央の脈管に導き入れる。

ペマ・リグズィンは、この「脈管と風」のヨーガの達人だった師のカルマ・チャクメから、秘密の口伝を受けるというとてつもない幸運に恵まれた。「脈管と風」の修行では、保息できる時間をしだいに長くするトレーニングが行われる。熱心に鍛錬したペマ・リグズィンは、日にたった二回、呼吸すればいいだけになった。

「ダーキニーの心臓のビンドゥ」

二十代のはじめ、カルマ・チャクメのもとでの修行が一段落すると、ペマ・リグズィンは、すぐれた密教の導師たちから教えを受けるために、各地を放浪する日々に入った（七十年あまりの生涯の中で師事した導師は、三十人あまりにおよんだ）。その途中、東チベットにあるニンマ派最古の古刹、カトク僧院では、埋蔵宝発掘者ドゥドゥル・ドルジェから、その密教体系を次の世代に伝える人物として指名された。

けれども決定的に重要だったのは、チューキ・ギャツォというラマから、ゾクチェン・ニンティクの哲学と修行法を説き明かした「ダーキニーの心臓のビンドゥ」の完全な灌頂と教えを、授かったことだ。「ダーキニーの心臓のビンドゥ」は、パドマサンバヴァからペマ・レデルツェル、そしてロンチェン・ラプジャム（一三〇八〜六四）へと伝えられた、空を飛ぶ女神ヴァジラヴァーラヒーを中心とした体系である。その中にはゾクチェン・ニンティクの深遠な哲学と修行が、最もコンプリートなかたちで説かれている。

このときを境に、ペマ・リグズィンは、「ダーキニーの心臓のビンドゥ」の血脈にもとづいて、ゾクチェンの修行を深めていくことになった。「ダーキニーの心臓のビンドゥ」は、ペマ・リグズィンにとって、また後年彼が開いたゾクチェン僧院にとって最も重要な教えとなった（ペマ・リグズィンの転生化身であるゾクチェン・リンポチェ三世は、その重要な注釈書を書いている）。

師のチューキ・ギャツォは、才能に恵まれた弟子が、このうえなくすぐれたゾクチェンの悟りを得たことを、心底喜んだ。「ゾクチェンの教えについては、よく耳にする。けれども、ゾクチェンを体現している人物はあなただけだ。」

それだけではない。密教と格別に深い縁のある女神（「智慧のダーキニー」）が、光のヴィジョンの中で姿をあらわし、身振りをつうじて、ゾクチェンの最も深い意味を教えてくれた。こうして若きペマ・リグズィンは、ゾクチェンの深遠な意味を体現している人物、「カムのゾクチェンパ」（khams pa rdzogs chen pa）と呼ばれるようになったのである。

三十九歳になったペマ・リグズィンは、パドマサンバヴァにゆかりの聖地が集中する中央チベットに向かった。サムェ、チンプ、ツァリ、イェルパ、カルチュといった聖地で、何年間も孤独な隠棲修行を続け、ゾクチェン・ニンティクの悟りを、究極にいたるまで深めたのである。

この中央チベットでの修行の途中、パドマサンバヴァの密教修行のパートナーだったマンダラーヴァやイェシェ・ツォギェルが、光に満ちたヴィジョンの中で姿を現し、未来の出来事について、いろいろな授記を授けてくれた。

ペマ・リグズィンの後半生にとってたいへん重要だったのは、この中央チベット滞在中に、チベットを統一したばかりのダライ・ラマ五世に招かれ、その師となり、また弟子ともなったことだ。

ダライ・ラマ五世は、宗派の枠にとらわれない、広々とした心の持ち主だった。仏典の学問だけでは、言葉にとらわれることになる。それに対してペマ・リグズィンの教えは、本から学んだ知識ではなく、ゾクチェンの修行体験による直接の悟りから、自然に湧き起こってくるものだった。おかげで、自分の理解はたいそう深まった。そんなふうにダライ・ラマ五世は後年述べた。

こうして、ダライ・ラマ五世の師となったペマ・リグズィンは、中央チベットにあるガンデン、セラ、デプンといったゲルク派の大僧院に招かれ、ゾクチェンの教えを説いた。

六十歳を間近に、ペマ・リグズィンは、チベット北部に広がるチャンタン高原の重要な聖地、ナムツォ湖に行き、女神が住む美しい湖のほとりで隠棲修行に入って、ゾクチェンの修行を完成させよう、と思い立った。かつてヴィジョンの中で姿を現したマンダラーヴァに授記された通り、「光の身体」の悟りを得て、ダーキニーの浄土に行くことにしよう！

そのことを知ったダライ・ラマ五世は引きとめた。故郷の東チベットに戻り、ミニャク、ルダム、ゲギェの三か所のうちのどこでもいいから、僧院をお建てなさい。そうすれば、ゾクチェンの教えは大きく広がり、輪廻に苦しむたくさんの人間たちを、助けることになる。

幼いころ育ててくれた師のカルマ・チャクメからも、手紙が来た。修行を完成して、高い悟りの境地を得たら、輪廻の中で苦しむ衆生のために、すぐれた利他の行為を実践するのが、大乗の教えだ。東チベットに帰って、弟子たちに教えなさい。

かくしてペマ・リグズィンは、隠棲修行に入るのを諦め、六十歳で故郷の東チベットに戻ったのである。

東チベットへの帰還と利他行

　ある日のこと、ペマ・リグズィンと弟子たちは、ダライ・ラマ五世に授記された場所の一つ、ボン教の聖地ルダムに行った。一休みして、広々とした草原でお茶を作っているときのことだ。一羽のカラスが急降下し、茶椀をさっとつかんで、空中に舞い上がると、裏山にあった岩の上に置いた。ルダムに僧院を建立せよ、という護法尊からのメッセージだった（このカラスは、護法尊のペハールが変身したのだとされている）。ほかにもいくつかの奇瑞《きずい》があらわれた。ペマ・リグズィンは、そうした兆《きざ》しを見て、建立を決意した。

ゾクチェン僧院には、師の令名を慕って、ヨーギたちが続々と集まり、日夜ゾクチェンの修習を続けた。「ダーキニーの心臓のビンドゥ」を修行する行者たちの数は、五百人にふくれあがった。当時のデルゲ国王サンギェ・テンパや、ルダムからほど近いリンツァン王が施主となった。

ペマ・リグズィンは、七十三歳の時遷化した。死のとき、青空には無数の虹が立ち、不思議な音が鳴り響いた。遺体を荼毘に付すと、遺灰の心臓のあたりから、光輝く玉が見つかった。それは生きとし生ける者たちを、かぎりない慈悲で導き続けるしるしだと、弟子たちは考えた。

ゾクチェン僧院とシュリーシンハ学堂

ゾクチェン僧院では、草創期から現在にいたるまで、「ダーキニーの心臓のビンドゥ」にもとづく修行が行われてきた。それに加え、ニマ・ダクパ（一六四七～一七一〇）の埋蔵経典や、さらに十九世紀以降はジグメリンパ（一七三〇～九八）が発掘した密教体系であるロンチェン・ニンティクが、特に大切にされてきた。

ゾクチェン僧院において、ロンチェン・ニンティクの体系が、重視されるようになったのは、ゾクチェン・リンポチェ四世ミンギュル・ナムケー・ドルジェ（一七九三～一八七〇）が、ジグメリンパの最も重要な弟子だったドドゥプチェン・ジグメ・ティンレー・ウーセル（一七四五～一八二一）の弟子となったことに端を発する。[5]

二十歳になったばかりのミンギュル・ナムケー・ドルジェは、密教の教えを学ぶために、少年のころに教えを受けたことのあるドドゥプチェンの隠棲場所に行き、しばらく滞在していた。

ある日のこと、ドドゥプチェンは、骨杯（カパラ）になみなみとついだチャン（チンコー麦からつくったビール）を差し出すと、「飲め」と命じた。七歳のときから僧院で育てられ、厳格な戒律を守りながら、学問と瞑想の修行に励んできたミンギュル・ナムケー・ドルジェは、アルコールを口にしたことなど、まったくなかった。

「だが……」と、若い転生化身は考えた。「大切な密教の師が与えてくださるのだから、ご加持にちがいない。」思い切って、一息に飲んだ。その瞬間、師のドドゥプチェンの悟りが、そのまま弟子の心に移され、ミンギュル・ナムケー・ドルジェは、ゾクチェンの瞑想修行の最高段階である「法性滅尽」の境地に、一気に達した。

「法性滅尽」においては、すべての現象のあらわれが、その本性――「法性」――に滅してしまう。二十歳のミンギュル・ナムケー・ドルジェは、すべてを直接に知り、何の区別も差別もしないゾクチェンの成就者になった。

ゾクチェン僧院の経営を担っていた役僧たちは、偉大な導師のもとから帰ってきた若い転生化身が、対外交渉やお寺の運営にかかわる能力を、まったく失っているのを見て、たいそううろたえた。けれども、その心に世俗を完全に超えた智慧が生まれたことを知って、深い感謝の念に満たされたのである。

ゾクチェン・リンポチェ四世の時代、ゾクチェン僧院には、大きな変化が生まれた。一八四二年、東チベットに大きな地震が起こり、本堂は瓦礫に帰した。その復興と軌を一にして、一八四八年、顕教や密教の経典の学問を専門に行うシュリーシンハ学堂が、設立されたのである。[6]

それ以前のゾクチェン僧院は、密教の修行者たちが集まる空間だった。ところがこの学堂が開設されるとともに、ゾクチェン僧院は、長い年数をかけて仏典の意味を学び、研究する重要なセンターとしての役割も、になうようになったのである。

聖なる痕跡

この学堂が「シュリーシンハ」と名付けられたのには、たいへん特別な理由があった。シュリーシンハ学堂は、ゾクチェン・ニンティクの伝統にとって、とりわけ重要な導師の一人である偉大な成就者、シュリーシンハゆかりの聖地に、建てられたのである。

シュリーシンハについては、とても不思議な伝記が残されており、その生涯はゾクチェン・ニンティクの形成に直接かかわる、多くの謎に満ちている。シュリーシンハはもともと中国で生まれ、十五歳のときに出家し、学問を修めた。だがあるとき、純粋な光に満ちたヴィジョンの中で、観音菩薩があらわれ、授記した。

「あなたは、五百回の過去世において、仏教の学問を修めた。けれども悟ることはできなかった。このまま中国にいてはいけない。インドに行って密教を学びなさい。」

シュリーシンハは、ヴィジョンのお告げにしたがって、すぐにインドに出発するようなタイプの人間ではなかった。まずはそのまま中国のお寺で、密教を学ぶことにした。すると再び観音菩薩があらわれ、インドに行くように命じたのである。シュリーシンハは、三年間の隠棲修行を終えた後、インドに出発した。そしてゾクチェンの導師マンジュシュリーミトラに出会い、その弟子となったのである。

チベットにゾクチェン・ニンティクの伝統を伝えた、ヴィマラミトラとパドマサンバヴァの二人は、この中国人の導師シュリーシンハの弟子だった。「虹の身体」の悟りを得たシュリーシンハは、「光の身体」を保ったまま、現在でもインドのブッダガヤにとどまっているとされる。

ゾクチェン僧院が建立されたルダムに、あるとき、このシュリーシンハがやってきた。そして、ゾクチェン僧院の本堂に向かう途中、坂道がしだいになだらかになり、平原が広がるあたりにある岩に腰かけた。その跡は岩の上に、くっきりとしたくぼみとして残され、深い信仰の対象になっていたのである。

チベットやブータン、インド、ネパールに広がるチベット仏教圏の聖地には、よく似た由来を持つ岩や洞窟が、たくさんある。中央チベット、チンプのお堂で、ティソン・デツェン王の娘ペマセルが五体投地したときに残された膝の跡、中央ブータン、ブムタンのクジェ寺にあるパドマサンバヴァの背中の跡、東チベットの各地に残るイェシェ・ドルジェの手形、足形、ネパール北部のラプチにあるミラレパの足形など、枚挙にいとまがない。

その中で最も典型的なのは、ブムタンのクジェ寺だろう。クジェ寺は、西ブータンのパロにあるキチュ寺と並んで、ブータンで最も古い由来を持つ寺である。この広大な敷地を持つ寺は、パドマサンバヴァが大きな岩の上に残した「お体の跡」——「クジェ」(sku rjes)——を中心にして、つくられているのである。

聖者の手、足、背中、膝が、大地のエッセンスを集めた硬い岩に触れ、柔らかく変形させる。岩に残された丸いくぼみには、聖者の記憶が刻み込まれている。そう考えるチベット人の信仰は、自然の造形の中に、聖なる顕現の痕跡を読み取ろうとする、隠喩的・神話的な思考にもとづいている。そんなふうに説明することはたやすい。

だが果たして、それですませていいだろうか。

現代のディクン・カギュ派の高僧トクデン・リンポチェは、チベット本国のパドマサンバヴァの聖地に巡礼したとき、自分の足が硬い岩盤にめり込み、足形が残ったときの体験について、こんなふうに語っている。

パドマサンバヴァが瞑想したと伝えられる秘密の洞窟に巡礼に行ったときのことだ。わたしは、まだ幼い子供だったけれど、パドマサンバヴァにたいそう深い信仰を抱いていた。洞窟の中を見わたすと、祈りを捧げたいという思いが、心の奥底から湧き起こってきた。それで、三回お祈りした。「どうかわたしの信仰がさらに強まるように、何かしるしを見せてください」とね。その瞬間洞窟の入り口に虹がかかり、その内部にパドマサンバヴァがあらわれた。わたしは歓喜に包まれ、洞窟の入り口とパドマサンバヴァのお姿に見入った。そのとき、一緒に巡礼に来ていた尼さんの一人が言った。「リンポチェ！　足が岩にめり込んでいますよ！」足もとを見てみると、たしかにわたしの足は岩にめり込み、その跡には足形が残されていた。（Yogis of Tibet. JEHM Films）

高い悟りを得た修行者は、自然を織りなすエレメントと一体になり、コントロールできるようになる。その痕跡に触れることは、自分の中に眠る仏性に目覚めるために、とても大切なきっかけになる。シュリーシンハゆかりの聖地に新しい学堂を作ろう。そのことによって、仏典の学問と密教の修行をつなぐ深いきずなを、あらためてつくり出そう。密教の高度の悟りを得たゾクチェン・リンポチェ四世は、たぶんそう考えたのである。

一八四八年に開設されたシュリーシンハ学堂は、約五十年後の二十世紀初めに、リンポ・シェンガ（一八七一～一九二七）が学堂長になって、カリキュラムを大幅に拡張してから、特に多くのすぐれた学僧を輩出した。

チベットで書かれた各宗派の独自の論書を学ぶのではなく、オリジナルのインドの仏典に戻る。

宗派の枠を軽々と超えて学問を進める、シュリーシンハの新しい学風は、東チベットから中央チベットへ、またニンマ派からサキャ、カギュの両派に急速に広がっていった。シュリーシンハ学堂は、十九世紀の後半から顕著になった超宗派運動の、最も重要な拠点となったのである。

ケンポ・シェンガの改革

ケンポ・シェンガが学堂長になるとともに、シュリーシンハ学堂では、インドで書かれた顕教の十三の仏典が、カリキュラムの中心に据えられるようになった。この新しいカリキュラムは、師のオギェン・テンズィン・ノルブの言葉に忠実にしたがっていた。

シェンガは、羌《きょう》の血を引く人々が多く住むギャロンで生まれた。三十歳になるまで、世俗の仕事をするだけで、仏教を勉強しようなどと考えたこともなかった。ところがある日のこと、自分の生活がまったく何の意味も持っていないことを、突然に理解したのである。

そのことに気づいた瞬間、シェンガは、家族も仕事もすべて投げ捨て、師匠を探す旅に出た。そしてオギェン・テンズィン・ノルブに出会ったのである。

オギェン・テンズィン・ノルブのもとで、仏典の学問を始めたとき、シェンガは文字の読み書きすらできなかった。平均寿命が五十歳に満たなかったこの時代、三十歳は立派な中年を意味していた。シェンガは周りの若い僧たちからひどくからかわれ、「父ちゃん坊や」というあだ名を頂戴することになった。無一文、師の家から投げ捨てられる食べ残しをあさりながら、いのちを長らえた。

栄養不足で神経痛に悩まされ、水を運ぶのも一苦労だった。

師のオギェン・テンズィン・ノルブは、その姿を見て涙ぐんだ。「助けようか」と思ったのも、一度や二度ではなかった。

けれども辛うじて、思いとどまった。

オギェン・テンズィン・ノルブの師は、シュリーシンハ学堂の学堂長をつとめた後、羊の皮でつくられたぼろぼろの服一枚だけを身につけ、東チベットの各地を放浪して、『入菩薩行論』やゾクチェンの教えを説き続けたザ・パトゥルだった。

ザ・パトゥルは、こんなふうに説いていた。「すべての苦しみはよきものだ。それによって、過去世において積み重ねた悪業を、浄化することができるのだから。すべての幸福は、悪しきものだ。仏法から心をそらさせるから。」

シェンガは、本当は前世から仏法となみなみならぬ深い縁でつながれている存在だ。貧窮の中で徳を積み、学問をすることで、その力も智慧もとてつもなく大きくなるだろう。オギェン・テンズィン・ノルブは、そう考えたのである。

数か月後、オギェン・テンズィン・ノルブは、自分が守り本尊としていた智慧と詩作、音楽の女神、弁才天の許可灌頂をシェンガに与えた。

弁才天の隠棲修行に入ったシェンガは、わずか一週間のうちに、光に満ちたヴィジョンの中で、智慧の女神にまみえるという体験をした。それからは智慧の炎が燃え上がり、ひと目見ただけで経典の言葉を暗記し、忘れることがなくなった。どんな経典でもその意味をすぐに理解し、論争でもけっして負けなくなった。

オギェン・テンズィン・ノルブは、シェンガにザ・パトゥルから学んだ顕教、密教のすべての教えを注ぎ込んだ。それとともに、自分が大事にしてきた経典を全部シェンガに与えた。「これらの経典を土台に仏法を広めなさい。そうすれば世界に喜びが広がるだろう。」

仏教の学問を始めてわずか二年後の一九〇二年、シェンガはゾクチェン・リンポチェ五世トゥプテン・チューキ・ドルジェ（一八七二〜一九三五）に、シュリーシンハ学堂の学堂長として招かれ、「ケンポ」——学堂長、哲学博士——となった。

ケンポ・シェンガは、オギェン・テンズィン・ノルブから学んだインドの十三の顕教の経典・論書に、インドで書かれた注釈書をもとに、とても詳しい注釈をつけた。そしてそれらの経典を、新しいカリキュラムの中心に据えたのである。

このときからシュリーシンハ学堂では、ロンチェン・ラプジャムが著わした『七つの宝蔵』や、マハーヨーガのクラスに属す密教経典「グヒヤガルバ・タントラ」の注釈書などに加え、インドで書かれた十三の顕教の経典・論書を、じっくり学ぶ伝統が生まれた。

明晰な知性にさっぱりした謙虚な人柄。ケンポ・シェンガの令名は瞬く間に広がり、そのもとで学んだ学僧たちは、ニンマ派のみならず、カギュ派やサキャ派に新しく開設された学堂において、同じカリキュラムで教えるようになった。

十三の基本経典の中で、最初に学ぶシャンティデーヴァ作の『入菩薩行論』は、慈悲の心を説いたものとして名高い。一方、空性の智慧を主題とした第九章は、難解で知られる。著者のシャンティデーヴァは、インドのナーランダ僧院で、同輩の学僧たちに、この章を説きながら、法座から空中に浮かび上がり、消えてしまったと伝えられている。

ケンポ・シェンガは、この第九章の中にあるごく短い一節を用いて、身近な弟子たちに、密教やゾクチェンにおいて最も重要な「心の本性」への直指《じきし》教導を行った。こうして、シュリーシンハ学堂では、顕教と密教を統一的に理解するパースペクティヴが、新しく開かれることになったのである。

ツェワン・リグズィンとゾクチェン僧院

本章の主人公であるツェワン・リグズィンが、ゾクチェン僧院とシュリーシンハ学堂で学ぶようになったのは、一八九七年。学問と修行を終えて故郷に戻るまでの二十六年間は、ゾクチェン・リンポチェ五世とケンポ・シェンガのもとで、ゾクチェン僧院とシュリーシンハ学堂が、宗派を超えた学問と修行の一大センターへ大きく成長していく、まさにその時期にあたっていた。

ゾクチェン僧院に到着したばかりのツェワン・リグズィンは、座主であるゾクチェン・リンポチェ五世トゥプテン・チューキ・ドルジェから、大切な密教の灌頂を授かるという稀《まれ》な幸運に恵まれた。ゾクチェン・リンポチェ五世は、未来を予知するヴィジョナリーな力、さまざまな神通と奇瑞によって知られた。それに加え、ゾクチェン僧院に多くのお堂を新たに建立し、密教の修行に専念する道場を十三か所から三十か所に増やした。この時期、ゾクチェン僧院で学問と修行に励む僧侶の数は、千人を超えたと伝えられる。[7]

ゾクチェン・リンポチェ五世は、はるばる遠くからやってきた少年が、仏法となみなみならぬ深い縁でつながれていることを、一目で見抜いた。灌頂を与えるとともに、「地蔵菩薩の化身がやってきた」と語った。

新しいカリキュラムで教育を始めたケンポ・シェンガは、心を浄化し、菩提心を起こす「心の浄化の瞑想（ロジョン：blo sbyong）からはじめて、中観、般若、アビダルマ、宝性論をはじめ、弥勒菩薩に由来する仏性を説く五つの経典など、十三の基本経典について、とても丁寧に教えてくれた。

ゾクチェンの教え

それとともに、ヴィマラミトラによってチベットに伝えられたゾクチェン・ニンティクの教えである、『ラマ・ヤンティク』（bla ma yang thig）の灌頂と口伝を授けてくれたのである。

『ラマ・ヤンティク』（「導師の至高なる心臓のビンドゥ」）は、ヴィマラミトラによって伝えられた「ヴィマラミトラの心臓のビンドゥ」を、ロンチェン・ラプジャムが洗練された形式に整えたものだ。

「ゾクチェンの修行をするためには、この経典さえ読めば、他はいらない。修行の途中、何か疑問に思うことがあったら、この本を読みなさい。わたしがじかに質問に答えているのと同じだから。」

ロンチェン・ラプジャムはそう書いている。若きツェワン・リグズィンは、ケンポ・シェンガから、ゾクチェンの修行を進めていくために決定的に重要な鍵を、手渡されたのである。

ゾクチェン・リンポチェ五世からは、ニンマ派に伝えられる埋蔵宝経典のコレクションや、ロンチェン・ラプジャムのゾクチェン・ニンティクの教えのコレクションである『四つの心臓のビンドゥ《ニンティク・ヤシ》』（sNying thig ya bzhi）――この中には「ラマ・ヤンティク・イシンノルブ」も含まれている――の灌頂と口伝を受けた。灌頂の時には、師の高い悟りの境地が、そのまま自分の心に移るという体験をした。

知性に恵まれた青年僧は、二人以外にも、アブ・ラガン、ケンポ・クンペルなど、高い学識と悟りを兼ね備えた多くの学僧から、飽くことなく学び続けた。

田舎から出てきた青年は、貧しくて、夜お経を読むのに、明かりとなるバターランプをあがなうことができなかった。それで月明かりを求めて、夜中じゅう、月の後を追いかけて歩いた。あるいは、燃えさしの木のかけらを経典にかざし、そのかすかな光で勉強した。こうした精進のおかげで、毎日四〇ページもの経文を、暗記できるようになった。

夜も眠らず学問に励み、いつでも一枚の黒光りする法衣を身につけるだけの、着たきりすずめ。ゾクチェン僧院の僧侶たちは、いつしか彼のことを「メワの黒法衣博士」（rMe ba'i mkhan po gzan nag ma）と呼ぶようになった。

雪山と蓮の草原──隠棲修行

経典の学問が一通り終わったら、今度は瞑想の修習によって、高い悟りの境地をじかに体験し、深めていく必要がある。

シュリーシンハ学堂から歩いて三十分ほど、ゾクチェン僧院の本堂の裏には、万年雪に覆われた雪山がそびえ立っている。この雪山には、ザ・パトゥルやジュ・ミパム（'Ju mi pham rgya mtsho,

一八四六〜一九一二）をはじめ、高度の悟りと学問によって知られた学僧たちが、かつてこもった洞窟がある。

世俗を捨てて、一人孤独な瞑想修行に励むのに、洞窟ほどふさわしい場所はない。

マントラは、洞窟の硬い岩盤の壁から反射され、身体は、洞窟の内部空間で鳴り響く波動に貫かれ、共鳴する。一歩洞窟の外に出ると、目の前には広々とした青空が、眼下には雪におおわれた斜面が広がる。

ゾクチェンの伝統では、自然のエレメントとじかに触れるヨーガや、青空と一体になる瞑想が、とても大切にされてきた。ゾクチェンのヨーギたちは、自分たちのことを「青空の行者」（nam mkha'i rnal 'byor）と、呼びならわしてきたくらいだ。

学問だけでは足りない。修習によってすぐれた心の境地を体験し、真実をじかに理解しなければならない。シュリーシンハ学堂で学問をし、その後数年間、教授としての役割を果たした学僧は、この雪山を数時間徒歩で登った洞窟か、途中にある「蓮の草原」（ペマ・タン：pad ma'i thang）と呼ばれる地域で、心ゆくまで瞑想の隠棲修行を行うのが、ならわしだった。

「メワの黒法衣博士」は、この伝統にしたがって、何年にもわたる長期の瞑想修行に入ったのである。

一日一食。それさえも事欠き、何日も食べ物がないまま、修習を続けることも稀ではなかった。夜になると眠くなったり、頭がぼんやりするのを避けるために、下半身に薄い袴《はかま》のような下衣を着けただけで、裸足のまま凍った床の上に座り続けた。象皮病に悩まされ、足が巨大にふくれあがったこともある。

そんなある夜のこと、こもっていた洞窟の中に、小さなバターの塊と一杯のヨーグルトが置かれていた。それを口にしたツェワン・リグズィンの病は、すぐに癒えた。

仏法を守る護法尊たちは、真剣に修行する者たちをいつでも見守っている。薬草と癒しの女神であるメンツンマとその五人の姉妹たちが、修行を助けるため、ヨーグルトを届けたにちがいない。周囲の行者たちは、そう噂した。

この時期のことを本人は後年弟子たちに語った。

「食べる。寝る。歩く。座る。それだけで時を過ごしては、仏法の修行を成就することなどできはしない。よくよくおぼえておきなさい。過去、現在、未来の三つの時のブッダ、菩薩たちの教えにしたがって学び、修行していくためには、毀誉褒貶や幸不幸の思い――「世俗八法」――に、けっして引きずり回されないようにしなければならないのだよ。」

ゾクチェンの修行を完成させる

雪山にこもっていたこの期間、「メワの黒法衣博士」は、心を浄化する瞑想からはじめて、本尊のイメージを空性から生み出し、そのマントラを唱え続ける生起次第、そのイメージを空性に溶け入らせ、あるいはプラーナの生命エネルギーの運動をコントロールして「大楽と空性が不二」である境地を体験する究竟《くきょう》次第《しだい》、心が静まりかえった静寂な境地にあって、真理を透明に観察する瞑想など、すぐれた導師から学んだありとあらゆる瞑想の修習をくりかえし続けた。

特に重要なのは、最も高度なゾクチェンのトゥゲル（「超躍」）の瞑想を実践し、それを完成したことだ。トゥゲルの修行には「四つの顕現」と呼ばれるステップがある。その最終段階である、「法性滅尽」にいたったのである。

文殊菩薩の教え

修行が一段落し、心が成熟したら、今度は利他を行じ、弟子に教える。そのためには、いまだ学んでいなかった教えについて、あらためてすぐれた導師から学び、疑問を完全になくす必要がある。隠棲から出てきたメワ・ケンポ・ツェワン・リグズィンは、中央チベットへの巡礼にまず出かけた。それから今度は、東チベットの超宗派の導師たちを訪ね、密教とゾクチェンについて、たくさんの教えを受ける旅を続けた。経典の知識とその内容についての吟味、研究において、メワ・ケンポ・ツェワン・リグズィンは、誰一人として並ぶことのない知者だ。ゾクチェン僧院の誰もが、そう考えるようになった。

ぼろぼろの僧服を身につけた「黒法衣博士」にとって、特に大切だったのは、ジュ・ミパムから、文殊菩薩の教えの伝授を受ける機会に恵まれたことだった。

ジュ・ミパムはチベット土着のボン教、占星術、医学、錬金術、占い、顕教、密教、ゾクチェンなど、すべての領域にまたがる百科全書的な知識の持ち主で、ゾクチェン僧院の裏の雪山や、シュリーシンハ学堂からほど近い小高い丘の洞窟で、隠棲修行を続けながら、膨大な量の著作を残した

（現代の西欧の学者たちは、彼を「チベットのレオナルド・ダ・ヴィンチ」と呼ぶ）。

特に重要なのは、さまざまな経典について、深遠な密教の修行と直結した観点から、たいそう明晰に表現するテキストを、たくさん書いたことだ。

事物や観念の徹底した分析をつうじて、空性の認識にいたるだけでは十分ではない。空性には、叡智の光や無限の潜在的エネルギーが内蔵されている。そのことを本当の意味で理解できなければ、密教の修行は不可能だ。ジュ・ミパムは、ケンポ・シェンガとは異なるやり方で、顕教と密教を統一的に理解するパースペクティヴを切り開いた。

百科全書的な知識と鋭利な知性。ジュ・ミパムの知恵が燃え上がるようになったきっかけは、十五歳のとき八か月間にわたって行った、知恵の本尊である文殊菩薩の隠棲修行だった。おこもりから出てくると、どんな経典を読んでも、その意味がすぐにわかるようになった。

難解なことで知られる『入菩薩行論』の第九章を学んだ時のことだ。その言葉も深い意味も、わずか五日間で完全に理解した。師のザ・パトゥルはたいそう驚いた。

それだけではない。ジュ・ミパムは、文殊菩薩の忿怒相であるヤマーンタカを本尊としており、神通とさまざまな奇瑞によっても知られていた。ある日のこと、山の中腹にある洞窟でヤマーンタカの隠棲修行に入っていたジュ・ミパムは、眼下に広がる川の向こう岸を歩く男を指さしながら、ぐるぐる指を回した。それとともに男は、右に、左に、向きを変えたと伝えられる。

知恵と慈悲、力を兼ね備えたジュ・ミパムは、いつしか「文殊菩薩」を意味する「ジャムゴン」（jamsmgon）という言葉を冠して、呼ばれるようになった。

「メワの黒法衣博士」は何とも幸運なことに、この菩薩の化身から、文殊菩薩を讃え、自分の心の闇が取り除かれ、すぐれた知性を得られるようにという祈りの言葉を伝授されたのである。

ジュ・ミパムは、そのころ洞窟の中で厳格な隠棲修行に入っており、誰も会うことができなかった。「メワの黒法衣博士」は洞窟の外に額《ぬか》づき、洞窟の内部から、経典を唱える声が放たれる響きに一心に耳を傾けた。その声にこめられた加持の力のおかげで、仏典にこめられた深い意味に直に触れ、理解する明晰な智慧が、自然に湧き起こってくるようになったのである。

メワ・ケンポ・ツェワン・リグズィンはさらに、ジュ・ミパムの愛弟子だったケンポ・ヨンテン・ギャツォやケンポ・クンペルから、ロンチェン・ラプジャム、ジグメリンパ、ジュ・ミパムなどの膨大な著作の教えを学んだ。これらの経典群は、ケンポ・シェンガの選んだ十三の根本経典と並んで、「メワの黒法衣博士」の後半生の活動において、たいへん大きい意味を持つことになった。

長寿の瞑想修行

仏典の学問と瞑想修行の両方を完成し、故郷に帰って教えを与える準備ができた。決心を固めたメワ・ケンポ・ツェワン・リグズィンは、最後の仕上げとして長寿の瞑想修行の隠棲に入った。学問であれ、修行であれ、あるいはブッダの教え説き明かす活動であれ、さまたげなく成就するためには、病なく、健康で、長寿であることが必要だ。チベットでは、無量寿仏、パドマサンバヴァ、その密教修行のパートナーだったマンダラーヴァなどを本尊として、長寿の力を得る特別な瞑想修行が発達した。

長寿の瞑想修行や灌頂を行うときには、祭壇の上に地、水、火、風、空の五つの光のエレメントを象徴する五色の絹のリボンと磨き上げた円形の鏡をつけた矢――「長寿の矢」（ツェダー：tshe mda）――を置く。そして本尊のイメージを観想し、マントラを唱えながら、光に満ちた長寿の力を呼び集める。

首尾よく長寿の瞑想修行に成功すると、矢は三〇センチほど長くなる。長寿の修行にかぎらない。生命力（srog）や魂（bla）が体を離れ、どこか遠くにさまよってしまっている人のために、生命エネルギーを呼び集める儀式を行う場合も、同じしるしがはっきり出るまで、儀軌を続ける。

長寿の隠棲修行中、メワ・ケンポ・ツェワン・リグズィンは、長寿の矢が一尺ほど伸び、また器に入れられた供養の酒やお茶が沸騰するのを見て、修行の達成を確信した。さらにおこもりの途中、清らかな光のヴィジョンの中で、パドマサンバヴァや十六羅漢にまみえるという体験もした。

故郷に戻り学堂をつくる

長寿の隠棲修行が終わると、メワ・ケンポ・ツェワン・リグズィンは、故郷のメワの僧院に向かった。ゾクチェン僧院に移ってから二十六年。すでに四十一歳になっていた。

故郷のソク・タシ・チューコルリン僧院に戻ってまず最初に取り組んだのは、戒律の復興だった。それに加えて老若男女が八斎戒を守り、断食しながら、五体投地と観音菩薩のマントラを唱え続ける「ニュンネ」の法要を、毎年行うことにした。

その後、僧院は近くの別の土地に移転し、名前もティ・ダルギェー・チャムチェン・チューコルリン僧院と変えられた。この僧院でメワ・ケンポ・ツェワン・リグズィンは、さらに九年間、顕教、密教の教えを説いた。その後再び、三年間の隠棲修行に入った。

隠棲修行が終わってしばらくすると、東北チベット、アムド地方のレプコンに、ゾクチェン僧院シュリーシンハ学堂のカリキュラムにもとづいて、新しい学堂をつくってほしい、という依頼が舞い込んできた。

レプコンは、「レプコン・ンガクパ」（reb kong sngags pa）と呼ばれるニンマ派の強力な密教行者の伝統で名高い。妻帯し、酒を飲み、肉を食い、ヤマーンタカやハヤグリーヴァ、ヴァジラキラヤといった忿怒相の本尊のマントラの長期の隠棲修行に入る行者たちの一群は、強烈な呪力によって、チベット中で恐れられてきた。

レプコン・ンガクパたちの強烈なマントラのパワーは、しかし高度の悟りの見解から離れ、ただの呪術に落ちこみかねない危険をも、意味していた。そのことを見抜いたゾクチェン・リンポチェ五世は、弟子のゾンゴン・トゥルクというラマに、仏典の透徹した理解、清らかな戒律、深々とした修習体験、慈悲を兼ね備えたメワ・ケンポ・ツェワン・リグズィンを招いて、仏法の正しい知識を伝える学堂を創建するよう、助言したのである。

「メワ・ケンポ・ツェワン・リグズィンは、前世からの誓願によって、レプコンとは格別に深い縁で結ばれている。」ゾクチェン・リンポチェ五世の助言にしたがって、ゾンゴン・トゥルクが招聘のためにやってくる前日、予知したメワ・ケンポ・ツェワン・リグズィンは、いつになく機嫌がよかった。「明日は、とても大切なお客さんが来る。出迎えの準備をしておきなさい」と弟子に告げた。

一九五一年、六十九歳のメワ・ケンポ・ツェワン・リグズィンは、レプコンの南にあるバー（'ba'）に、新しい学問のセンターを開いた。

レプコンの密教行者の間で広く行われてきた、忿怒相の本尊の修行は、マハーヨーガのクラスに属す「秘密真髄《グヒャガルバ》」（gSang ba snying po）タントラと密接に結びついている。この時期メワ・ケンポ・ツェワン・リグズィンは、「秘密真髄」タントラの注釈書も書いた。

光の身体

晩年をバーのシンティ僧院で過ごしたメワ・ケンポ・ツェワン・リグズィンの周りでは、ずいぶん不思議なことが起こった。

あるとき身近で世話をしていたアロという名の弟子が、部屋の扉を外からしっかり施錠して、外出した。ところが、帰ってみると、師匠は部屋の外に出てしまっている。どうやってそんなことが起こるのか、わからない。

タシという別の弟子は、師匠が服を着るのを手伝って、帯を体に巻き付けようとしたところ、帯が体を通り抜けてしまい、結ぶことができなかった。

いずれも、物質的な肉体がすでに、微細な光の粒子に変化してしまっているしるしだった。そのことを、彼らは数年後、メワ・ケンポ・ツェワン・リグズィンが空中に消え去ったとき、はじめてはっきり理解したのである。

バーに弟子が集まり、教えが広がり始めて、しばらくしてからのことだ。未来を予知したメワ・ケンポ・ツェワン・リグズィンは言った。「ここにいるのはよくない。遠くに行かなければ、軍隊がやってくる。……地面に掘った穴の中に埋められて、ぎゅうぎゅう詰めにされてしまうだろう。」

しばらくすると、肌身離さずにいた銅製の小さな仏像三体以外の持ち物は、すべて人々に分け与えてしまった。そしてついには最後に残った三体の仏像も、自分の持ち物にしておくことはできないと言って、弟子たちに与えた。

空中に消える

一九五八年、バーの東部に向かって移動していたメワ・ケンポ・ツェワン・リグズィンの一行を、突然軍隊が取り囲んだ。その数、千人あまり。ぴたりと銃口を向ける兵士たちの姿に、誰もが恐れおののいた。

だが、メワ・ケンポ・ツェワン・リグズィンは何一つうろたえることなく、満面の笑みを浮かべて、こう言った。

ゾクチェンの秘密の口伝の教えは、時間と空間を超えた原初の智慧を説いている。その智慧を直接に悟ったら、武器など恐ろしくはない。それどころか、輪廻の三つの世界がすべて破壊されても、恐れる気持ちなど、かけらもなくなる。これこそが聖なる血脈の師たちのお慈悲によって伝えられてきた、秘密の口伝であるゾクチェンの特別なしるしだ。

逮捕され、牢屋に閉じ込められたメワ・ケンポ・ツェワン・リグズィンは、ある日、死の時意識を浄土に転移するために用いる「フリック」というかけ声を、三回激しく発すると、すべての現象が滅した法身の境地に入った。ラマが遷化するつもりであることを知って、人々は泣き叫んだ。監獄に満ちる悲しみの声。それを耳にした看守たちが駆け寄り、全員をひどく殴りつける。数分後、激しい殴打と叫び声の中で、メワ・ケンポ・ツェワン・リグズィンは、息を吹き返した。数か月後、メワ・ケンポ・ツェワン・リグズィンは、人民から搾取する特権階級や反動分子を糾弾する批判集会に、連れて行かれた。

糾弾が始まろうとしたまさにそのとき、四方から黒雲が湧き起こり、激しい雨とともに雷鳴が轟きわたった。兵隊たちはたまらず、蜘蛛の子を散らすように、四方八方に逃げ去った。

雨がやんで見に行ってみる。メワ・ケンポ・ツェワン・リグズィンは、激しい雨に濡れることもなく、同じ場所でほほ笑んでいた。

数日後メワ・ケンポ・ツェワン・リグズィンは、バーの東部のデゥゲンという町で開かれる一万人規模の人民集会に連れて行かれることになった。

その途中にあるサド・ドンラムという場所に、さしかかったときのことだ。ディ（雌のヤク）に乗せられたメワ・ケンポ・ツェワン・リグズィンは、パドマサンバヴァのマントラをゆっくり唱え始めた。

突如、激しい突風が吹き荒れ、護送の五人の兵士たちは、たまらず顔を上着でおおい隠し、地面に伏した。風がおさまり、顔を上げる。ディの背にいたはずのメワ・ケンポ・ツェワン・リグズィンの姿が見えない。

周囲を見回す。いない。

ふと空を見上げると、高く、高く、上昇していくのが見える。

「なんてことだ！　あり得ない！」

兵士たちは、手に手に発砲した。

けれども、メワ・ケンポ・ツェワン・リグズィンの姿は、そのまま大空に吸いこまれ、消えてしまった。

この出来事の後、バーでは厳重な箝口令《かんこうれい》が敷かれ、メワ・ケンポ・ツェワン・リグズィンの最期について語ることは、固く禁止された。

ケンポ・ツルティィム・ロドゥ

メワ・ケンポ・ツェワン・リグズィンが空中に消え去ってから四十四年後の二〇〇二年、チベットきっての学僧として知られるケンポ・ツルティィム・ロドゥが、生き残りの目撃者たちにインタビューを行った。

ケンポ・ツルティィム・ロドゥは、一九六二年、東チベット・カム地方のカンゼ（甘孜）地区に生まれた。

地元の学校で学んだが、青年期、仏法へのやみがたい思いを抱くようになり、カム地方と東北ゴロク地方の境に近いラルンガル僧院のケンポ・ジグメ・プンツォク（一九三三〜二〇〇四）のもとで出家した。

ケンポ・ジグメ・プンツォクは、一九八〇年代に東チベットで始まった仏教復興運動において、たいへん重要な役割を果たした。五歳のとき、埋蔵宝発掘者ソギャル（レラプリンパ。一八五六〜一九二六）の転生化身の一人として認定され、徹底した英才教育を受けた。文化大革命以前のチベットで、伝統的な仏教教育を受けた最後の世代に属す。

とりわけ重要だったのは、ジュ・ミパムの孫弟子にあたるケンポ・トゥプガから、親しく顕密の教えを学んだことだ。

一九五〇年、中国軍が東チベットに侵入するとともに、若き転生化身ケンポ・ジグメ・プンツォクは、しだいに僧院から離れ、一九五九年からは牧畜民の暮らす高原地帯の山中で、山羊と羊を飼いながら暮らすようになった。それからおよそ二十年間、ゾクチェンの瞑想修行を深めるとともに、身近な弟子たちに、秘かに教えを与えた。

一九八〇年に中国の宗教政策が緩和されると、生まれ故郷のセルタに、ラルンガル僧院を建立。その令名を慕って押し寄せる人々で、ラルンガルは急速に膨れあがり、またたく間に顕教、密教の学問の巨大なセンターとなった。天空に近い高地の僧院で学問と修行に励むチベット人、漢人の弟子たちは、ついには一万人を超えた。ラルンガルは、現在世界最大の仏教僧院とされる。[8]

ケンポ・ジグメ・プンツォクは、素朴で質素な生活、深く高度な悟りと広々と綿密な学識の持ち主として知られた。それにくわえて、パドマサンババヴァによって隠された、多くの埋蔵経典や仏像

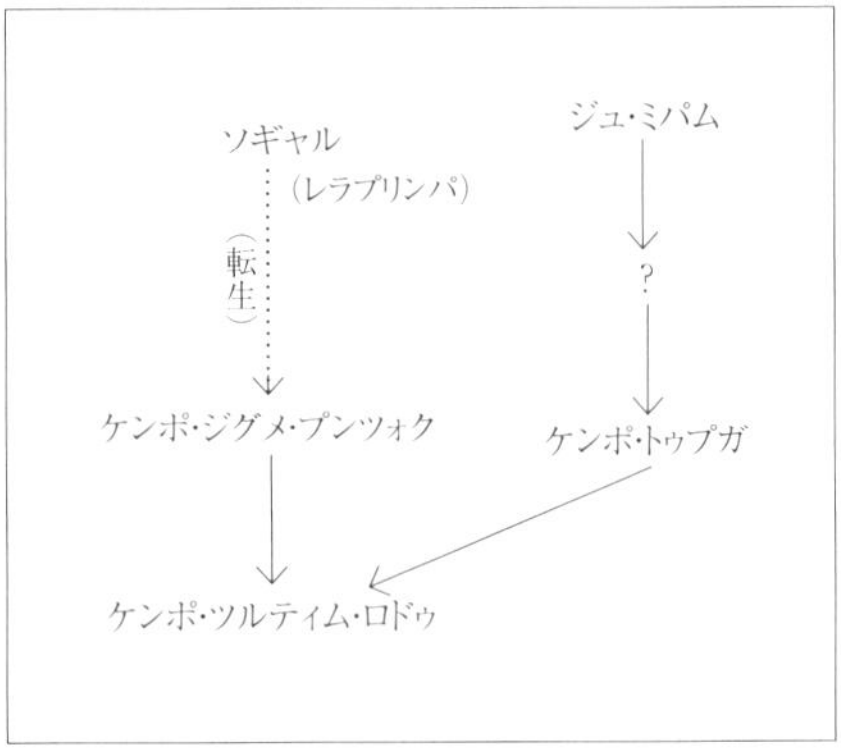

を発掘する埋蔵宝発掘者《テルトン》でもあった。漢人を含む弟子たちのために開かれた大きな法会の最中、空中から無数の仏舎利が降ってくるという、奇瑞でも知られた。

　ケンポ・ツルティム・ロドゥは、このケンポ・ジグメ・プンツォクのもとで、ラルンガル僧院の草創期から、顕教、密教の教えを親しく学んだのである。二〇〇四年に師が遷化してからは、他の二人の師僧とともに、ラルンガル僧院を共同で運営してきた。広々とした仏典の理解、清浄な戒律、深い慈悲とともに、科学への関心、放生などによって知られる。仏法僧の三宝に帰依する三帰依戒を授戒するさいには、東チベット、東北チベットを中心に、チベット各地から十万人が集まる。

バーでの調査

　ケンポ・ツルティム・ロドゥが、バーで空中に消えたメワ・ケンポ・ツェワン・リグズィンについて、目撃者たちを対象に聞き取り調査を行ったのは、その出来事が起こってから四十四年後の二〇〇二年のことだった。

この時期、ケンポ・ツルティム・ロドゥが調査を思い立ったのには、とてもはっきりした理由があった。

第一章で述べたように、一九九八年ケンポ・アチューが、引退後ごく少数の弟子たちと一緒に暮らしていた小さな家で「虹の身体」を悟った。そのニュースは、またたく間に東チベットからチベット全土へ、さらに世界中に広がった。

ケンポ・ツルティム・ロドゥも、このニュースに強く心動かされた一人だった。翌一九九九年ルモラプを訪れると、最後のときをともに過ごしたケンポ・アチューの弟子たちから、詳しい事情を聞き取り、短い論文を発表したのである。[9]

メワ・ケンポ・ツェワン・リグズィンが、「虹の身体の大いなる転移」の悟りを得てからすでに四十年あまり。この時期に調査を思い立つにあたって、数年前のルモラプでの体験が、大きな刺激になっていただろうことは、容易に想像できる。

ラルンガル僧院には、メワ・ケンポ・ツェワン・リグズィンが空中に消えた、バー地方出身の弟子たちがたくさんいた。一年間あまりにわたって彼らから話を聞き、さらにはその知り合いたちから電話で情報を集めたケンポ・ツルティム・ロドゥは、二〇〇二年の夏、現地調査に踏み切った。チベット暦五月一五日にラルンガルを出発。北東に車で二日走り、四十年あまり前にメワ・ケンポ・ツェワン・リグズィンが「虹の身体の大いなる転移」の悟りを達成したサド・ドンラムの地に到着した。このときのことについて、彼は次のように書いている。

　ケンポ・ツェワン・リグズィン・リンポチェが空中に浮かび上がった場所として、くりかえし

メワ・ケンポ・ツェワン・リグズィンの直弟子と著者（左）（バーのシンティ僧院）

その名を聞いた場所に、わたしはようやくたどりついた。そこには、ケンポ・ツェワン・リグズィンの事跡を顕彰するために、二つの仏塔が建立されていた。敬意を表現するために絹布を捧げ、祈った。四十年前にそこで起こった幾多の暗く悲しい出来事と、そのただ中で生まれた、このうえない素晴らしい出来事のどちらも、世界に伝えるべきだ。そんな思いにふけっていると、全体がとてもはっきり心の目に浮かんできた。善も悪も、実際にその行為をなした者たちの大半とともに、目に見えない世界に消え去って久しい。しかし、喜ばしく、また悲しい物語が、あたかも首飾りのようにつながる日々の記憶は、サド・ドンラム、周囲の草原、デゥゲンの町の木々、空間の全体に……満ちていた。[10]

その日は、メワ・ケンポ・ツェワン・リグズィンにゆかりのある地元の人々の話を聞き取り、書きとめる作業に没頭した。

翌日、メワ・ケンポ・ツェワン・リグズィンが仏典を学ぶための学堂を開いたシンティ僧院（センティ僧院と呼ばれることもある）に移動した。そこには直接の目撃者、目撃者からじかに話を聞いた者、反動分子を糾弾する人民集会の参加者、あわせて十人が集まっていた。全員が六十歳を超えている。インタヴューの場には、シンティ僧院の主だった僧侶五人も、オブザーヴァーとして参加した。

ディメ爺さん

最初に話したのは、古老のディメ爺さんだった。インタヴュー当時、数え年七十七歳。事件が起こったころは軍隊で働いており、毎日サド・ドンラムのすぐ下にある草原に、軍で飼っているヤクを放牧に出かけていた。

ディメ爺さんが言うには、その日もヤクの放牧に行っていた。しばらくすると、ゾ（ヤクと牛の交雑種）に乗せられたメワ・ケンポ・ツェワン・リグズィンが、数人の兵士に囲まれ、サド・ドンラムの道を登っていくのが見えた（すでに述べたように、メワ・ケンポ・ツェワン・リグズィンは、若いころゾクチェン僧院裏の極寒の洞窟で長いこと瞑想修行を続けたため、足が悪く、晩年は杖がないと歩けなくなっていた）。

しばらくすると、サド・ドンラムの峠の向こう側から、一人のラマの姿が見えてきた。「はて、このあたりにラマが来る用事もないはずだ。何だろう？」――見ていると、空中にどんどん浮かび上がっていく。まだ若かったから、目もよかった。ずっと見ていると、上昇を続け、ラマの姿は、白い雲と黒い雲のあいまに消えてしまった。

数日後、メワ・ケンポ・ツェワン・リグズィンの大切な弟子だった、メワ・ソナム・リグズィンが、遺体を探しに来た。それを見て、「あのラマは、清らかな戒律を守った比丘僧のお姿のままで、大空に消えてしまった。遺体などありはしない」と、家の者たちには話したもんだ……。

嘘を言うはずないだろう。こんな話をしたからって、誰かがご褒美をくれるわけじゃない。殴られるのがおちなんだから、嘘でこんな話はしないさ。

ツォクペル

二番目に話したのは、当時六十歳あまりのツォクペルという男だった。すでに引退し、トゥンテゾンの町に住んでいる。ツォクペルは、直接の目撃者ではない。けれどもメワ・ケンポ・ツェワン・リグズィンが、空中に浮かび上がって消えたのは、本当だと思っている。それには三つの理由があるという。

一つ目は、知り合いの漢人の元兵士から聞いた目撃談だ。一九六六年、当時地方政府の産品を販売する責任者だったツォクペルは、李という漢人の客を夕食に招いた。ヤクと羊、あわせて五〇〇頭を買ってもらったお礼だ。これからも、お得意さんとしてつきあってもらおう、という心づもりだった。

食事が一段落すると、李が話し始めた。何でも以前、この地域の公安警察で働いていたという。「そのころ、なんとも不思議な事件にぶち当たったことがあったんだよ。」

李が言うには、公安警察で働いていたとき、数人の同僚といっしょに、一人の高僧を赤っぽい色をしたゾに乗せて、人民集会に連れて行こうとしていた。するとさまざまな色がいりまじった雲が急に集まってきて、その僧侶がどこに行ったのか、まったくわからなくなってしまった。

探し回ったけれど、見つからない。結局始末書を書くはめになった。

当時所属していた調査部の部長は、モンゴル人だった。報告を読むと、「不思議なことだな」と言った。その後発言を耳にした上層部から、「迷信を信じる無知蒙昧なやから」として批判され、処罰された。それ以降、メワ・ケンポ・ツェワン・リグズィンについては誰も口にせず、沙汰やみになった。田舎に帰って両親に話したら、「ああ、何とも不思議なことだ」と言って、合掌したという。

この話を聞いたツォクペルは、家畜の支払代金の残り二〇〇〇元のうち、八〇〇元だけ受け取ることにした。そして将来、メワ・ケンポ・ツェワン・リグズィンに関して、地元の寺が何かおとがめを受けることがあったら、証言してほしいと頼んだ。

二つ目は、メワ・ケンポ・ツェワン・リグズィンが連れていかれる予定の、人民集会を組織した漢人からじかに聞いた話だ。二人はもともと知り合いだったが、あるときツォクペルの働いていた工場の周囲に、壁をめぐらすことになった。件《くだん》の漢人が経営していた茶館が、わずかにその境界にかかっていることを知ったツォクペルは、多額の立ち退き料を支払って、移転するように計らった。それ以来二人はしだいに仲よくなり、いろんな話をするようになった。

ある日のこと、話題がメワ・ケンポ・ツェワン・リグズィンの人民集会になった。そのとき集会に参加していたのか、もしそうなら消えたという話は本当か訊いた。そのとおりだという。本当に不思議な話だが、身体は残っていなかった。どうしようもなくて、一枚の紙にメワ　ケンポ・ツェワン・リグズィンの姿を描いて、集会を行った。自分がその絵を描いた、と茶館経営者は答えた。
三つ目は、当時の書類を調査した結果だった。中国の宗教政策が少しゆるやかになった時期、メワ・ケンポ・ツェワン・リグズィンの弟子たちが、師の遺品を返してくれるように申請した。
そのころツォクペルは公安部で働いており、上司に言われて、関連書類を調べた。するとその一つに
「死亡」ではなく、「どこに行ったかわからなくなった」、「行方不明」と、書かれていたのである。

ウーセル

三番目は、ウーセルという六十歳あまりの老人だった。ウーセルは、当日の人民集会に参加していた。午前中、まず地元の村長が糾弾の対象として引きずり出された。次はメワ・ケンポ・ツェワン・リグズィンの番のはずだった。

ところが、昼過ぎになってもやってこない。待ちくたびれたころに、数頭の馬に乗って、護送の兵士たちがやってきた。「護送の途中、死んでしまった」という。そこで紙にメワ・ケンポ・ツェワン・リグズィンの絵を描いて、糾弾した。

当時仲のよかった役人の一人が、あとで教えてくれた。サド・ドンラムのあたりで強風が吹くとともに、空中に浮かび上がって、消えてしまった。わずかに法衣が残されたので、地面に埋めたという。

トゥプテン・チューキ・ワンチュク

トゥプテン・チューキ・ワンチュクは、インタヴュー当時シンティ僧院の僧侶だったが、以前は刑務所で働いていた。そのとき、メワ・ケンポ・ツェワン・リグズィンを護送した兵士と出会った。名をツェリン・ブムという。一九九九年トゥプテン・チューキ・ワンチュクは、ツェリン・ブムとレプコンに近いチャプチャで再会し、一九五八年の出来事について訊いた。当時ツェリン・ブムは、七十代後半にさしかかっていたという。

ツェリン・ブムは語った。一九五八年八月、上司の命令でメワ・ケンポ・ツェワン・リグズィンを人民集会に連れていくことになった。三十歳くらいの四人の漢人の護送兵もいっしょだった。

メワ・ケンポ・ツェワン・リグズィンを、ゾの背中に乗せ、四方を兵士たちが取り囲んで進んだ。サド・ドンラムの道のなかばにさしかかったときのことだ。空中からゆったりしたメロディで、パドマサンバヴァのマントラを唱える声が、響き始めた。

突然、激しい突風が吹き荒れた。全員歩みを止め、頭を服でおおった。

風がやんだ。ゾの背中を見ると、メワ・ケンポ・ツェワン・リグズィンの姿が見えない。

あちこち見回した。空中から声が聞こえてくる。ときにはっきり、ときにはっきりしない。さらに上を見る。メワ・ケンポ・ツェワン・リグズィンがどんどん上昇していく。あわてて鉄砲を撃った。だがあたらない。

そのままメワ・ケンポ・ツェワン・リグズィンは、大空に消えてしまった。

クンチョク・リンチェン

クンチョク・リンチェンは、メワ・ケンポ・ツェワン・リグズィンの弟子の一人で、インタヴュー当時は、シンティ僧院の僧院長をつとめていた。

メワ・ケンポ・ツェワン・リグズィンが逮捕されたとき、クンチョク・リンチェンは、収容所の近くにある洞窟に隠れていた。メワ・ケンポ・ツェワン・リグズィンが人民集会に連行される途中、空中に消えてしまったと聞いたのは、事件翌日のことだった。

あきらめきれず、遺体か、せめて遺品の一部でもと思って、もう一人の僧侶といっしょに、サド・ドンラムに探しに行った。だが何も見つからなかった。

その後収容所でのようすについて、入獄していた他のチベット人から、いろいろと話を聞いた。

ニンカル・ブム

シンティ僧院でのインタヴューの翌日、ケンポ・ツルティム・ロドゥたちは、人民集会の行われたデゥゲンにおもむいた。メワ・ケンポ・ツェワン・リグズィンが空中に消え去ったサド・ドンラムから三キロほど。一九五八年の集会の参加者たちの証言によると、この地で開かれた人民集会には、千人ほどが集まり、糾弾が行われたという。

その日の夜、護送の一人だったニンカル・ブムの家を訪れた。シンティ僧院で僧侶になっていたニンカル・ブムの甥も同行した。

地元の人たちは、ニンカル・ブムが護送したことをよく知っていた。事件が起きてから四十年、事情をたずねる者も多かった。

だがニンカル・ブムはずっと口を閉ざしてきた。ただ一人の例外を除いて、誰にもしゃべらなかった。処罰され、牢屋に入れられることがこわかったのだ。

すぐれた学僧として著名なケンポ・ツルティム・ロドゥが、はるばるカム地方から、悪路を車で二日間かけて、話を聞きにきた。そのことを知って、ようやく話す決心がついたのである。

事件の日、ニンカル・ブムは上司の命令で、メワ・ケンポ・ツェワン・リグズィンを獄中から連行した。数人の漢人の兵隊もいっしょだった。

メワ・ケンポ・ツェワン・リグズィンは足が悪かった。ゾの背中に乗せようとしても、しっかりまたげない。そこで縄でしばりつけ、落ちないようにした。

サド・ドンラムの峠にさしかかったときのことだ。メワ・ケンポ・ツェワン・リグズィンは、少し気分が悪そうだった。お茶を飲ませ、先に昼食を取るために隊列を離れた。

ほどなく、大声で呼ばれた。

行ってみると、「坊さんは死んでしまった。死体は地面に埋めた」と言う。

残っているのは僧服だけだった。あちこちに散らばっていた僧服を集め、自分が持っていた小さな鉄製のシャベルで、堅い地面を掘って埋めた。

埋めたのは僧服だけだ。遺体はどこにもなかった。

全部本当だ。けれども人に聞かれても、話したことはない。牢屋に入れられるのはごめんだから。

匿名にしてほしい。ニンカル・ブムは、最後に付け加えた。

一九五八年、サド・ドンラム

不明な点をあらためて聞き取ったり、ケンポ・ツルティィム・ロドゥの調査は、その後も数日続いた。すでに四十年あまりが経過しており、証言の細部には、いくつかの違いがあった。けれども遺体がどこにもなかったという点については、直接の目撃者、目撃者から直接話を聞いた者、残された公文書を読んだ者、全員が一致していた。

当時の公文書には「死亡」ではなく、「行方不明」とあったという。メワ・ケンポ・ツェワン・リグズィンは足が悪かった。徒歩で逃亡したとは、とうてい考えられない。

重要なのは、この時期反動分子を糾弾する人民集会では、死者であってもその遺体を引き出し、批判の対象としていたことだ。メワ・ケンポ・ツェワン・リグズィンは、旧体制の中心人物の一人と目されており、サド・ドンラムから集会の会場までは、わずか三キロしかなかった。もし本当にサド・ドンラムで亡くなったのであれば、遺体を埋めることなどせず、そのまま会場に運んだはずだ。

最初に証言した古老のディメだけではなく、他にもすでに故人となった二人のチベット人が、メワ・ケンポ・ツェワン・リグズィンが空中に消えてしまったのを目撃し、チューギャムという人物に話している。地元の誰に聞いても同じだ。

これらを考え合わせると、メワ・ケンポ・ツェワン・リグズィンが大空に浮かび上がり、消え去ったことに疑いはない。ケンポ・ツルティム・ロドゥは、そう結論している。

【註】

1　ケンポ・ツェワン・リグズィンの伝記については、以下を参照。bsTan 'dzin lung rtogs nyi ma, *sNga 'gyur dzogs chen chos 'byung chen mo*, Beijing. Krung go'i bod pa dpe skrun khang, 2004, pp.701-707.

2　この僧院は、後にティ・ダルギェー・チャムチェン・チューコルリン僧院と呼ばれるようになった。

3　ゾクチェン僧院およびゾクチェン・リンポチェの転生化身の系譜については、bsTan 'dzin lung rtogs nyi ma, *ibid.*, pp.292-378 に詳しい。

4　ゾクチェン・ペマ・リグズィンの伝記については、bsTan 'dzin lung rtogs nyi ma, *ibid.*, pp.323-332 を参照。

5　bsTan 'dzin lung rtogs nyi ma, *ibid.*, pp.345-355. Tulku Thondup, *Masters of Meditation and Miracles*, Shambhala, 1996, pp.175-178.

6　bsTan 'dzin lung rtogs nyi ma, *op.cit.*, pp.304-317, pp.445-450. Digo Khyentse Rinpoche, *Brilliant Moon*, Shambhala, 2008, pp.31-38. D. Jackson, *Saint in Seattle*, Wisdom, 2003, pp.25-33. Nyoshul

Khenpo, *A Marvelous Garland of Rare Gems*, Padma Publications, 2005, pp.492-499.

7 bsTan 'dzin lung rtogs nyi ma, *op.cit.*, pp.359-363.

8 ケンポ・ジグメ・プンツォクについては、bsTan 'dzin lung rtogs nyi ma, *op.cit.*, pp.791-794. Nyoshul Khenpo, *op.cit.*, pp475-476. を参照。ラルンガルの現状については、「天空の〝宗教都市〟〜チベット仏教・紅の信仰の世界〜」(ＮＨＫ　ＢＳ、二〇一七年三月一一日放映)。

9 mKhan po tshul khrims blo gros, *mKhan chen a chos rin po che 'ja' lus su dengs tshul rtsod gcod byas pa*, in *dPal bla rung gi mkhan po tshul khrims blo gros kyi gsung 'bum*, Mi rigs dpe skrun khang, 2006, vol.1, pp.289-297.

10 mKhan po tshul khrims blo gros, *mKhan chen tshe dbang rig 'dzin mkha'spyod du gshegs tshul*, in *gsung 'bum*, pp.298-315. による。ここでの引用は三〇二ページ。言葉を補い、意訳してある。

第四章

狂気から覚りへ——トクデン・ウギェン・テンズィン

人はなぜ、ヨーギになり、雪山の洞窟で一生を過ごすことを選ぶのだろうか？貪欲、怒り、無知、嫉妬、慢心に支配され、利益、成功、名声、賞賛を求める。失うことを恐れ、人におもねる。そんな世界を捨て、こころとからだの徹底した変容に取り組む決意をする。きっかけはさまざまだ。狂気もその一つに含まれる。

中国共産党によるチベット併合の大きな混乱のさなかで、「虹の身体」の覚りを得たトクデン・ウギェン・テンズィン（以下ウギェン・テンズィン。一八八八〜一九六二）も、そうだった。二十一歳から一生の大半を、洞窟での修行に過ごしたウギェン・テンズィンについては、その甥の子で、弟子でもあったチューギェル・ナムカイ・ノルブ・リンポチェ（一九三八〜二〇一八）が、短い伝記をあらわしている。本章では、この伝記をもとに、一人のヨーギの生涯について、考えることにしよう。

誕生と少年期

ウギェン・テンズィンは、一八八八年に東チベット・デルゲ王国の、センガンという村に生まれた。[1]

デルゲ王国は、東チベット・カム地方にあった五つの小王国の一つだ。古代チベット王国の大臣だったガル一族は、東チベットに移動し、いくつかの王国をつくった。デルゲ国王は、このガル一族の末裔にあたる。

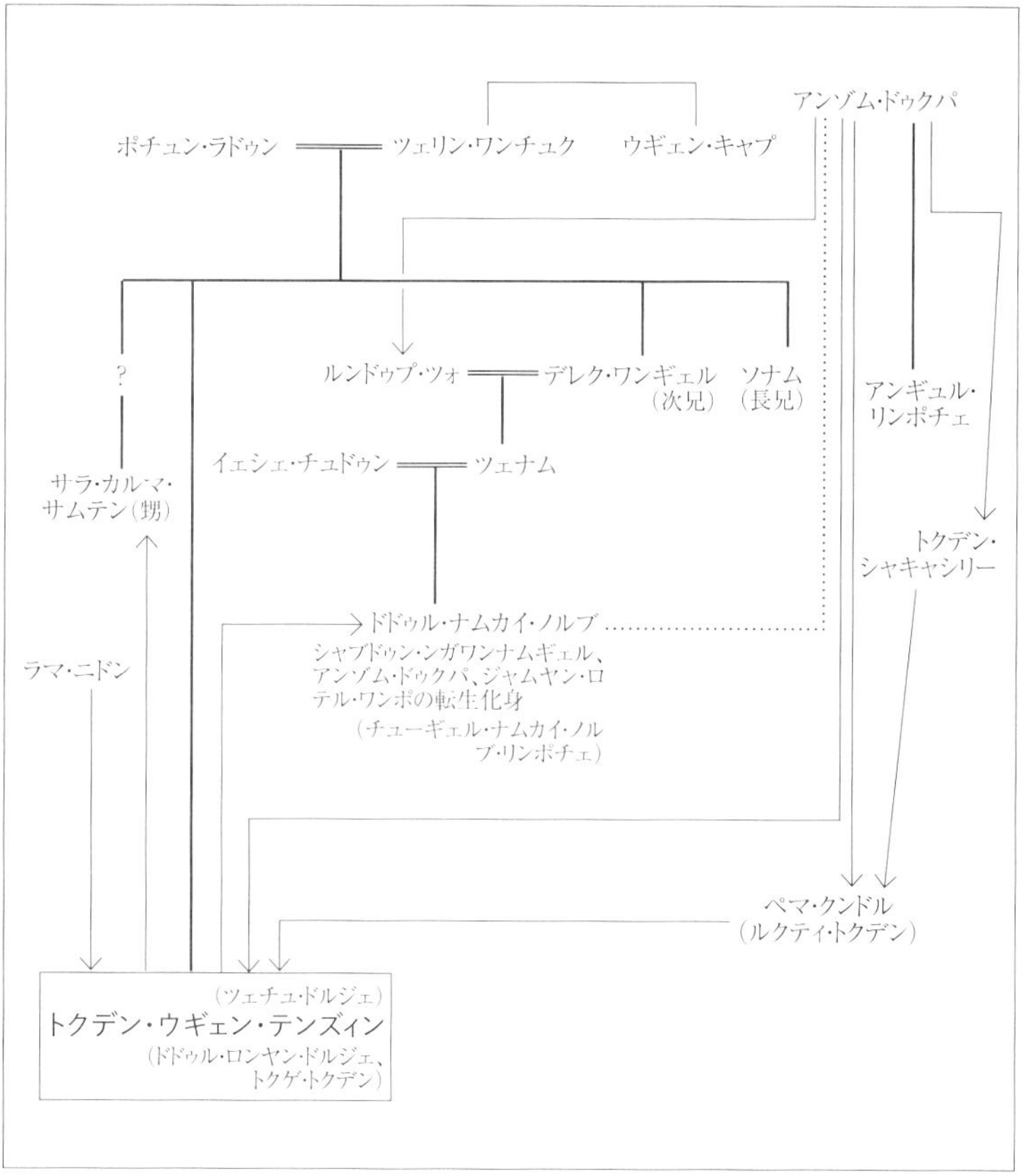
アンゾム・ドゥクパ
ポチュン・ラドゥン
ツェリン・ワンチュク
ウギェン・キャプ
？
ルンドゥプ・ツォ
デレク・ワンギェル
（次兄）
ソナム
（長兄）
アンギュル・
リンポチェ
イェシェ・チュドゥン
ツェナム
サラ・カルマ・
サムテン（甥）
トクデン・
シャキャシリー
ドドゥル・ナムカイ・ノルブ
シャブドゥン・ンガワンナムギェル、
アンゾム・ドゥクパ、ジャムヤン・ロ
テル・ワンポの転生化身
（チューギェル・ナムカイ・ノル
ブ・リンポチェ）
ラマ・ニドン
ペマ・クンドル
（ルクティ・トクデン）
（ツェチュ・ドルジェ）
トクデン・ウギェン・テンズィン
（ドドゥル・ロンヤン・ドルジェ、
トクゲ・トクデン）

東チベットのカムパ族は、独自の方言をもち、勇猛な気質で知られる。デルゲ王国の首都デルゲ・ゴンチェンは、東チベットの政治、文化、宗教の中心として栄えた、代々のデルゲ国王は、仏教のさまざまな宗派とボン教をひとしく庇護し、芸術のとても大切なパトロンとなった。デルゲはすぐれた金銀細工の伝統で知られ、一七二九年、当時のデルゲ国王テンパ・ツェリンが開設したデルゲ印経館《パルカン》は、大蔵経をはじめとする仏典の木版印刷の一大センターとなった。

ウギェン・テンズィンが生まれた十九世紀末から二十世紀にかけて、デルゲ王国は、隣接する清と、ラサにあるチベット政府の間で引き裂かれ、目まぐるしい変化と混乱のさなかにあった。

一八九五年、清朝の四川総督はデルゲに兵を進め、捕虜となった当時のデルゲ国王ロドゥ・プンツォクと王族は、成都に連行された。ロドゥ・プンツォクの死後、二人の息子は王位を争い、それぞれ清と中央チベット政府と結んだ。一九〇八年ドルジェ・センゲは、清の四川総督だった趙爾豊に支援を要請し、手当金と引き換えに王国を清に引き渡した。趙爾豊は占拠した東チベットに西康省を設置し、一九一八年まで、デルゲは清と中華民国の直轄地となった。

一九一二年に清朝が崩壊すると、ラサのチベット政府は独立を宣言し、東チベットへの影響力を拡大した。ドルジェ・センゲは、一九一八年にデルゲ国王として復位し、王位はさらにツェワン・ドゥドゥル（一九一六〜四二）、ジャムヤン・パルモ（一九一三〜八八）に継承された。デルゲ王国は、一九三二年に再び中華民国の統治下に入ったが、冊封体制の中で相対的な独立を保ち、王政は一九五〇年代まで続いた。

ウギェン・テンズィンの生まれたセンガンは、首都デルゲ・ゴンチェンの西に位置している。東チベットの重要な聖地で、多くの埋蔵宝が発掘されたセンチェン・ナムダク――「大空を見晴らす獅子の岩山」——のふもとにあって、ディチュ川の合流点にほど近い。ヒノキをはじめとする豊かな森林に恵まれ、さまざまな種類の鳥と野生動物の生息地として知られる。

父はツェリン・ワンチュクという名の腕のいい金銀細工師で、古代チベットの六つの氏族のうち、ガ(sga)の系統に属すトゲの一族の出身だった。母の名前はポチュン・ラドゥン。ウギェン・テンズィンは、八人兄弟の六番目として生まれた。

ウギェン・テンズィンの誕生は、チベットに密教をもたらしたパドマサンバヴァと、たいそう深く結びついていた。

父のツェリン・ワンチュクには、ウギェン・キャプという行者の兄がいた。センチェン・ナムダク僧院の長老で、僧院の上にある洞窟の行場に住み、毎年、パドマサンバヴァの大切な縁日である申の月（六月）十日から十五日まで、そのマントラを絶やさず唱える、大きな法要を主宰していた。

信心深いポチュン・ラドゥンは、その法要に出かけていて、急に産気づき、十日の午後に出産したのである。ウギェン・キャプは、パドマサンバヴァの縁日に生まれた赤子に、ツェチュ・ドルジェ——「十日の金剛」——と名づけた。

ツェチュ・ドルジェは、数え年六歳まで母の家に住み、同じ村の二つの家の子供たちと、大地を転げ回り、遊び、育った。

六歳になる一八九三年、姉の一人が別の村に嫁ぎ、家畜の世話をしていた召使いの女の子も、いっしょにいなくなった。ツェチュ・ドルジェは、六頭のゾ、三頭のゾモ（雌のゾ）、一〇頭のヤギの世話を任され、毎日草原に出かけるようになった。

七歳の年のことだ。放牧から帰る途中、突然豹があらわれた。一番いい雌ヤギに襲いかかり、殺してひきずっていく。恐怖に震える少年は、残りの家畜を必死で追い、逃げ帰った。話を聞いた母は、ひどく怒った。「お前が大声で、豹を追わないから、一番いい雌ヤギを獲られてしまった」と言って、頭を殴った。少年は悲しみの中で眠った。

翌日ツェチュ・ドルジェは、チーズとドゥマ――チベット高原で採れる小型のヤムイモの一種――で作ったケーキを持って、伯父のウギェン・キャプが住むセンチェン・ナムダクの洞窟に向かった。伯父は喜んだ。「世俗で暮らすより、仏道に入った方がずっといいに決まっているさ。」探しに来た父からもかばってくれた。おかげで殴られなくてすんだ。「ここにいて、文字を学びたい。」息子の言葉を聞いて、父は戻っていった。

数週間後、ウギェン・キャプの弟子が、密教の灌頂を受けに来た。少年はその列にまじって、ロンセル・ドルジェ・ニンポの密教体系の灌頂を受ける幸運に恵まれた。そのとき伯父は、「ウギェン・テンズィン」という名前を授けてくれた。少年は、「パドマサンバヴァの教えを守る者」を意味するこの名前で、その後呼ばれるようになった。

ウギェン・テンズィンは、やがて、洞窟から山の斜面を下ったところにある僧院で、密教の儀軌を学ぶことになり、ラマ・ニドンという僧侶のもとで、ほかの四人の子供といっしょに、祈願や誓願文の暗記に精を出すようになった。ラマ・ニドンは、出来が悪いとすぐに殴る。四か月の間に四回、ひどく殴られた。こづかれるのは日常茶飯事だった。おかげで、四か月後には、パドマサンバヴァへの「七章の祈り」をおぼえることができた。けれども僧院生活に、なじむことはできなかった。

その年の暮れ、伯父のウギェン・キャプが示寂した。呼吸が止まった後、瞑想の姿勢を保ち続けるトゥクタムの状態に、三日間とどまった。三週間の追善供養の法要の後、ウギェン・キャプの遺体は、瞑想用洞窟の近くにある大きな岩の裂け目に新しくつくられたストゥーパの中に安置された。

伯父の死後、ラマ・ニドンの体罰はさらにひどくなった。ある日ウギェン・テンズィンは、わずかな経典と服だけを持って、家に逃げ帰った。

「心臓の風」

息子の顔を見て、父は喜んだ。家で家畜の世話をするか、それとも地元の有力者で遠縁のヤゴ家で下働きをするか。ウギェン・テンズィンは、ヤゴ家の手伝いをすることにした。

一八九七年、数え年で十歳、ヤゴ家に通い始めて半年が過ぎたころ、いっしょに働いていた女召使いが、銀の飾りのついた木製のカップを盗み、その罪をウギェン・テンズィンになすりつけた。少年はひどい悲しみを抱え、なすすべのないまま、狂気を装った。

大きな心配事や悲しみを抱えたままでいると、心臓のあたりにプラーナの生命エネルギーのブロックができる。思考が混乱し、言葉がはっきりせず、あるいは体が小刻みに震えるようになる。放置すると、不眠や抑うつ、さらには狂気にいたる。

この状態を、チベット医学では、「心臓の風」（snying rlung）という用語で呼ぶ。『四部医典』の秘訣タントラは、「心臓の風」を「心臓に風が入った状態」と定義し、さまざまな治療法を処方している。ウギェン・テンズィンは、この時期から「心臓の風」で苦しむようになった。

一か月後、ヤゴ家の人々は、真犯人は女召使いであることを発見した。だが少年の「心臓の風」は、たやすく改善しなかった。ウギェン・テンズィンは、この時期からおよそ十年間、改善と悪化をくりかえしながら、抑うつと狂気にさいなまれることになったのである。

　たいそう心配した父は、一家の住んでいたセンガンからディチュ川を渡った対岸にあるゲウクの近くにある、ツァラシャプという聖地の洞窟に住んでいた行者に、一か月間毎日チュー（「切断」）の儀軌を行じてもらった。[2] それからさらに、有名なカギュ派のラマだったケンチェン・タシウーセルに頼んで、「クンチョクチンドゥ」（「三宝総集会」）の灌頂を、授けてもらった。

　おかげで少し回復し、家に戻ったウギェン・テンズィンは、十歳から十五歳まで、父と長兄のソナムから、金銀細工の技を学んだ。

　ところが十五歳の年、今度は、母のポチュン・ラドゥンが肝臓病にかかった。ウギェン・テンズィンは、七か月間必死で看病した。だが、そのかいもなく、母は亡くなった。母の死を機に、ウギェン・テンズィンの「心臓の風」は、急速に悪化した。

　四十九日間の追善供養の法要が終わると、ウギェン・テンズィンは父とソナムに連れられ、はるばるゾクチェン僧院の有名な転生化身、ゾクチェン・リンポチェ五世トゥプテン・チューキ・ドルジェに、会いに出かけた。父は妻の遺品を捧げ、よりよい再生を祈ってくれるように頼むと、さらにウギェン・テンズィンの「心臓の風」がよくなるよう、祈祷を頼んだ。トゥプテン・チューキ・ドルジェは三宝と護法尊に祈り、ウギェン・テンズィンに加持した。それが終わると、東チベットの有名なゾクチェンのラマ、アンゾム・ドゥクパに会いに行くように、助言した。

　家に戻ったウギェン・テンズィンは、十五歳から二十一歳まで、悲惨な状態にあった。自宅の一室に何年も閉じ込められていたが、のちにそのことを思い出せないほどだった。

アンゾム・ドゥクパとの出会い

救ってくれたのは、ゾクチェン・リンポチェ五世の授記どおり、アンゾム・ドゥクパだった。ウギェン・テンズィンの兄の一人、デレク・ワンギェルは、東チベット南部のバタンに住んでおり、妻のルンドゥプ・ツォは、アンゾム・ドゥクパの長年の弟子だった。ルンドゥプ・ツォは、息子のツェナムに手紙を持たし、ウギェン・テンズィンを、その頃アンゾムガル寺にいたアンゾム・ドゥクパのもとに連れてくるよう、強く勧めたのである。

父をはじめ、一族全員に連れられてきた青年を見て、アンゾム・ドゥクパは言った。

　あなたの息子は、呪詛による魔[3]に憑かれている。明日もう一回連れてきなさい。呪詛を解き、魔を祓う儀礼を行じよう。

翌日アンゾム・ドゥクパは入念な儀軌を行じた。ウギェン・テンズィンは、しだいに回復し、一週間後には正常になった。

それまでの数年間は、記憶も、意識も、ひどく混乱していた。ところが祈祷から一週間して、アンゾム・ドゥクパに再び会いに行くころには、心はとてもはっきりし、アンゾム・ドゥクパの顔を、しっかり見分けることができた。高名なゾクチェンの導師の顔や表情は、ウギェン・テンズィンの心に深く刻み込まれ、その後の一生けっして消えなかった。十五歳のとき、ゾクチェン・リンポチェ五世に、「アンゾム・ドゥクパに会いに行け」と言われたことを、今さらながら思い出した。ウギェン・テンズィンは、そのままアンゾムガルで暮らすことになった。

アンゾム・ドゥクパは、その年の夏、百人あまりの弟子たちに、ロンチェン・ニンティクの密教体系の根本の灌頂と前行の教えを授けた。精神の病から癒えたばかりの青年は、その列に連なる幸運に恵まれたのである。

十分な知識を持っていなかったから、言葉の意味について、細かくよくわかったわけではない。だが本質は理解できた。

それから一年間、ウギェン・テンズィンは、アンゾムガルで、からだ、ことば、こころを浄化する前行の修行に専念した。さらにロンチェン・ニンティクの残りの灌頂を受け、また「脈管と風」の修行を学んだ。

翌年の夏、アンゾム・ドゥクパは、チェツン・ニンティクの教えを授けた。チェツン・ニンティクは、「虹の身体の大いなる転移」を悟ったチェツン・センゲ・ワンチュクに由来する。ゾクチェン・ニンティクのクラスの教えで、アンゾム・ドゥクパはその註釈の著者でもあった。ウギェン・テンズィンは修行を始めてわずか一年で、その教えを学ぶという、とてつもない幸運に恵まれたのである。ウギェン・テンズィンは灌頂のさい、ドドゥル・ロンヤン・ドルジェ（「魔を制圧する広大な法界の金剛」）という名前を与えられた。

教えが終わるとすぐ、アンゾム・ドゥクパはウギェン・テンズィンを呼び寄せ、故郷のセンチェン・ナムダク僧院の上にある「蓮の修行窟《ペメ・ドゥプブク》」で、三年間の隠棲修行に入るように命じた。

ゾクチェンの修行において最も重要なのは、師の覚った心と自分の心を一つに融合するグルヨーガである。アンゾム・ドゥクパは、この修行に三年間専念するように言うとともに、センチェン・ナムダクまで、ペマ・クンドルというチューの行者といっしょに行けるように、手配してくれた。さらにウギェン・テンズィンの次兄の息子であるツェナムにあてて、衣食に不自由しないよう、面倒をみるように手紙を書いてくれた。

狂気から霊的な道へ。ここまで述べたウギェン・テンズィンの人生の軌跡は、シャーマニックな社会における「巫病」と、大きく重なって見える。思春期に、原因不明の心身の不調に陥り、不眠、抑うつ、意識の混濁、さらには憑依を体験し、先達のシャーマンの弟子となり、修行の道に入る。エリアーデをはじめとする宗教学者たちは、巫病がシャーマンとしての召命の重要な要素の一つだと指摘してきた。

興味深いのは、チベット医学が「心臓の風」の原因の一つに、魔の影響を認めていることだ。強度のストレスや過労によって、風の生命エネルギーが混乱する。そうすると魔の影響を受けやすくなる。魔は――特に左の薬指から心臓につながる脈管をつうじて――、風の運動する脈管のシステムに入りこみ、精神の病を引き起こすと、チベット医学は考えている。

チベット医学の治療は、食事、生活、薬、オイル・マッサージなどの外的治療法といった、四つからなっている。「心臓の風」の治療にあたっては、外的治療法のうち特に「モンゴル灸」とスティック・セラピーが有用だ。

けれどもそれらに加え、魔の影響がある場合、祈祷や除霊がとても重要な役割を果たす。そのうち最も強力なのは、忿怒尊のマントラによる「呪詛からの解放」（チェードル：byad grol）と、チューだ。アンゾム・ドゥクパが行った祈祷は、前者にあたる。

いずれにせよ、いったん狂気におちいった人は、強力な呪力を持つ行者に儀軌を行じてもらい、治癒してからも、霊的な修行を続けることが、ひじょうに大切だと考えられてきた。この点から見ると、アンゾム・ドゥクパが、ウギェン・テンズィンに、祈祷の直後に密教の教えを与え、さらにセンチェン・ナムダクへの道連れに、悪魔祓いのチュー行者を選んだのには、とても大切な意味があったと考えられる。

もう一つ十代のはじめに「心臓の風」の症状があらわれた直後、ウギェン・テンズィンの父が、洞窟で隠棲するヨーギに二か月間、チューの法要を行じてもらい、さらに「三宝総集会」の灌頂を授けてもらったことにも、大きな意味があることがわかる。「三宝総集会」の灌頂には、「呪詛からの解放」と密接に結びついているグル・ダクポ——「忿怒相のグル」——や、忿怒相の女神であるシンハムカが含まれているのである。

話を戻そう。ウギェン・テンズィンの道連れとなったペマ・クンドルは、別名をルクティ・トクデン——「羊を導く聖者」——と言い、チベットの各地をチューの修行をしながら、放浪する行者だった。

アンゾムガルからセンチェン・ナムダクまでは、ゆったり移動しても十日もかからない。ところがペマ・クンドルは、途中にある谷に入り、峠に上り、重要な聖地や鳥葬場には数日滞在して、チューを行じながら進んだ。そのあいまにグルヨーガの修行のエッセンスについて、またロンチェン・ニンティクの中のチューの修行である「ダーキニーの哄笑」について、とても詳しい説明を与えてくれた。

特に重要なのは、「老いた聖者の流儀で心の本性を直指《じきし》する」教えを与えてくれたことだ。ゾクチェンにおいては、心の本性を直に体験するお導きが、とても大切だ。それにはいろいろな方法がある。その中で、「老いた聖者の流儀」は、複雑な仏教用語を使わずに、ごく単純なやり方で教えることを意味する。

ウギェン・テンズィンは、すでにアンゾム・ドゥクパから、心の本性を直接に体験する直指教導を受けていた。だがペマ・クンドルから学ぶことで、心の本性について、さらに深い理解を得ることができた。

センチェン・ナムダクに着いてから、ペマ・クンドルは、さらに一か月間滞在し、その間、若いウギェン・テンズィンに、身体的ヨーガであるヤントラヨーガ――詳しくは後で述べる――と「脈管と風」の一部を教えてくれた。

こうしてウギェン・テンズィンは、長期の隠棲のための準備をしっかり整え、いよいよ聖地での修行に入ったのである。

はじめての隠棲修行

一九一〇年から一九一三年の三年間、ウギェン・テンズィンは、センチェン・ナムダクの洞窟で、一日四座の隠棲修行を行った。

夜明け前、午前、午後の三座は、グルヨーガと心の本性に安らぐテクチュー（「束縛の自然な解放」

khregs chod）を修習し、最後の夜の座はヤントラヨーガと「脈管と風」の修行を行った。

この三年間の孤独な隠棲修行中、ウギェン・テンズィンは、光に満ちたヴィジョンをはじめ、さまざまな体験をした。さらには超常的な能力も身につけた。

ある日トンドゥプという男と、センチェン・ナムダクの山頂に行ったときのことだ。お湯を沸かしてお茶を作ろうとしたが、水がない。ウギェン・テンズィンは、石を一個動かした。すると、その下からは自然に水が湧き出してきた。

奇瑞についての噂が広がっていったのだろう。ウギェン・テンズィンは、やがて、トクゲ・トクデン——「トクゲの聖なるヨーガ行者」——と呼ばれるようになった。

あるとき、ウギェン・テンズィンは夢を見て、父と長兄のソナムといっしょに、ゾクチェン・リンポチェ五世トゥプテン・チューキ・ドルジェに、会いに行くことにした。ゾクチェン僧院の裏にはザ・パトゥルをはじめとして、多くのすぐれたゾクチェンのヨーギが隠棲した、聖なる山の行場がある。ゾクチェン僧院に着いたウギェン・テンズィンは、ゾクチェン・リンポチェ五世に、そこで修行したいと頼んだ。するとゾクチェン・リンポチェ五世は答えた。「雪山に入るより、アンゾム・ドゥクパのところに戻ったほうがいいだろう。」

アンゾム・ドゥクパからは、自分が呼ぶまで修行に専念し、来るなと言われている。ウギェン・テンズィンは、センチェン・ナムダクの洞窟に戻って、二回目の三年の隠棲修行に入ることにした。三年間誰とも言葉を交わさず、グルヨーガに専念し、パドマサンバヴァのマントラを一億回唱えた。

一九一七年、師のアンゾム・ドゥクパから、夏の教えに来てもいいという手紙が届いた。洞窟を出たウギェン・テンズィンは、まず実家に戻って、家族に助言を与え、未来に起こる出来事について説明した。

それから、隠棲修行の施主となってくれた甥のツェナムの家に行った。ツェナムは独立して、ディチュ川の対岸にあるゲウクに、ノルサン家という一家を構えていた。ウギェン・テンズィンは、ノルサン家の人々に長寿の灌頂を与え、チューをはじめとするさまざまな儀式を行った。

自分が施主となったヨーギが、長い隠棲の後で訪れてくれたことを、ツェナムはたいそう喜んだ。中央チベットで使われる、織り目が細かく、柔らかい赤いウールの布地で、僧服と帽子をしつらえ、アンゾムガルまで、馬で送ってくれるという。だが困難を堪え、一人で歩いて行ったほうがいいだろう。そう思って断った。

中国軍に逮捕される

ところが出発して間もなく、近くのドツォン橋を渡り終えたところで、中国軍に捕まってしまったのである。すでに述べたように、当時の東チベットは、一九一二年の清朝の崩壊後、中華民国と中央チベット政府の、熾烈な勢力争いのさなかにあった。中国語をまったく話せないウギェン・テンズィンは、河原に広がる軍の野営地に連れていかれた。

翌朝ウギェン・テンズィンは、通訳を介して尋問を受けた。自分はセンチェン・ナムダクの洞窟に隠棲する行者で、東チベットのカムパ族だと説明した。それではなぜ中央チベット風の服装をしているのか？　説明しても納得してもらえない。スパイだと思われ、さんざん殴られ、そのあげく、近くの藪に縛りつけられた。

「処刑せよ」。指揮官の命に、三人の兵士が銃で腹に狙いを定め、何発も撃ってくる。ウギェン・テンズィンは、自分が山よりも巨大なグル・ダクポ――パドマサンバヴァの忿怒相――になったと観想した。[4]

一発も当たらなかった。撃たれたふりをして地面に転がる青年を見て、指揮官は、死体を処理するよう部下に命じた。数人のチベット人が縄をほどき、河原に運んだ。服をはぎ取られ、川に投げ込まれた。

ウギェン・テンズィンは泳いだことがなかった。師のアンゾム・ドゥクパとパドマサンバヴァは一体だと思って祈り、「脈管と風」のヨーガで用いられる瓶の呼吸――「クンバカ」――で保息した。気がつくと、向こう岸についていた。

夜まで待ち、丸裸のまま、人目を恐れながら移動した。三つの川の合流地であるツェスンドにたどりつくと、北上することにした。道沿いに一軒の人家がある。ゆっくり近づくと、数匹の犬が跳びはね、走ってくる。だがパドマサンバヴァのマントラを数回唱えて祈ると、すぐにおとなしくなった。家の入口に近づくと、また一匹やってきた。匂いをかぐ。けれども、すぐに静かになった。玄関の扉には、洗った黒い女物の服が干してある。こっそり盗んで着ると、アロ・ゴツェ峠に向かった。

夜が明け、別の人家が見えてくる。物乞いに行くと、扉の中から嗚咽の声が聞こえる。しばらく待っていると、老婆が泣きながら出てきた。手にはツァンパ（チンコー麦から作ったはったい粉）がいっぱい入った鉢を持っている。

今朝起きてみると、アラク――強い揮発酒――が大好きな酒飲みの夫が、冷たくなっていた。息子が二人いる。一人はカルマ・カギュ派の大僧院であるパルプン寺にいる。もう一人はドツォン橋で中国軍の通訳をしている。娘と二人だけで、どうしたらよいかわからない。

「お母さん、わたしはチューの行者です。ドツォン橋で捕まって、拷問され、裸で川に投げ捨てられました。この服は途中で盗んだものです。ご主人の遺体を鳥葬場まで運ぶのを手伝いましょう。」

老婆は喜び、家に招き入れてくれた。

その日ウギェン・テンズィンは、遺体を鳥葬場に運ぶと、チューを行じた。ふつう鳥葬を行う前には、遺体をばらばらに解体する。けれどもやり方を知らないので、地面に打ち込んだ楔に、遺体を縄で縛りつけるだけにした。チューに使う金剛鈴もダマル――両面太鼓――も、持っていなかった。だがたくさんのハゲタカが集まって、きれいさっぱり食べ、白骨だけが残った。

家に戻ると、ぜひあと一週間いて、追善回向をしてほしいと頼まれた。知っている儀軌はチューだけだ。一週間「ダーキニーの哄笑」を行じた。

お礼に、亡くなった夫の服を全部差し上げましょうという。一枚のシャツ、赤いゆったりした長服、一足の靴だけをもらった。

一週間たつと、中国軍の通訳をしている息子が帰ってきた。息子はウギェン・テンズィンの顔を見ると、ドツォン橋での出来事を思い出し、泣き崩れた。家族は、さらにもう一週間いてくれるように懇願した。

中国軍に逮捕され、拷問され、処刑されたのに、生きのびたヨーギがいる。噂はたちまち広がった。数日後甥のツェナムが迎えにやって来た。盗んだ服を持ち主に返し、いっしょにパルプン僧院に向かった。

アンゾムガルに行き、チューの放浪行に入る

パルプン僧院は、カルマ・カギュ派の重要な転生化身であるタイ・シトゥ・リンポチェが座主をつとめる大僧院で、東チベットにおける超宗派運動の重要な中心の一つだった。巨大な仏塔、三十万巻を超える蔵書、一万幅以上の仏画、無数の仏像。二人は三日間滞在し、壮麗な僧院を拝観した。

それからウギェン・テンズィンは、ツェナムを家に帰すと、一人アンゾムガルに向かった。かつてペマ・クンドルといっしょにめぐった行場を通って、チューを行じながら、二週間後アンゾムガルに着いた。

ウギェン・テンズィンの甥で、弟子でもあったサラ・カルマ・サムテンによると、アンゾム・ドゥクパは、八年ぶりにやって来たウギェン・テンズィンに、冷たくあたったという。灌頂の列に入ることを許さず、ウギェン・テンズィンは、教えを受けるのに、数年待たなければならなかった。

一方、同じく甥の子で弟子でもあったチューギェル・ナムカイ・ノルブによると、アンゾム・ドゥクパは、弟子の姿を見るとすぐ「トクゲ・トクデン」(「トクゲの聖なるヨーガ行者」)と呼びかけた。「中国の兵隊に捕まったときは、二人ともまったくひどく難儀したな。それにツェスンドで、もし黒い羊毛の服を見つけられなかったら、どれほど恥ずかしい思いをすることになったやら!」アンゾム

ガルにいながら、ヴィジョンの力でウギェン・テンズィンの苦境を透視したアンゾム・ドゥクパは、神通を発揮して弟子を救い出したのである。

アンゾム・ドゥクパは、あらためてことの顛末を詳しく話させた。さらに一晩かけて、ウギェン・テンズィンから、修行と悟りの進み具合について聞いた。満足したアンゾム・ドゥクパは、ロンセル・ドルジェ・ニンポの埋蔵宝典の教えを受けるのを、許してくれたという。

その年の夏、アンゾム・ドゥクパは、有名なヨーギだったトクデン・シャキャシリーをはじめとする百人あまりの弟子たちに、ロンチェン・ラプジャムの『四つの心臓のビンドゥ』の入念な灌頂と口伝を授けた。ウギェン・テンズィンは、それにくわえトクデン・シャキャシリーから、本人が発掘した埋蔵宝典と、ドゥクパ・カギュ派に伝わる「六法」のヨーガの両方を、学ぶことができた。

秋になると、アンゾム・ドゥクパは、北の埋蔵経に属す重要なゾクチェンの体系である、『法身普賢の透明無碍な密意《クンサン・ゴンパサンテル》』を、冬には、「チェツン・ニンティク」、さらに本人の発掘した埋蔵宝典である『光明金剛秘密宝蔵《ウーセル・ドルジェサンズー》』を教えた。ウギェン・テンズィンは、これらの教えも首尾よく学んだ。

一九二一年、三十四歳になったウギェン・テンズィンは、アンゾム・ドゥクパに呼び出された。「ペマ・クンドルと同じように、行先を定めることなく、聖地を放浪しながら、修行しなさい。」アンゾム・ドゥクパはそう言うと、チューの修行に必要な金剛鈴やダマルなどの楽器を、ひとそろい準備してくれた。

ウギェン・テンズィンは、師の言葉にしたがって、放浪修行の旅に出た。アンゾムガルを出発すると、タンゴ、ギャロン、キュンポへ、東チベット中を放浪した。途中たどりついた場所の地名を聞きながらの旅で、言葉がまったくつうじないところもあった。あとから考えると、きっとモンゴル人の住む地域だったのだろう。

それから中央チベットに向かった。ラサからサムェ、さらに南下してロダク地方に進み、そこから帰路についた。プヲ、ツァワロン、マルカムを経て、センチェン・ナムダクの洞窟にたどりついた。

師との別れ

センチェン・ナムダクでは、再び隠棲修行に入った。高い悟りを得たヨーガ行者がいる。噂を聞いて、あちこちからいろいろな人が会いに来る。そんなある夜、未来を予示する明晰な夢を見た。虹の光の満ちる空間に、師のアンゾム・ドゥクパがいて、シンバルの音に包まれながら去って行く。翌朝目が覚めると、すぐにアンゾムガルに向かって出発した。

七日後アンゾムガルにつくと、アンゾム・ドゥクパは、ちょうど数人の弟子に、「虚空の法《ナムチュー》」の体系の灌頂を授けている最中だった。それが終わると、ゾクチェン・リンポチェ五世をはじめとする高名な導師や貴族の弟子たちに、サンギェリンパ（一三九六〜四〇）の『導師密意集会《ラマ・ゴンドゥ》』、ドゥクチェン四世ペマ・カルポの『ペマ・ニンティク』、ダライ・ラマ五世の『持明者の口伝《リグズィン・シェルン》』[5]といった、ゾクチェンの指南書の詳しい解説を行った。

夏の教えでは、ロンチェン・ラプジャムの「自ずから解脱する三つの書《ランドル・コルスム》」を教えた。またそれ以前与えたことのない重要な教えを、たくさん伝授した。教えの最終日に、アンゾム・ドゥクパは言った。

わたしは年老い、時はそれほど残されていない。弟子たちよ、教えを世俗の富と交換してはいけない。言葉の表面にかかずらわって、真の意味を見失ってはいけない。「要点をつく三句の教え」の真の意味を実践することができれば、弟子も、教えも、師も、一切が完全に円満（「ゾクパチェンポ」）だ。この原理から離れるなら、教えにそむくことになる。わたしたちは濁世に生きている。仏法の本質はおおわれ、見えなくなっている。だからこそ、真実の意味を見失わないようにしなさい。

師と弟子たちは、数日にわたって、パドマサンバヴァを本尊とする「持明者集会《リグズィン・デュパ》」の法要を行い、供養の言葉を十万回唱えた。そのあいまにアンゾム・ドゥクパは、弟子の一人一人に、溢れ出すままに、多くの口伝と助言を与えた。それは、今生で再び会うことはないだろうことを意味していた。ウギェン・テンズィンも、多くの口伝を受けた。アンゾム・ドゥクパは、さらに自分が持っていた、白と赤の縞模様の密教行者用のショールと金剛、金剛鈴を授けてくれた。そして「また何度も何度も会おう」と言った。

これからどんなふうに修行したらいいか、たずねると、「行先を決めず、なんの決まりもなく、放浪しながら、修行しなさい。そうすれば、観念を超えた覚りが生まれるだろう」と言われた。からだを浄化するにはどうすればいいかたずねると、一千百万回、五体投地をするように助言された。

法要が終わると、ウギェン・テンズィンはセンチェン・ナムダクの洞窟に戻り、ゲルヨーガの修行に専念した。

一九二四年、三十七歳の年、アンゾムガルにいるルンドゥプ・ツォから手紙が届いた。チベット暦九月二五日に、アンゾム・ドゥクパが示寂したという。

ツェナムとともに、夜に日をついで、アンゾムガルに向かった。師の遺体に礼拝し、祈り、誓願した。子息のアンギュル・リンポチェに会い、長生きし、法を説いてくれるように祈願した。それから、ルンドゥプ・ツォとともに、ゲウクのノルサン家に行った。

アンゾム・ドゥクパの最後の日々を、身近で過ごしたルンドゥプ・ツォは、その生涯を物語る祈願文（rnam thar gsol 'debs）を書いている。それによると、アンゾム・ドゥクパは、三週間トゥクタムにとどまり、その間に遺体は、八歳の子供くらいの大きさにまで縮んだという。

隠棲修行、ペマ・クンドル、ヤントラヨーガ

ルンドゥプ・ツォといっしょに戻ったゲウクで、ウギェン・テンズィンは、次々に会いにやって来る人々の波に、困り果てた。このままでは、世俗八法にさらわれてしまう。また放浪に出ることにした。

数か月後、ノルサン家に戻った。一族は、「ここにいることは誰にも言いません」と約束した。二十日間ほど滞在すると、ルンドゥプ・ツォとともに、ゲウクの東にあるツァラシャプの岩山の行場に移った。

一九二四年から一九二七年の三年あまりを、ウギェン・テンズィンは、ツァラシャプの洞窟で、

静かな隠棲修行に過ごした。一九二七年にはノルサン家に行き、ノルサン家とツェナムの妻イェシェ・チュドゥンの実家であるンゴンナ家の人々のために、「チェツン・ニンティク」の灌頂と教えを授けた。

教えが終わるころ、噂を聞きつけた人々が、またまたやって来た。ウギェン・テンズィンは逃げ出した。

ツァラシャプの洞窟（写真 Andrea dell'Angelo, Chogyal Namkhai Norbu, *Rainbow Body* より）

数か月間托鉢しながら放浪し、デルゲ近くの聖地ディニェンドンにたどりつき、数年間の隠棲修行に入った。師の助言を思い出し、朝と夕方は五体投地に励んだ。その間は、近くに住むポムカ家の人々が、施主となってくれた。五体投地のときに使う木の板には大きな穴が開き、二回取り換えなければならないほどだった。

一九三二年父が亡くなった。生まれ故郷に戻り、初七日の追善回向の法要を行っていると、またたくさんの人がやって来る。センチェン・ナムダクの洞窟にこもって、厳格な隠棲修行に入った。父のために四十九日間、死者の意識を浄化し、浄土に送る「浄化の儀軌《チャンチョク》」を行じた。

「浄化の儀軌」は、金剛薩埵や観音菩薩などを本尊に、六道に生まれ変わる原因となる煩悩と悪業を浄化し、死者を浄土に送り出す儀礼だ。死者の意識を依り代に招き寄せ、その罪を浄化し、最後に激しいかけ声とともに、一気に浄土に移す。その後依り代は焼く。ウギェン・テンズィンは、センチェン・ナムダク僧院の二人の僧侶に手伝ってもらい、ロンチェン・ニンティクの体系の中の観音菩薩の次第にしたがって、「浄化の儀軌」を行じた。

一九三五年、隠棲修行の三年目が終わろうとするころ、かつてチューを教えながら、センチェン・ナムダクに送ってくれたペマ・クンドルがやって来て、チューの修行用の小さなテントを張り、滞在した。二十日ほどすると、ルンドゥプ・ツォもやって来た。かつて三年間を過ごしたツァラシャプの行場の方が、修行しやすいだろうという。三人で移ることにした。

こうしてツァラシャプに移ったウギェン・テンズィンは、一九三五年から一九三六年の一年間、ペマ・クンドルから、『太陽と月の和合』（nyi zla kha sbyor）のヤントラヨーガを、あらためて学ぶ幸運に恵まれたのである。

ヤントラヨーガは、後期仏教タントラに特有の身体的ヨーガである。現代のハタヨーガによく似た動きを含んでいるけれども、はるかにダイナミックだ。なかでも、『太陽と月の和合』のヤントラヨーガは、ちょうどダンスのように、内的に刻まれるリズムにしたがって行じられる。

ジェームズ・マリンソンたちの研究によると、呼吸法とともに体を動かすヨーガは、もともと、ヒンドゥー教よりも、むしろ仏教と深く結びついていたと考えられる。[6] ヨーガの根本経典として知られるパタンジャリの『ヨーガスートラ』（三世紀）には、坐法や姿勢についての記述は、ごくわずかしか存在しない。『シヴァサンヒター』や『ゲーランダサンヒター』といったヒンドゥー教の用語で書かれたハタヨーガのテキストは、かなり遅く、十四世紀以降にあらわれたものだ。

それに対して、パーリ語仏典には、喉をコントロールする技法が描かれている。また「ハタヨーガ」という言葉じたい、はじめて出てくるのは、「グヒヤサマージャ」という仏教タントラだ。

マリンソンたちは、特に『アムルタシッディ』という、十世紀ごろに書かれたマニュアルに注目している。

『アムルタシッディ』は、仏教の用語で書かれ、その冒頭にはブッダとシヴァ神の両者に帰依する礼拝の言葉が置かれている。

『アムルタシッディ』の著者であるヴィルーパは、十世紀ごろ、後期仏教タントラに属すヘーヴァジラ・タントラの修行をつうじて高度の覚りを得た、偉大な成就者として知られる。チベットのサキャ派に伝えられる、「道と果」（lam 'bras）の密教体系の祖師にあたる。

ヴィルーパは、その一方で南インドのシッダの伝統の相承系譜にも、姿をあらわす。ハタヨーガの伝統には、「九人のナータ」という重要なグルがいる。カーティス・R・シェーファーによると、ヴィルーパの名は、その中でマチェンドラナータ、ゴーラクナータなどと並び、ヴィルーパーカシャナータあるいはヴィルーパナータとしてあらわれる。またハタヨーガの注釈書の中には、ヴィルーパの書いたマニュアルからの多くの引用がある。[7]『アムルタシッディ』こそ、身体的ヨーガについてインドで最初に書かれたテキストなのではないか、とマリンソンたちは考えている。

けれども、ウギェン・テンズィンが学んだ『太陽と月の和合』のヤントラヨーガは、この『アムルタシッディ』よりも、さらに古い由来を持っている。八世紀末にゾクチェンの経典をチベット語に翻訳した、重要な訳経僧ベーロツァナは、ネパールで出会ったフンカラという名のヨーギから、このヤントラヨーガを学び、その口伝をチベット語に書き記したと伝えられるのである。

マリンソンたちの研究は、インド語で残されたテキストに限定されている。そのため『太陽と月の和合』には触れていない。けれども、『太陽と月の和合』には、クンバカ――「瓶の呼吸」――を訓練するための六つの呼吸法と、百八の身体的ヨーガが含まれている。またベーロツァナが、下腹部に強烈な熱を燃え上がらせるチャンダリーの修行について、チベット語で書いた別の口伝書も残されている。こうした点を考え合わせると、『太陽と月の和合』は、ヤントラヨーガやハタヨーガの修行法について書かれた、現存するマニュアルの中で、最古のものである可能性が高い。

チベットでは、「脈管と風」やヤントラヨーガは、できれば十代、おそくとも二十代のうちに修行するのがいいとされる。この観点からすると、四十代後半にさしかかって、あらためて学びなおしたウギェン・テンズィンは、ずいぶん年齢が高いことになる。

だが『太陽と月の和合』は、ゾクチェンの修行と密接に結びついており、またチベットに伝承されるほかのヤントラヨーガ――たとえばロンチェン・ニンティクの「持明者のヤントラヨーガ」などーーと比べると、動きが簡単で、ゆったりしている。

ウギェン・テンズィンはもともと二十代の初めに、その一部を学んで修行していた。さらにアンゾム・ドゥクパの遺言にしたがって、五体投地の修行に励んでいた。たぶんそのおかげだろう。ヤントラヨーガの全体を首尾よく学ぶことができた。

一年後、ペマ・クンドルは、再び放浪の旅に出た。ウギェン・テンズィンも、一年だけの約束で、いっしょに出発した。東チベットを南下して、現在の雲南省に入り、そこから、北西に向かった。コンポから、ラサの南東にある聖山ツァリタにいたり、そこから再び東チベットに向かう。

ある夜東チベットのゴンジョで、いっしょにチューを修行すると、ペマ・クンドルは、別れを告げた。その後生きて二人が会うことは、なかった。

王宮と洞窟

一九三七年、五十歳でセンチェン・ナムダクに戻ったウギェン・テンズィンは、ルンドゥプ・ツォが病気だと聞き、すぐにゲウクのノルサン家に向かった。朝は長寿の灌頂を与え、夜はチューを行じる。数日後ルンドゥプ・ツォは回復した。そのまま近くのツァラシャプの洞窟で、いっしょに隠棲修行を始めた。

翌年のある夜、ウギェン・テンズィンは、ノルサン家で、師のアンゾム・ドゥクパに会う夢を見た。夢の中で、深い敬信とともに五体投地を続けると、そのたびごとにアンゾム・ドゥクパの姿はどんどん小さくなり、最後はツェナムの妻のイェシェ・チュドゥンのお腹に消えてしまった。とてもはっきりした夢だった。

その年の暮れ、甥のツェナムがやって来た。妻のイェシェ・チュドゥンが産気づきそうだ。いっしょに来てくれと言う。

ノルサン家には三人の娘がいたが、男の子がいなかった。ツェナムは、一年間ドルマ・ラマというラマに、男の子が生まれるように、アンゾム・ドゥクパから贈られた女神のターラ像を本尊に、祈祷をしてもらっていた。ある日の夜明けがた、ドルマ・ラマはたいそう吉祥な夢を見た。黄色い花が満開に咲いたのである。今度はきっと男の子だろうという。

自分の夢の兆しからすると、師のアンゾム・ドゥクパの生まれ変わりかもしれない。そう思ったウギェ

デルゲ・ゴンチュン（Chogyal Namkhai Norbu, *Rainbow Body* より）

デルゲ国王ツェワン・ドゥドゥル（写真 Andrea dell'Angelo, Chogyal Namkhai Norbu, *Rainbow Body* より）

ン・テンズィンは、ツェナムといっしょに、ゲウクに行くことにした。

翌朝イェシェ・チュドゥンは、とても元気な男の子を生んだ。その日は真冬なのに、大きな野ばらが咲いた。ウギェン・テンズィンは生まれたての赤ん坊に、かつてアンゾム・ドゥクパから授かった金剛と金剛鈴、密教行者のショールを捧げた。

両親は丸々太った赤ん坊に、「ナムカイ・ノルブ」――「天空の宝石」――と名づけた。ウギェン・テンズィンは、その前にアンゾム・ドゥクパの埋蔵宝典発掘者としての名前の一部である「ドドゥル」――「衆生を教化する者」――をつけくわえ、「ドドゥル・ナムカイ・ノルブ」と呼んだ。

恩義深い師の生まれ変わりの誕生を寿いでいると、またまたたくさんの人がやって来た。秘かに抜け出し、センチェン・ナムダクのカルゾンに移り、厳格な隠棲修行に戻った。ところが、数か月後、今度はデルゲ国王からの使いがやって来たのである。

当時のデルゲ国王、ツェワン・ドゥドゥルは、デルゲ王国の二十二代国王にあたる。代々のデルゲ国王たちの多くは密教行者でもあり、特にサキャ派と深い関係を持っていた。王宮はサキャ派のデルゲ・ゴンチェン僧院の敷地のなかにあった。

ツェワン・ドゥドゥルは、熱心な修行者で、高僧たちに、ニンマ派の学僧でルネッサンス的な天才だったジュ・ミパム（一八四六〜一九一二）の転生化身だと認定されていた。一九四六年に亡くなったとき、その遺体は子供ほどの大きさに縮み、荼毘に付すと、多くの仏舎利が出たと伝えられる。

王命に逆らうことはできない。ウギェン・テンズィンは、勅使とともに王宮に向かった。僧院の中に立派な部屋を与えられ、毎日王宮に行く。王や大臣たちのために、チューを行じ、そのあいまに心の本性に導く口伝を与える。

山の洞窟で、一人修行をしてきたウギェン・テンズィンにとって、王宮は、世俗八法（人間の心をあおり、動かす八つのこと。得失、称賛と非難、毀誉、楽苦）が支配する、耐えがたい空間だった。聖地の行場に帰れるように、なんども王に頼んだ。だがなかなか許可が出ない。そればかりか、三年間いてくれるように言われた。

一年半がたった。ウギェン・テンズィンは、ついに夜の闇にまぎれて、王宮を抜け出した。南西のラプテンからディチュ川を船で渡り、谷を遡って、巨大な松が群立する山にたどりつく。何も食べ物を持っていない。二十七日間チューレンだけで生き延びた。[8]

ある日若い狩人がやって来た。食料なしに生きている行者を見て、びっくりし、丁重に家に招いて、おいしいミルク・スープを振る舞ってくれた。

翌日狩人のタドンは、近くの岩山にある立派な洞窟に案内してくれた。以前、修行者がいたかどうかは、わからない。けれども、それまでにいたことのあるどの洞窟よりも住み心地がいい。タドンと親戚の男が、交替でツァンパ、ヨーグルト、バターを運んでくれた。

気心が知れたころ、ウギェン・テンズィンはタドンに、狩猟が今世においてもさまざまな不幸をもたらす原因になると説いた。タドンは狩りを止めると誓った。

一年が経ったころ、ウギェン・テンズィンの居場所は、デルゲ国王の知るところとなり、王宮から使者が送られてきた。「たとえ殺されても、宮殿には戻らない。」断固たる決意を聞いて、使者は帰っていった。

数日後、王から直筆の手紙が届いた。「王宮には戻らなくてもいい。ただ会いに行けるように、ディニェンドンの洞窟に戻ってほしい」と書いてある。「厳格な隠棲に入れるなら、移ってもいい。」返事から二週間後、ウギェン・テンズィンは、王に派遣された二人の護衛とともに、ディニェンドンに移り、翌年王が亡くなるまで、隠棲修行を続けた。

ディニェンドンでの隠棲修行中、ウギェン・テンズィンは、王と護衛、そして中央チベットからやってきた二人のラサの貴族以外、誰とも会わなかった。そのうちの一人は、イギリス留学から帰り、中央チベット政府の改革派の急先鋒として知られたラサの貴族、ンガプ・ンガワン・ジグメ（一九一〇～二〇〇九）だった。

当時中央チベット政府は、チベット全土を実効支配し、チャムドに東チベット支配の拠点を置いていた。ンガプは、地方官僚として、チャムドに送られていたのである。

ウギェン・テンズィンの甥のツェナムは、長年デルゲ国王に仕え、ディニェンドンの場所もよく知っていた。そこでンガプたちを案内することになった。はるかかなたに、ウギェン・テンズィンの洞窟が見えてくる。一行は息をのみ、立ち止まった。長髪のヨーガ行者の横には、一頭の豹が座っていたのである。

「心配しないでいいから、来なさい。この豹は友だちだ。いつもいっしょにいて、食べるのもいっしょだ。」ヨーガ行者が大声で言う。

一行が動かないのを見て、ウギェン・テンズィンは、豹に去るよう命じた。豹は洞窟の裏側の出口から、出て行った。

ンガプは洞窟にたどりつくと、五体投地し、人払いすると、ウギェン・テンズィンの助言と教えを求めた。

それから十年後の一九五一年、カム地方の知事となっていたンガプは、チベット全土を武力制圧した中華人民共和国政府との和平交渉の代表になり、チベットにおける中国の主権を認めるとともに、体制の変更は行わないとする十七か条協定に署名した。チベットが中国に完全に併合された後は、長らく中国共産党の要職についた。

ウギェン・テンズィンには、この豹の話にかぎらず、神通や神変を語るいくつものエピソードが伝えられている。ここでは三つ書いておくことにしよう。

一九二〇年代の末から数年、ディニェンドンでの隠棲修行を行ったときのことだ。施主となったポムカ家の家畜が、何度も豹に襲われた。ウギェン・テンズィンは、その豹をつかまえると、犬のように鎖をつけて、ずっと飼っていたという。

同じくディニェンドンにいた時、ウギェン・テンズィンは、カムゲ・ニェンダクというサキャ派の僧侶と、ヤクの毛で作ったテントに住んでいた。ある日のこと、雷が落ちた。すると、ウギェン・テンズィンは、素早く稲妻を服に包み、遠くに投げ捨ててしまった。

またあるときは、姪が食料を持ってくると、水と材料を入れた鍋の下に枯れ木を置いた。「点け！」と言うと、炎が燃え上がった。しばらくすると、鍋いっぱいのスープができた。

修行と伝法

一九四二年デルゲ国王ツェワン・ドゥドゥルが亡くなった。ウギェン・テンズィンは、ツァラシャプの洞窟に移り、隠棲を続けた。

一九四三年の夏には、デルゲ・ゴンチェン僧院で、転生化身としての教育を受け始めたばかりのナムカイ・ノルブがやって来た。ナムカイ・ノルブは、アンゾム・ドゥクパだけではなく、カルマパ十六世リクペドルジェによって、ブータンの歴史的建国者だったシャブドゥン・ンガワンナムギェルの転生化身としても認められ、デルゲ・ゴンチェン僧院に住むようになっていた（その後、一九四五年には、サキャ派の偉大な学僧ジャムヤン・ロテル・ワンポ（一八四七〜一九一四）の転生化身としても認定された）。個人教師の学僧は、自分が別の洞窟で隠棲修行をする間、六歳の転生化身を、ウギェン・テンズィンに預かってもらうことにしたのである。

少年は、ウギェン・テンズィンの隣の洞窟に部屋を与えられたが、経典を暗記する以外、やることがない。退屈して、洞窟の外で瞑想している大叔父の背中をこづいて、逃げたりした。

ヨーガ行者は、自分を救ってくれた師匠の生まれ変わりに、たいそう優しかった。「誰だ？」と言って、いたずら好きな少年の遊びにつきあってくれた。夜中に、山猫が洞窟に忍び込み、怖くて眠れなくなったときも、「友だちだから大丈夫さ。食べ物はいっぱいあるし、心配しなくていい」と言って、安心させてくれた。

一九四五年、ウギェン・テンズィンは、ノルサン家で、ロンチェン・ニンティクの灌頂と教えを授けた。伝統にしたがって、教えは秘密に、また受ける者が二十一人を超えないように気をつけた。終わると、洞窟での厳格な隠棲に戻った。

一九五二年、数え年の六十五歳になったウギェン・テンズィンは、イルンの首長チャゴ・トプデンからの招きに応じ、その宮殿に移った。[9] チャゴ・トプデンは、屋上にたいそう静かな修行用の部屋を準備してくれ、ウギェン・テンズィンはそこで、隠棲修行を続けた。

馬小屋と「虹の身体」

二年後の一九五四年、十七歳のナムカイ・ノルブが再び会いに来た。『太陽と月の和合』のヤントラヨーガについて、詳しく学びたいという。まだ教えていなかった動きについて教え、疑問点を明らかにした。ナムカイ・ノルブは、三週間の滞在中、ウギェン・テンズィンの生涯の出来事についても聞きとり、ノートをしたためた。

「真の口伝」には書かれていないけれども、このころのウギェン・テンズィンは、一日四座ゾクチェンのテクチューとトゥゲル（「超躍」）を修習し、午後のセッションでは、女神のヴァジラヨーギニーの修行とともに、ヤントラヨーガを実践していたという。[10]

三年後の一九五七年、ナムカイ・ノルブはインドに逃れた。さらにその後、有名なチベット学者のトゥッチに招かれて、イタリアに亡命した。

ナポリ大学の教授になったナムカイ・ノルブは『太陽と月の和合』のヤントラヨーガを、若い弟子たちに教え、ベーロツァナのテキストとウギェン・テンズィンの口伝をもとに、ヤントラヨーガの本を出版した。またウギェン・テンズィンの伝記を書いた。

ナムカイ・ノルブがヤントラヨーガの教えを学びに来た翌年の一九五五年、中国による「民主改革」が始まった。この改革は、土地所有の形を大きく変化させるとともに、チベットの「後進性」を象徴する仏教を、急速に解体することを目指していた。

東チベットは、チベット義勇軍と中国人民解放軍の間の、激しい戦いの場となった。[11] 圧倒的な武力の差。各地で蜂起するチベット義勇軍は、すべて「殲滅」された。チャゴ・トプデンの家と広大な土地も、中国人民解放軍に接収され、ウギェン・テンズィンは逮捕された。

ふつうならデルゲに送還され、人民裁判にかけられるところだ。それを救ったのは、ツェトゥンという名のチベット人の役人だった。ツェトゥンは、イルンの地方政府の幹部だったが、数年前に父が亡くなったとき、ウギェン・テンズィンに追善回向を行じてもらい、それ以来このヨーギに、たいそう深い信仰を抱いていたのである。

「こんな老いぼれを、デルゲに送るまでもないだろう。近くにある馬小屋に幽閉しておけばいい。」

ツェトゥンの提案は受け入れられ、狭い馬小屋に閉じ込められた老いたヨーギを、役人たちが、交替で見に行くことになった。

ツェトゥンは、父を助けてもらった恩をけっして忘れなかった。なるべく自分が見に行くようにし、隠れてツァンパやバターを運んでくれた。

そうやって一年半がたった。一九六二年の一一月、ある日部下とともに馬小屋に見に行ったツェトゥンは、奇妙な光景を目にすることになった。扉をノックしても開かない。二人で突き破ると、寝室に羊の皮でできたコートが、まるで人間の体を包み込むようにして、直立していた。中をのぞき込むと、三、四歳の子供ほどの大きさに縮んだウギェン・テンズィンの体が、まっすぐな姿勢で座っていた。

ツェトゥンは、ウギェン・テンズィンが、「虹の身体」の覚りを達成する途中であることを、はっきり理解した。だが、口をつぐんだ。

司令部に戻って報告すると、中国人の役人が「なんで、そんなことが起こるのか！」と言ってわめいた。ツェトゥンは言った。

「古臭い封建社会の迷信深い人々は、こうした出来事を「虹の身体」と呼んでいます。ですが、わたしには何のことかわかりません。いずれにせよ、デルゲの本部に報告した方がいいのではないでしょうか？」

数人の兵士が、馬小屋を厳重に監視し、ツェトゥンの部下ともう一人が、報告のために、ただちにデルゲに送られた。

「トクゲの聖なるヨーガ行者」が、「虹の身体」の覚りを成就しようとしている。ツェトゥンの胸は、強烈な信仰ではちきれそうだった。その一方で思った。「馬小屋に住まわせるように言ったのは自分だ。このままでは面倒なことになるだろう。」その夜ツェトゥンは、闇に紛れて脱出した。

ツェトゥンは一年半後、ネパールにたどりつき、さらに半年後、カトマンドゥ郊外にあるパドマサンバヴァの聖地、パルピンのアスラ洞窟で隠棲修行を行っていたウギェン・テンズィンの甥、サラ・カルマ・サムテンに出会った。ツェトゥンから事のしだいを聞いたサラ・カルマ・サムテンは、イタリアにいる従弟の子ナムカイ・ノルブに手紙を書いて、ウギェン・テンズィンの最期について知らせた。

一九八二年ナムカイ・ノルブは、胡耀邦の改革開放政策によって、訪問が容易になった東チベットを訪れ、ウギェン・テンズィンの最期を知る関係者から話を聞いた。

それによると、イルンからの報告が届けられたとき、デルゲ県の共産党委員長は、タルツェンドに行っていた。数日後戻ると、警察署長、県知事とともにイルンの馬小屋に急いだ。中に入って見ると、ウギェン・テンズィンの羊皮のコートは、直立したままだった。遺体は完全に消え、髪の毛と手足の爪だけが残されていた。デルゲの共産党委員長は、コートと遺物を押収するとともに、北京の中央委員会に報告し、徹底した捜査を行うように命じた。

何故だかはわからない。だが、一人のヨーガ行者が「虹の身体」を覚って、消えてしまった。その事実だけが、中国人とチベット人の役人たち、そして地元の人々の心に、はっきり刻み込まれることになったのである。

【註】

1 Chos rgyal nam mkhai nor bu, *Grub rje rtogs ldan u rgyan bstan 'dzin gyi rnam thar nyung bsdus*

dam pa'i zhal lung, in *gSung 'bum*, vol.1, mTsho sngon mi rigs dpe skrun khang, 2015, pp.56-84. による。この伝記には、アドリアーノ・クレメンテの英訳があり、参照した。Chogyal Namkhai Norbu, *The Life and Realization of Togden Ugyen Tendzin*, Shang Shung Publications, 2010.

2　チューについては、本書のニャラ・ペマ・ドゥドゥルの章、および永沢哲「歌う女」（『野生のブッダ』法藏館、1998年）参照。

3　byad gdon.

4　グル・ダクポないしペマ・ダクポについては、本書のニャラ・ペマ・ドゥドゥルの章（第六章）を参照。

5　rig 'dzin zhal lung. ダライ・ラマ五世の書いたゾクチェン指南書。チューギェル・ナムカイ・ノルブのウギェン・テンズィン伝には、rig 'dzin snying thig とある。

6　このあたりについては、J. Mallinson, The Amṛtasiddhi: Haṭhayoga's Tantric Buddhist Source Text. In D. Goodall et al. (eds.), *Śaivism and the Tantric Traditions: A Festschrift for Alexis Sanderson*, Brill, 2020.

7　K. Schaeffer, The Attainment of Immortality, *The Journal of Indian Philosophy*, 30, 2002, pp.515-533.

8　チューレンについては、本書のニャラ・ペマ・ドゥドゥルの章（第六章）を参照。

9　イルンについては、本書のイルン・ソナム・ナムギェルの章（第二章）を参照。

10　ナムカイ・ノルブ・リンポチェの著者へのオーラル・コミュニケーション。

11　この点については、本書のイルン・ソナム・ナムギェルの章（第二章）を参照。

第五章

隠れたヨーギ——四つの口碑

すでに述べたように、「虹の身体」を悟る修行者の大半は、聖地の洞窟や瞑想小屋で、人知れず瞑想に励む「隠れたヨーギ」たちだった。どこから来たのか、どんな一生を送ったのか、誰にも語ることなく、光になって消えてしまう。その生涯は、文字に書き記されることなく、修行者たちの間で、ただ語り継がれて来た。

ここでは、そうした四人の「隠れたヨーギ」について、口碑にもとづいて書いておくことにしよう。[1]

最初は、一九四〇年代、中央チベットの聖地、シュクセプで「虹の身体」を覚った二人の尼さんだ。シュクセプは、チベットの首都ラサからキチュウ川沿いに南下し、東に入った山の行場である。文献や口頭伝承から、遅くとも十三世紀には、ゾクチェンの修行者たちが集まる、重要な聖地になっていたことがわかる。

現在のシュクセプ寺から北へ、急な斜面を登ったカンリ・トゥカル（「白い頭の雪山」）には、十三世紀の重要なゾクチェン修行者、メロン・ドルジェや、ゾクチェンの哲学と修行を、たいそう美しく洗練された体系として表現したロンチェン・ラプジャムが瞑想した洞窟がある。

二十世紀になると、有名な女性行者シュクセプ・ジェツンマ（一八六四〜一九五三）が、この聖地に移り住み、多くの修行者たち——一時期は三千人を超えたと伝えられる——が、集まるようになった。その中からは、「虹の身体」を覚る行者がたくさん出た。

シュクセプ・ジェツンマに、転生化身として認定され、七歳から十八歳までシュクセプ寺で育てられたニチャン・ケントゥル・リンポチェ（一九三一〜）によると、シュクセプでは、一九四〇年代に二人の尼僧が「虹の身体」の覚りを得た。

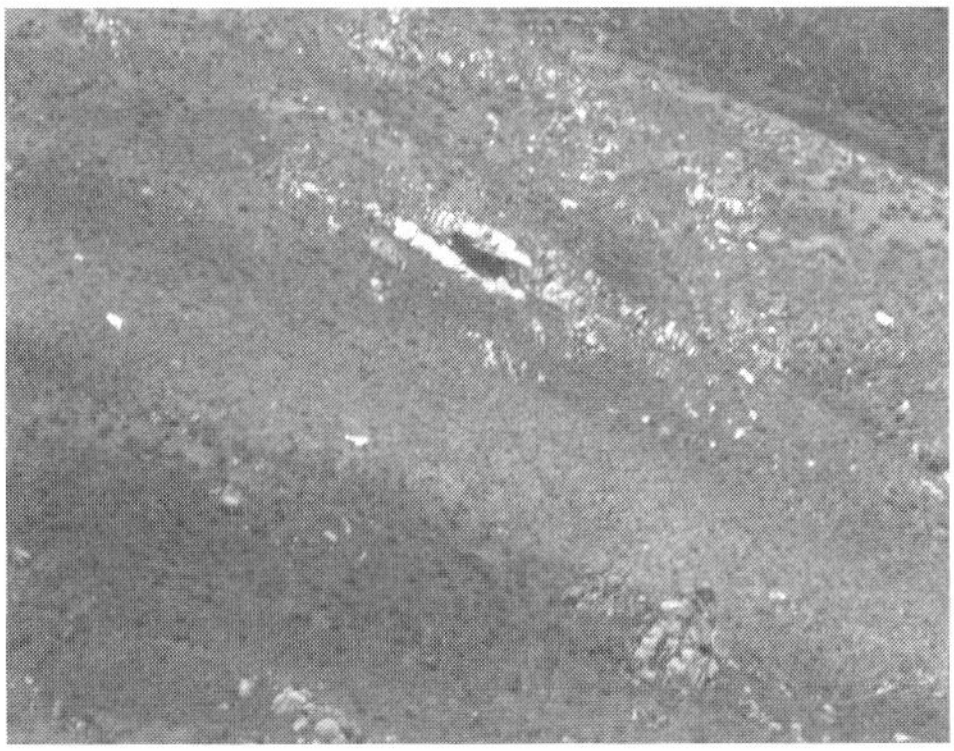

シュクセプのシャルシンプ洞窟

シュクセプ・ジェツンマ・チューニ・サンモ

そのうちの一人は、シュクセプにあるシャル・シンプという洞窟で、「虹の身体」を覚った尼さんだ。シュクセプには、ロンチェン・ラプジャムが修行したと伝えられる、三つの洞窟がある。シャル・シンプ――「東の洞窟」――はその一つで、シュクセプ寺から、東に三〇分ほど歩いた山の斜面にある。平たい巨大な岩が、南に面する斜面から突き出し、その下は大きな空洞になっている。

一九四〇年代、このシャル・シンプで、一人修行に励む尼僧がいた。四十代の後半から五十代くらい、一週間に一度シュクセプ寺に食料を取りにやって来る以外は、自分の洞窟で修行を続けていた。

あるとき、シュクセプ寺に住む尼たちは、彼女が一週間以上姿をあらわさないことに気づいた。シャル・シンプはまわりに住む者もいなく、野獣がうろついている。もしかして、豹に襲われたのではないか。心配して、見に行くことにした。

数人で行ってみると、シャル・シンプの洞窟には、尼さんの僧服と爪と短い髪だけが残されていた。僧服はまるで誰かが座っているかのように直立していた。中をのぞき込むと、何もなかったのである。

その時期シュクセプでは、毎日のように大きな虹がかかったのを、ニチャン・ケントゥル・リンポチェはよくおぼえている。

二人目はやはり、一九四〇年代にシュクセプで隠棲していたもう一人の尼さんだ。姿が見えなくなって一週間がたち、みんな野獣に食べられてしまったのだろうと、噂していた。

当時、少年のニチャン・ケントゥル・リンポチェ――「高地チベットの坊や《トゥトゥク》」と呼ばれていた――は、カンリ・トゥカルの斜面に穴を掘って作った小屋に、父といっしょに住んでいた。燃えるような信仰を抱く高地チベット出身の少年は、実際に見に行ってみようと思い立った。

カンリトゥカルからシャルシンプへ、さらに南に切り立つ斜面を下って、川を渡り、反対側の岩山に登って行った。やがてあたりはヤクや羊が草をはむ牧草地になる。草地を歩いていくと、草の上に爪と髪が残っていた。ほかには何もない。十本の手の爪、十本の足の爪が、それぞれ一そろいになって、ちょうど体を横たえたくらいの距離で並んでいる。また一人、「虹の身体」の覚りを得た人がいたのだと思った。

シュクセプでは、トゥクタムに入っている間に、遺体が収縮する例は、ごくざらにあった。その中には、イスラム教徒の家に生まれながら、仏教に深い信仰を抱き、シュクセプ・ジェツンマのもとで修行していた尼さんもいた。トゥクタムが二週間を超えると、シュクセプ・ジェツンマの命により、トゥクタムを終えさせることもあったという。

三人目は、東チベット、ゴロクの有名なゾクチェン行者、ユコク・チャタルワの弟子で、一九五〇年代に「虹の身体」を覚った牧畜民のおじいさんだ。ドドゥプチェン・リンポチェ（一九二七

カンリトゥカルからブラフマプトラ川をのぞむ

ユコク・チャタルワ

〜二〇一二）は、十代の終わり、ゴロク地方の埋蔵宝典発掘者、アパン・テルトンのアドヴァイスにしたがって、偉大な成就者として知られたユコク・チャタルワ――「ユコクの無為の行者」――のもとで、一年間、ゾクチェンをはじめとする密教を学んだ。そのとき、この牧畜民の行者に直接会ったという。

ユコク・チャタルワは、東チベットの有名なゾクチェンの導師、アンゾム・ドゥクパやテルトン・ソギャルの弟子だった。高度の悟りと神通で知られ、チベットにゾクチェン・ニンティクの教えを伝えたヴィマラミトラの転生化身とみなされていた。比丘だったが、髪の毛をぼうぼうに伸ばし、昼から酒の匂いをぷんぷんさせている。有名な転生化身が教えを請いに来ても、予知して逃げ出す。「狂気の智慧」を示す、さまざまなエピソードが残されている。

このユコク・チャタルワのもとに、あるとき、一人のおじいさんがやって来た。当時五十歳。平均寿命五十歳の時代にあっては、もうおじいさんと言ってかまわない年齢だ。「幼いころから羊とヤクの放牧で生活し、子供も育ち上がりました。これから修行をしたいので、どうか教えてください。」

そう頼む。

「そうか。」ユコク・チャタルワは、試しにお経を読ませてみることにした。つっかえつっかえ、ふつうなら一分もかからない紙一ページ分を読むのに、二十分もかかる。

ユコク・チャタルワは、弟子や客の背中を、思い切りひっぱたくので有名だった。「無理だ。家に帰って、家畜の面倒を見ていろ。」そう言って、力いっぱい叩いた。

だが、引き下がらない。「このまま死んでは困ります。どうか教えてください。」言い張るのを聞いて、ユコク・チャタルワは、本格的な修行に入る準備となる前行を教えた。「お経は読まなくていい。そのかわり、途中ちょっとでも気が散ったら、最初からやり直すように。」

牧畜民のおじいさんは、徒歩で三十分ほど離れた洞窟に住まいを定め、口伝にしたがって、修行を始めた。

二年あまりがたったある日のこと、ユコク・チャタルワは、身近で世話をしている弟子に、ふと「あのじいさん、どうしたか」と訊いた。「さあ。洞窟へ修行をしに行きましたが、いまごろどうしているとことやら。」それを聞いて、ユコク・チャタルワは「そうか」と言うだけだった。

翌日、牧畜民のおじいさんがやって来た。「どうした?」「前行が終わりました。ラマに言われたとおり、気が散ったら最初からやり直しました。」「そうか。いま、どんな気持ちか言ってみろ。」

ユコク・チャタルワの言葉を聞いて、元牧畜民の行者は、後ずさりした。「殴らないと約束してください。そうしたら、しゃべります。」

「ああ、わかった。言ってみろ。」

「はい。すべて幻のように見えます。」

おじいさんの言葉を聞いて、ユコク・チャタルワは、しばらく黙りこくった。それから、ゆっくりと「ああ、そうか。明日、また来い」と言って、おじいさんを帰した。

おじいさんが出ていくと、ユコク・チャタルワは、激しく泣いた。「ああ、この濁世に、これほど機根の高いものがいたとは。」滂沱の涙を流した。

翌日、おじいさんがやって来た。「来たか。もっと教えることがあるから、あと七年、ここにいろ。」元牧畜民の行者は、そのまま七年、ユコク・チャタルワのもとで口伝を受け、それから故郷に戻っていった。さらに七年後、「虹の身体」の覚りを得たのである。

四人目は一九五〇年代、中央ブータンのブムタン地方で、「虹の身体」の覚りを得た尼さんだ。[2] ティンレー・ノルブ・リンポチェ（第一章参照）には、ラマ・ドラという弟子がいた。ラマ・ドラは東ブータンの出身で、はじめラマ・ソナム・サンポの弟子となり、三年間、十五世紀に埋蔵宝典発掘者のサンギェリンパが発掘したヴァジラキラヤの隠棲修行を行った。その後、ラマ・ソリム・サンポに命じられて、ティンレー・ノルブ・リンポチェの弟子となり、ドゥジョム・テルサルの修行をした。修行が一段落すんでからも、同じ家に住み、リンポチェの子供たちの教育係となった。これから書くのは、彼（ラマ・ドラ）からわたしが直接聞いた話である。

ラマ・ドラは、幼いころ、ブムタン地方にある修行場で育った。八歳の年のことだ。親戚の尼さんといっしょに暮らしていた小屋から、五分ほど登ったところに、東チベット出身の尼さんが住んでいた。五十代だっただろうか、一日四座お経を唱えながら、夜明け前から夜遅くまで、ひたすら五体投地を続ける音がしていた。

ある日のこと、西の方角から、明るく輝く虹色の光の塊が飛んできて、尼さんの小屋に入った。いったい何なのか。修行仲間たちは、いぶかっていた。一週間後、尼さんがお茶を飲みに、ラマ・ドラの小屋に降りてきた。にこにこしている。光の塊について訊いてみた。

「グル・リンポチェ――「宝のごときグル」パドマサンバヴァの別称――が、いらっしゃったのよ。「おまえの罪は、全部きれいになった。何も心配しなくていい」と言われたわ。ほっとした。とてもうれしい」と答える。

それからも、尼さんは毎日五体投地を続けた。六か月後、音がしなくなった。仲間たちが、小屋を開けてみる。ただ僧服と爪と髪の毛だけが残されていた。

【註】

1　以下の四つのエピソードは、ニチャン・ケントゥル・リンポチェ、ラマ・ルントク（一九六二〜）、ラマ・ドラ（一九四八〜二〇二三）の著者へのパーソナル・コミュニケーションによる。

2　ラマ・ドラの著者へのオーラル・コミュニケーション。

第六章

魔を教化する蓮華——ニャラ・ペマ・ドゥドゥル

過去、現在、未来の三世のブッダたちよ、お見守りください。
聖地をあてなく放浪し、隠棲したいと願う行者が、
修行のさまたげとなる故郷を捨てられるよう、ご加持ください。
過去生のよきカルマによって集まった弟子たちよ、お聞きなさい。
罪に覆われた村では、五つの煩悩の毒によって、解脱への道が閉ざされる。
寺に住めば、信者から集めた財によって、解脱への道が閉ざされる。
聖地の洞窟は、空飛ぶ女神たちの浄土。
幸運な弟子たちよ、虹の身体と空飛ぶ女神の悟りから離れないようになさい。

（ニャラ・ペマ・ドゥドゥル「人里離れた聖地は、空飛ぶ女神の浄土であることを教える歌」[1]）

これまで見てきたように、ゾクチェンの修行をつうじて、「虹の身体」の悟りを得る行者のほとんどは無名のヨーギだった。彼らは誰にも知られることなく、一生の大半を人里離れた雪山の洞窟で孤独な瞑想修行に費やし、ほとんど弟子を持たなかった。

それには、とてもはっきりした理由がある。

一番目は時間だ。ゾクチェン・ニンティクのトゥゲル（「超躍」）や、ヤンティ・ナクポの暗闇の修行（mun mtshams）をはじめとする、高度なゾクチェンの瞑想を完成するには、世俗の人間関係から離れ、長期の隠棲修行を行う必要がある。弟子を持つとそれができなくなる。

二番目は、師と弟子の間に結ばれる三昧耶戒だ。ゾクチェンの道を進んでいくための入り口は、師と弟子の心の本性が直接に出会う直指教導（ngo 'phrod）である。この直指教導によって、大空

のように広々と自由な輝く心の本性をありありと体験する。いったん体験したら、さまざまな修行方法を使って疑いをなくす。さらにその境地にとどまり続ける。

ゾクチェンの修行は、こうして師から弟子に伝えられる師資相承の血脈の加持によって、はじめて可能になる。師と弟子をつなぐ絆は錆びたり、曇ったりすることのない、純金の帯のようでなくてはならない。ゾクチェンの経典はそう語る。

弟子が多いと、三昧耶戒を清らかに保つことは、とてもむつかしくなる。弟子同士の間にいさかいが生じたり、師と弟子をつなぐ絆にひびが入る。三昧耶戒が汚れ、破れると、修行の大きな妨げとなる。そのため多くの弟子を持つ者は、「虹の身体」の悟りを得ることができない、と考えられてきたのである。

この点は、たとえばロンチェン・ラプジャムや、十九世紀の放浪行者シャプカル・ツォクドゥク・ランドル（一七八一～一八五一）の一生に、はっきり読み取ることができる。

ロンチェン・ラプジャムは、中央チベットのニンマ派の密教行者の家系に生まれた。七歳から、密教の阿闍梨だった父に密教、医学、占星術の手ほどきを受け、父の死後は当時の学問の一大中心だったサムエ僧院に入門、さらに仏教哲学の中心だったサンプ・ネウトク僧院で学んだ。やがてその広大な仏典の知識によって、「サムエの経典博士」（サムエ・ルンマンパ：bsam yas lung mang pa）と呼ばれるようになった。また当時の最高の阿闍梨たちのもとで、密教を学んだ。

ロンチェン・ラプジャムは、二十八歳のとき、暗闇の隠棲修行中、光のヴィジョンにあらわれた女神の授記にしたがって、根本ラマであるクマラジャに出会った。クマラジャは、八世紀にチベットにやって来たインド人の導師、ヴィマラミトラに由来するゾクチェン・ニンティクの血脈の正統な継承者で、少数の弟子たちとともに、行場から行場へ放浪するヨーギだった。ロンチェン・ラプジャムは、彼に二年間師事し、ゾクチェンの教えをまるごと学び取った。

ゾクチェン・ニンティクのトゥゲルやヤンティ・ナクポの修行には、大きく四つの段階がある。最後の「法性滅尽」に達すると、粗大な物質からなる肉体は、虹の光に溶けてしまう。

ロンチェン・ラプジャムは、ラサの南にあるカンリ・トゥカルの行場にこもって、トゥゲルの修行の三番目の段階である「明知の成熟」(rig pa tshad pheps)にいたった。その後、サムエ僧院裏の行場であるチンプに戻り、このまま山にこもって、「虹の身体」を成就すべきか、ラマのクマラジャにたずねた。

答えは「否」だった。クマラジャは、すぐれた才能を持つ弟子が、広々とした知識を生かして、ゾクチェンの教えに明晰な表現を与えることを、望んだのである。

ロンチェン・ラプジャムは、師の言葉にしたがい、ゾクチェンやマハーヨーガのクラスの経典について、多くの著作をあらわした。三百を超える著作の中でも、とりわけ『至高なる乗の宝蔵』(Theg mchog mdzod)や『言葉の意味の宝蔵』(Tshig don mdzod)、『ラマ・ヤンティク』は、ゾクチェンの哲学や修行について、すみずみまで明らかにしており、後世の修行者たちにとって、特別な価値を持っている。

それにくわえ、ロンチェン・ラプジャムは、自分の埋蔵宝典をはじめとして、ゾクチェンの教えを多くの弟子に授けた。晩年ブータンでゾクチェン・ニンティクの灌頂を与えたときには、三千人の行者たちが集まったと伝えられる。

シャプカル・ツォクドゥク・ランドルの場合も、事情はよく似ている。故郷のアムド(青海省)

を遠く離れ、チベットの西の果て、カイラス山にたどりついたころには、すでに「明知の成熟」の段階に入っていた。そのまま修行を続けて、「虹の身体」の悟りを完成するつもりだった。

ところがある夜、ライオンの顔をした女神シンハムカが夢にあらわれ、故郷のアムドに戻って、有縁の弟子に教えるように命じたのである。シャプカル・ツォクドゥク・ランドルのあらわした『金翅鳥のはばたき』（カンディン・ショラプ：mkha' ldin gshog rlabs）をはじめとする指南書や悟りの歌は、明晰さと美しい詩的な魂の融合したありようによって、多くの行者たちに愛されてきた。

「虹の身体」にいたる修行と、利他のための伝法の間には、大きな裂け目が開いている。本章の主人公であるニャラ・ペマ・ドゥドゥル（以下、ペマ・ドゥドゥル）は、その稀な例外だった。

十九世紀、大きな混乱期にあった東チベット、カム地方のニャロンの地に生まれたペマ・ドゥドゥルは、埋蔵宝発掘者として、また強力な神通の持ち主として知られ、東チベットの各地におもむいて、多くの人々に教えた。千人あまりに、重要な密教経典である『密意集会』（sPyi mdc dgongs pa 'dus pa）の灌頂を与えたこともあった。しかも、その生涯の最後に、「虹の身体」を悟ったのである。

東チベット、ニャロン

チベットには、「仏法は中央チベット。男はカム。馬はアムド」ということわざがある。

東チベット・カム地方は、豊かな緑と水に恵まれ、牧畜とともに農業が可能な地域だ。そこに住むカム族は、長身で筋肉質、勇敢で率直、激しい気質によって知られる。

カムは中央チベットから遠く離れ、中国と国境を接している。ペマ・ドゥドゥルが生まれたころには、五つの小さな王国が並立し、中央チベットの政府と中国の清朝との間に、複雑な関係を結んでいた。

第四章でも述べたように、最も有力なデルゲ国王は、七世紀に中央チベットのヤルルン王朝から追放された宰相の一族に遡り、十八世紀につくられたデルゲ印経館は、質の高い経典の印刷で知られた。デルゲ王家とナンチェン王家は、縁戚関係を保っており、よく似かよった文化を持っていた。

それに対し、ペマ・ドゥドゥルが生まれたニャロンは、乱暴な山賊や盗賊が逃げ込む辺境の地と見なされていた（それは現在でも、あまりかわらない）。

デルゲ国王が、サキャ派の支派であるンゴル派の僧院を兼ねたデルゲ・ゴンチェンの王宮に住んだのに対し、ニャロンには中心的な都市はなく、またニンマ派とボン教が圧倒的な勢力を占めていた。

ペマ・ドゥドゥルの生きた十九世紀、東チベットは、たび重なる饑饉と、大きな社会的混乱のさなかにあった。渦の中心にいたのは、ニャロン領主ゴンポ・ナムギェルである。もともとニャロンは高地、低地に分かれ、長い勢力争いが続いていた。その中から頭角をあらわしたゴンポ・ナムギェルは、ニャロンを統一すると、さらにデルゲやチャムドに向かって軍事行動を繰り広げた。ゴンポ・ナムギェルに率いられたニャロン軍は、一時期東チベットのほぼ全域を制圧した。

ゴンポ・ナムギェルの反乱については、評価が分かれる。片方では、中国の支配が東チベットからチベット全土に拡大するのを見越して、それに対抗する統一政権の樹立を目指していたとされる。その一方で、ゴンポ・ナムギェルの残虐、傲慢な性格をあらわす多くのエピソードが語り伝えられている。イェシェ・ドルジェによって書かれたペマ・ドゥドゥル伝は、ゴンポ・ナムギェルを、残忍な山賊の親玉として描いている。

ペマ・ドゥドゥルには、長短二つの伝記が残されている。長い伝記は、ペマ・ドゥドゥルの身近な弟子だったイェシェ・ドルジェがあらわしたもので、『聖なる導師トゥルシクリンパ伝：幸運なる歓喜の甘露の雲』（以下、『幸運なる歓喜の甘露の雲』）と題されている。[2]

ペマ・ドゥドゥルには、「十二人のドルジェ」と呼ばれるすぐれた弟子たちがいた。イェシェ・ドルジェはその一人で、自分の体験と、ほかの弟子たちから聞いた言葉をもとに、この伝記を書いた。作者のイェシェ・ドルジェは、死のとき、「虹の身体」の悟りを成就したと伝えられる。[3]

チベットの聖者伝は、その内容によって、外的、内的、秘密の三つに伝統的に分類される。外的な聖者伝は、誕生、修行、活動、そして死にいたる、同時代の誰の目にも見える一生を描く。内的な聖者伝は、修行による体験、夢、ヴィジョンなど、内的体験にフォーカスをあてる。それらに対して秘密の聖者伝は、両者が綿密に織り合わされた織物として、人生を記述する。

ゾクチェンやマハームドラーの高度な密教修行では、昼間目が覚めているとき、深い睡眠、夢のすべてをつうじて、輝きに満ちた心の本性の自覚を保ち続けることが重視される。修行が進むとともに、予知夢やヴィジョンと日中起こる出来事は、一つに連なって、区別がなくなる。秘密の伝記は、修行者の内面を理解するうえで、たいへん特別な価値を持っている。

イェシェ・ドルジェの『幸運なる歓喜の甘露の雲』は、外的な伝記のスタイルをとりながら、それ以外の二つの側面をあわせ持っている。

もう一つの短い伝記は、ランゴ・トゥルク（トゥプテン・シェドゥプ・ギャツォ）があらわした『大いなる虹の身体を達成した大成就者ペマ・ドゥドゥルの伝記：驚異の大海』である。[4]この伝記は、イェシェ・ドルジェの伝記を圧縮したような内容になっているが、そこに見られない情報をいくつか含んでいる。

わたしたちは、この二つの伝記をもとに、これからペマ・ドゥドゥルの一生を見ていくことにしよう。

誕生と幼年期

ペマ・ドゥドゥルは、一八一六年、ニャロンのデロン・ギャナという土地に生まれた。父の名はカンツェク・ゴンポ。地元のカンツェクにあるニンマ派の寺、タクラ寺の阿闍梨を代々つとめる密教行者の家系の出身だった。母のソナム・キは、アカルブというクラン（父系氏族）に属すセルザン家の出身だった。

タクラ寺は、十七世紀にカンツェク・ゴンポの祖先で、カトク僧院の法流に属す重要な密教阿闍梨、タクラ・ペマ・マティによって開創された[5]。

カトク僧院は、十二世紀にカトク・ダムパ・デシェクによって東チベットに建立されたニンマ派最古の僧院で、ゾクチェンの修行に専念する多くのすぐれた行者たちを輩出したことで知られる。僧院の周囲は、ゾクチェンの修行で用いられる青いフーム字で満たされ、一時に三千人の修行者が「虹の身体」を覚った、と伝えられる。

フーム

カトク・ダムパ・デシェクは、八世紀にチベット人の偉大な訳経僧ベーロツァナによって招来されたゾクチェンのセムデ（心部）の修習《しゅじゅう》を整備し、弟子たちに教えた。この体系はカム流（khams lugs）と呼ばれ、心を静寂な境地に導くシャマタ（「止」）から出発する「四つの三昧」と呼ばれるプロセスからなっており、カギュ派に相承されるマハームドラーとよく似た構造を持っている。[6]

その後十七世紀には、ドゥドゥル・ドルジェ（一六一五～七二）、ロンセル・ドルジェ・ニンポ（一六二五～九二）という、二人の重要な埋蔵宝発掘者が東チベットにあらわれ、モンゴル軍の侵攻によって衰えていたカトク僧院の再興に力を尽くした。

カンツェク村（写真 O.Aguilar, Yeshe Dorje, *The Cloud of Nectar* より）

この時期から、カトク僧院では、ダムパ・デシェクから相承されたセムデ・カム流にくわえ、この二人の埋蔵宝典の修行が、強力に実践されるようになった。また「カトクの口伝の血脈」（ka thog snyen brgyud）と呼ばれる膨大な口伝のコレクションが、重要な役割を果たしてきた。

ペマ・ドゥドゥルの父方の伯父カルマ・パルデンは、カトク僧院の法脈に属すタクラ寺を実質上支配しており、また別の伯父クンサン・ドゥジョムは、たいへん重要な密教の師として尊敬されていた。親族は成人したペマ・ドゥドゥルに、ニャロンで大きな宗教的影響力をふるう一族の後継者にふさわしく、村にある寺に住むよう、くりかえし説いた。それに答えたペマ・ドゥドゥルの歌が、いくつか残されている。

ペマ・ドゥドゥルの誕生は、さまざまな奇瑞に彩られていた。父のカンツェク・ゴンポは、地元の名家に属す裕福で信心深い人物だった。一万個の石に観音菩薩の真言を刻ませたり、仏舎利を納める仏塔を建立したり、仏法の重要なスポンサーとして活動していた。

結婚したら、どんな子供が生まれるだろう？　気が気でなかったゴンポは、当時カム地方で有名だったドドゥプチェン・リンポチェや、ニャロンで最も古く大きいチャグドゥ寺の転生化身テンパ・タルギェなどに尋ねた。その答えは、「自分でも密教の修習をしなさい。そうすれば、千の花弁の蓮が咲き開いたような、すぐれた息子が生まれるだろう」、「まるで孔雀の羽根の美しい模様のように、仏法を大空の果てまで広げる立派な人物が生まれる」というものだった。

妻のソナム・キが妊娠すると、たくさんの比丘僧を招いて、毎日大部の般若経典や、菩薩行の意味と未来に出現するブッダたちについて説いた『賢劫経《げんごうきょう》』を、読んでもらった。

僧たちは吉祥な夢を報告した。ソナム・キが胸のあたりに抱え持つ黄金の鏡から、十方に輝く光が放たれ、宇宙全体を照らし出した。頭頂に、まぶしい太陽があらわれ、世界の闇を取り払った……。

両親も、二人そろって吉祥な夢を見た。膝に飛びこんできた水晶の仏塔から、光が放たれる。密教の神々が、インドの聖地ウッディヤーナからやってきて、法具を手渡してくれたこともあった。

ペマ・ドゥドゥル、幼名タシ・トンドゥプは、一八一六年、チベット暦の九月一〇日に、両親が住む牧草地のテントで生まれた。その日、テントの真上には五色の虹が立ち上り、あたりにはすばらしい芳香がただよった。上空には、ダーキニー女神のお使いであるワシたちがたくさん飛び交った。

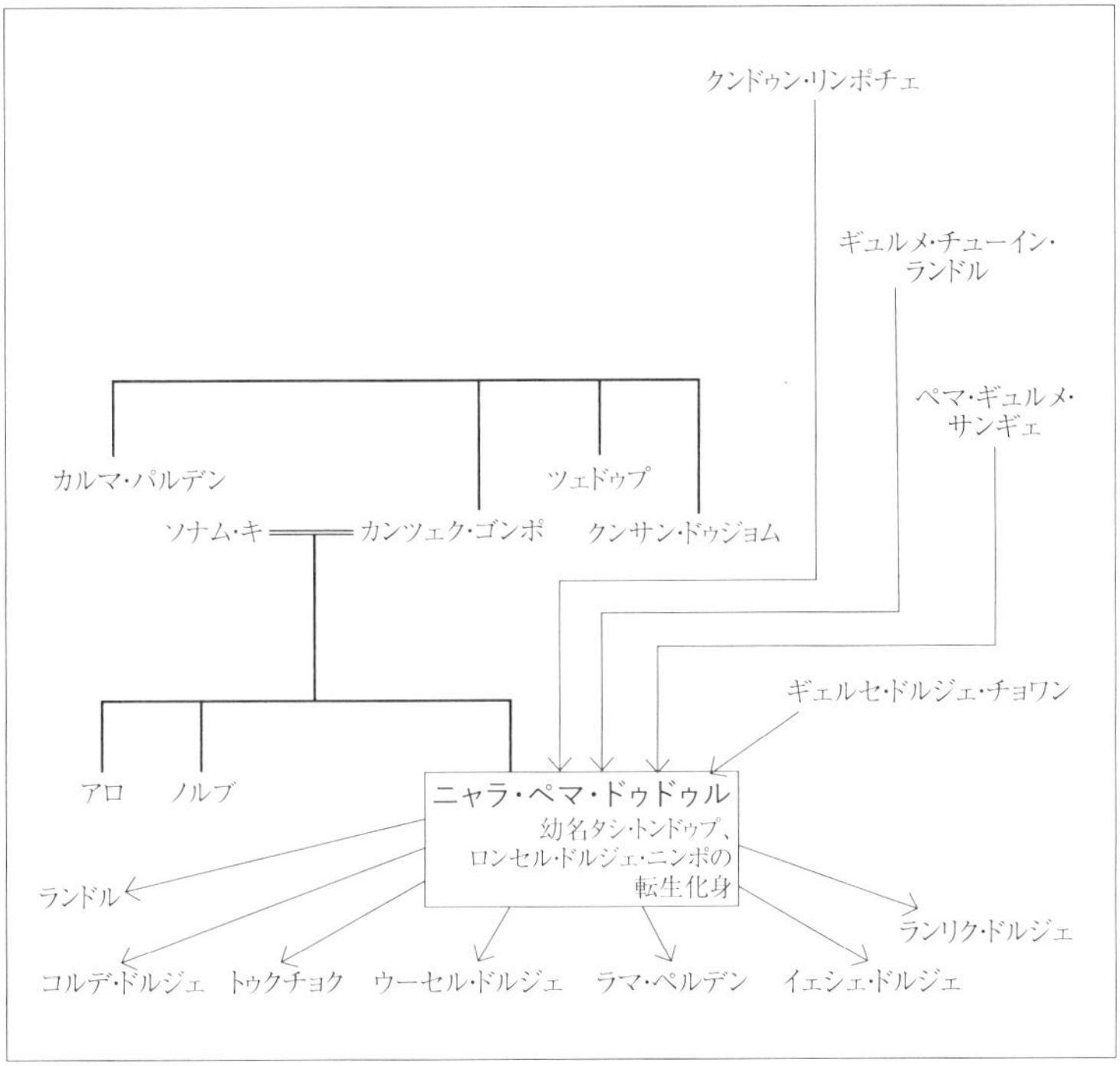

バターを取るためにミルクを攪拌すると、十三人の密教の神々を象徴する小さなトルマ[7]が自然にあらわれ、妙なる音が鳴り響いた。

三日後、赤ん坊は結跏趺坐ですわると、「オーム・アミ・デヴァ・フリー」という阿弥陀仏の真言を三回唱えた。それから、「自分はウディヤーナのグル（パドマサンバヴァ）の意密の化身だ」と言った。

六日目、チャグドゥ寺のラマ・ナムダクが加持を与えに来た。すると赤ん坊は、踊るようなかっこうをして、「オーム・アー・フーム・ヴァジラ・グル・ペマ・シッディ・フーム」というパドマサンバヴァの真言を、七回唱えた。驚いたラマ・ナムダクは、その場で立派な菩薩の化身にちがいないと授記した。

三週間後、カトク僧院の重要な転生化身であるシントゥル・リグズィン・ジグメ・ゴンポがやって来て、赤ん坊に加持するとともに、ロンセル・ドルジェ・ニンポの転生化身として認定した。

父方の伯父クンサン・ドゥジョムは、密教儀礼に用いる金剛杵と金剛鈴を、生後九か月の赤ん坊に贈り、タシ・トンドゥプと名づけた。

幼いタシ・トンドゥプは、鮮やかな光に満ちた神々のヴィジョンに包まれて、成長した。

二歳のとき、タンサンという山あいの高原に行ったときのことだ。白い絹のターバンを巻いた男が、密教の神々や女神たちとともに、姿をあらわした。男はニャロンで最も重要な聖地であるランラン山から来たと言い、少年といっしょに遊んだ。

同じころ、ランラン山のすぐ下にある牧草地に行くと、再び密教の神々や女神たちが、あいさつにやって来た。

東チベットの伝説的な王で護法尊となったケサルが、光のヴィジョンの中であらわれたこともある。ケサル王は、自分の一生を物語る歌を、幼いタシ・トンドゥプに教えてくれた。

タシ・トンドゥプの振る舞いは、ほかの子供とはずいぶんちがうものだった。

友だちといっしょにいるときは、灌頂、説法、寺の建立、洞穴や木の下での座禅を遊びにした。蚤のような小さな虫を含め、殺生を嫌い、また三宝に灯明を捧げることをたいそう喜んだ。

七歳になり、読み書きを学ぶと、たちどころに上達した。

九歳のとき、タシ・トンドゥプは、タクラ寺でギェルセ・ドルジェ・チョワンから、密教の灌頂と伝授を受けた。そのさい、再びロンセル・ドルジェ・ニンポの化身だと授記された。また、夢にダーキニー女神たちがあらわれ、「あなたは、聖地にカルサン・サンギェ・チューリンという寺を建立するでしょう」と授記した。

父の死

この女神たちの授記の直後、タシ・トンドゥプの生活には、大きな変化が生じた。父のカンツェク・ゴンポが、妻と二人の息子を残して、この世を去ったのである。信心深い母は、追善供養のために、百頭あまりいた家畜をあらかた売り払い、おおぜいのラマを招いて、四十九日間の法要を行った。それ以外の財産も、供養のために大半使ってしまった。四人家族の生活は、急に苦しくなった。

それにくわえて、住むはずの家を父方の親戚に奪われてしまった。父のゴンポは、カンツェクに大きな家を持っていた。ところが父方の伯母が、家族の立ち入りを拒んだのである。母と二人の幼い兄弟は、しかたなく父が馬と山羊を飼うために使っていた、小さな家畜小屋に住むことになった。

このエピソードは、雪山で一生を送った聖者ミラレパ（一〇四〇／五二～一一二三／三五）の少年時代を、じかに思い出させる。両者の背景には、チベットの伝統的な社会構造がある[8]。

チベット社会は、牧草地を移動する牧畜民と、チンコー麦を中心とする穀物を栽培する農民、その中間の半農半牧民から、おおまかに成り立っていた。自分の土地を持つ自作農や地主は、地域の首長や僧院に収穫の一定の割合を税として支払う。一方土地を持たない小作農や労働者には、納税の義務がなく、より大きな移動の自由があった。だが、共同体の正規のメンバーとして認められるためには、家と生産地を所有していることが必要とされた。

財産の継承は、父系をつうじて行われた。そのため父親が若死にし、息子がまだ幼いと、寡婦となった母親をさしおいて、しばしば父親の兄弟や姉妹が、遺産の多くをわがものにしたのである。

家畜小屋に住むようになったタシ・トンドゥプたちに、さらに別の災難が降りかかってきた。乳を搾るために残してあったディ（雌のヤク）と、雌のゾを盗まれたのである。

ディやゾからとれる乳製品は、チベット人にとって、とても大切なタンパク源だ。牧畜民の財産は、どれだけの家畜を持っているかで計られる。このとき、四人の家族はわずかに残っていた牧畜の富を失ったのである。不運続きの母子をあわれんだ親戚たちは、数頭の山羊、鍋、袋、皿、容器をくれた。

このときから、九歳の少年は、輪廻で起きる出来事はすべて幻だと見るようになった。おかげでどんなことが起こっても、みじめだとは思わなかった。後年ペマ・ドゥドゥルは、そんなふうに弟子たちに語った。

不幸は続いた。間もなく、すぐ下の弟が亡くなった。母は追善回向のため、わずかに残っていたよい土地を供養し、千個のツァツァ[9]を作った。

天然痘にかかる

この年、ニャロンでは天然痘が大流行した。タシ・トンドゥプもかかった。

天然痘の病人は、看護人とともに、集落から遠く離れた荒れ果てた土地に隔離されるのが、ならわしだった。母はなけなしの食料を持ってくると、はるか離れた場所に置き、身ぶりで伝えた。

こうした苦しみは、前世の悪業の報いだったのだろうか。この時期少年は、前世でラマだったときに、人々から税を集め、かわりに灌頂を授ける夢を見た。

タシ・トンドゥプの病は、しばらくすると治った。が、食料が尽きた。仕方なく、通りがかりの牧畜民から、ツァンパやカブ、そば粉を盗んだ。それだけでは足りず、畑に植えてあったカブを引き抜いて食べた。少年は、そうして何日も何日も過ごした。

空腹のときには、観音菩薩の真言をメロディとともに歌い、勤行の祈りや経典を唱えた。富んでいる人を見ても、うらやましいとは思わなかった。逆に、この幻の富はいったい何の役に立つのか、と思った。

このころ、たくさんの人間が天然痘にかかる夢も見た。誰が死ぬのか、誰が生き延びるのか、わかる。声が聞こえてきて、病気を治すための方法や、どこに移ったら元気になるのか教えてくれる。密教の神々や護法尊が、夢に姿をあらわし、授記を与えてくれた。

年が明け、春になった。だが、あいかわらず食べ物がない。

最初のひと月は、延寿果[10]、香附[11]、山豆根[12]、蓼子草[13]、山にんにくなどの薬草や根を、手あたりしだい食べた。

次の一か月は、タネツケバナ[14]やツクパ[15]などの野草を食べて、しのいだ。

夏になった。カンツェクに戻り、母と再会した。

だが、やはり何も食べ物がない。

折よく、ドゥプパツォというお婆さんが、看護人の仕事を持ってきてくれた。親戚にハンセン氏病の女性が二人いて、伝染性の熱病を患っている。看病してくれたら、乳を少しあげようと言う。そこで看護人になった。看病しながら、自分も熱病にかかりそうになった。

十歳になるこの年、母子三人は、残された畑に何も植えることができなかった。おかげで、秋になっても何も収穫がなかった。

秋のある日、タシ・トンドゥプは、今度は村の災厄を予知する夢を見た。

まるで須弥山のように巨大な黒い男が、黒い旗を振り回し、雲を集めている。男は大雨を降らせると、再び旗を動かして風を止め、雲を散り散りにした。そして満足した様子で大声で笑った。

翌日の夜、カンツェクの周囲の畑は、ひどい霜でやられ、ほとんど何も収穫がなくなった。

ニャロン全域は、ひどい饑饉に襲われた。餓鬼の世界のような光景が広がった。

畑にはワシの死骸が転がるだけで、何も収穫がない。タシ・トンドゥプは、カブを分けてくれるよう、他の家の畑をまわった。天然痘の痕で顔にあばたが残った、ぼろぼろの身なりの少年を見て、村人たちは「天然痘の子供がやって来た」と言った。石を投げつけたり、犬をけしかける者もいた。

「厄病神！」ひどい言葉でののしられた。

だが、なかには親切な人もいた。ニャロンの谷と僧院をまわって戻るころには、カブの詰まった袋を五つ手にしていた。

物乞いの少年は、途中乞食の一団と道連れになった。乞食たちは、夜になると自分たちの獲物を分けてくれたうえ、励ましてくれた。一人片目の男がいて、物乞い用の袋をくれた。その男とは後に再会し、いっしょに物乞いに回った。

冬になると、少年は羊飼いとして雇われた。

ある日のこと、羊を連れて出かけた牧草地に急に火がついた。このままでは、村全体に火が燃え広がってしまう。少年は火の上にジャンプして消し止めた。両手、両足を火傷し、髪の毛は燃えた。

盗賊に襲われる

同じ冬母は、なけなしの狭いが立派な牧草地を、叔父のカルマ・パルデンの家に売った。大きな袋二つ分のカブ、たくさんのチンコー麦、黒い山羊一頭、一キロほどのバターを手にして、三人家族は大喜びだった。これで何とか食べていける。弟のノルブは言った。「山羊を育てて増やそう。乳をしぼろう。ヨーグルトを作って飲むんだ！」

母は泣き崩れた。

「どうかそんなことを言わないでおくれ。昔は百頭のディがいて、いくらでも乳を搾ることができた。それなのに、今では年老いた山羊一頭だけだなんて！」

ところが、せっかく手に入れた食料を、またもや奪われたのである。ある日、山羊に草を食ませようと牧草地に出かけた少年は、二人の盗賊に襲われた。殴られ、目に砂を投げ入れられ、何も見えなくなった。二人は黒い山羊、服、毛布、帽子を、一つ残らず持ち去った。

仔細を聞かされた母は、胸を切り裂かれる思いだった。

さらにある夜、家畜小屋に二人の強盗が入り、洗いざらい盗んで行った。チンコー麦、カブ、お湯を沸かす鍋、調理器具、食器、一切合財持って行った。母は狂ったようになり気絶した。しばらくして目覚めた母は、大声で泣いた。騒ぎを聞きつけてやって来た親戚たちも、弟も泣いた。

そのとき、少年はこんな歌を歌った。

お母さん、泣かないで、わたしの歌をお聞きください。
わたしたちはみな幻、夢。
盗人たちも幻、夢。
富も幻、夢。
幻が幻を持ち去ったのです。
何を悲しむことがあるでしょう。
前世の負債があったのなら、これで帳消しになりました。
今日は布施をなしたのだから、資糧[16]（功徳）を積んだのです。
随喜し、喜を修習し、回向しましょう。

この歌を聞いた親戚たちは、かんかんに怒った。「仇を喜べだなんて、何てやつだ。」それでも、また少量の食べ物と鍋を恵んでくれた。一番下の弟も、死に近い。そう思ったタシ・トンドゥプは、わずかな食を分けるとき、弟と母に多めに食べさせた。母の嘆きは続いた。

因果はあやまつことがないとブッダは説かれた。だとすれば、小さな穴に住む虫けらのように、無一物で生きなければならないのも、前世の悪業の報いなのでしょう。とはいえ、今生では何一つ悪いことはしていないのに。三宝を敬い、お坊さまに供養し、貧しい者には布施し、善を積んできたのに。年老いたわたしは、こんな苦しみを耐えることができない。立派な山のようなお父様が亡くなって、草原を満たす富も消え去った。たくさんの供物を捧げたのに、こんなにも貧しい。善をなしたのに、苦しまなければならない。お父様は、あらゆる場所で善なる行為を積まれた。それなのに、残ったわたしたちには何もない。お前が転生化身だという予言も、まだ実現していない。お前がお腹にいるとき、吉祥な光のヴィジョンと夢を見たわ。生まれた日には、空にたくさんのワシが集まって飛び交い、テントの上には虹が立った。でも、今はただの乞食。希望は何一つない……。

タシ・トンドゥプは、そのまま食を乞いに、あちこちの親戚のもとに出かけた。数日後、集めた食物を手に帰ると、末弟のアロが、飢えのため死んでいた。少年は歌った。

お母さん、泣かないで、この歌をお聞きなさい。

地上の生きもので、死なない者など誰一人ありません。
みな、かつては父であり母であった者ばかり。
三悪趣は苦しみばかり。そこには、わずかばかりの幸福もないのをご覧なさい。
それこそが悲しむべきこと。泣き叫ぶなら、そのためになさい。
人が一人死んだとて、何を嘆く必要がありましょう。
狂ってはなりません。
あなたの息子は、かつての敵ゆえに病に落ちたのです。
悲しんだとて、何の益がありましょう。
すべては幻だと修習なさい。
そうすれば大いなる楽が生じましょう。[17]

歌を聞いた伯父のツェドゥプは、「性根の腐ったやつだ」と言って、少年の胸をなぐりつけ、大声で泣き出した。母と少年は、亡くなった弟のために何人かのラマを招いて読経してもらい、遺骸は鳥葬にした。

タシ・トンドゥプは、その間も毎日物乞いに行った。物乞いのあいまには、「習気《じっけ》をおのずと解き放つ祈り」の儀軌を毎日欠かさず行じた。[18] 母は、『三蘊経』（『三品経』）と『金剛般若経』を唱えた。「習気をおのずと解き放つ祈り」は、カルマリンパ（一三二六～八六）の埋蔵宝典である「寂静尊と忿怒尊の密意による自解脱」（シトー・ゴンパ・ランドル：Zhi khros dgongs pa rang grol）の密教体系に属している。

この体系は、「中有《ちゅうう》において聴聞によって解脱する大いなる書」(Bardo thos grol)――いわゆる「チベットの死者の書」――を含んでおり、死後の中有において姿をあらわす強烈な光に満ちた神々のヴィジョンは、もともと心の本性に内蔵されている力から生まれる投影だと述べる。

これらの本尊は、生きている間、わたしたちの身体の内部のチャクラに存在している。「習気をおのずと解き放つ祈り」は、身体の内部に存在する光に満ちた神々のマンダラを一つ一つ呼び覚まし、その力によって死者を浄化し、すべての心を持つ生きものが、死後の中有において、恐怖から解き放たれ、解脱するようにと祈るものだ。

その中にはたとえば、次のような一節が含まれている。

オーム・アー・フーム！
喜びをともにした友と離れ、ただ一人さまようとき、
みずからの心の本性からあらわれる空なる形が、鏡に映る像のように出現する。
そのとき、恐れおののく中有の恐怖が生じませんように！
ブッダたちよ、慈悲の力を注いでください。
原初の智慧の輝きに満ちた光の道があらわれるとき、恐れおののくことなく、
自己の本質から生まれたものだと、認識できますように！
寂静と忿怒の神々の姿があらわれてくるとき、
恐れることなく、中有だと確信し、認識できますように！
悪しきカルマの力によって、苦しみを味わうとき、

　守り本尊よ、苦しみを除きたまえ！
　法性の自然の音が、千の雷鳴のごとく鳴り響くとき、大乗の教えの音に変化しますように！
　だれ一人助けてくれるものもなく、カルマによって追い立てられるとき、
　大いなる慈悲尊よ、わたしたちを守ってください！
　習気から生まれる肉体が壊れ、苦しみを味わうとき、
　光明に満ちた大楽の三昧が生じますように！[19]」

十一歳の少年は、幼くして死んだ弟のために、四十九日間、この祈りを唱え続けた。

法要に出かける

　このころからタシ・トンドゥプは、法要や法会が開かれる家や僧院を選んで、物乞いに出かけるようになった。

　少年は、もともと地元の有力なニンマ派の寺であるタクラ寺の住職をつとめる一族の出身だった。幼いころには、素晴らしい菩薩の生まれ変わりだと認められてもいた。本来なら、読経や壮麗な儀軌を行じる行者たちの列に入っても、許されるはずだ。

　けれども、つぎだらけのぼろをまとい、全身しらみと蚤だらけのタシ・トンドゥプは、しばしば門前払いをくらい、あるいは追い出された。

ニャロンでは、法会に参加し、灌頂や口伝を受ける行者たちは、ツァンパを自分の食料として持参する習わしだった。だが少年には、何もなかった。しかたなく、隣り合せた他のラマのツァンパを失敬した。見つかり、たたき出されたこともあった。

たまにしか食事にありつけない少年は、法要で食べ物やバター茶が出されると、大量にかきこんだ。あげくの果て、泊めてもらった部屋で、寝小便を漏らした。会う者みなに毛嫌いされ、石、泥、棒を投げつけられた。

「これもすべて、前世の悪業を浄化するためだ。」そう思って、少年は耐えた。

伝記作者のイェシェ・ドルジェは、このくだりで、「不浄な穢れ」という言葉を用いている。[20]厚く黒く積み上がった悪業や煩悩、敵意は、近くにいるものに伝染し、身心の不調をもたらす。特に前世の修行によって、心の本性をおおう汚れや、プラーナの生命エネルギーが運動する脈管が浄化されている者は、影響を受けやすい。[21]悪意にさらされ続けた少年は、ひどく弱っていた。

饑饉の中で、人々の心はすさんでいた。ある日のこと、ソナム・ツェリンという男にひどくののしられ、息が止まって倒れるまで殴られた。関節ははずれ、皮膚には内臓の血がにじみ出た。帰ってきた少年を見て、母は滝の涙を流した。少年は歌った。

お母さん、泣かないで。わたしの歌を聞いてください。
力ある者たちは、無常です。
貧しいわたしたちもまた、無常です。
力ある者と貧しい者になんの違いがあるでしょう。

わたしたちはみな、無常なのです。
今生において、わたしたちはほんのわずかな罪も、なしてはいません。
力ある者たちが、わたしたち貧しい母と子をおとしめ、傷つけるのは
無限の過去世の行為の結果が熟し、返ってきたのです。
文句を言うことはできません。
悲しみ、嘆いたとしても、カルマを変えることはできません。
復讐と怒りの炎を燃やしても、地獄の劫火の燃料をつくる原因になるばかり。
無益です。
人を決して傷つけることなく耐えることが、もっともすぐれた忍耐です。
忍耐の修習をなさい。
力ある人々は、前世においては、本当に恩義ある父であり、母だったのです。
そのことを瞑想してください。どうか、落ち着いてください。[22]

忿怒のグル

それからしばらくして、タシ・トンドゥプは、ふたたび仏性からじかに立ち上がる、鮮やかな光のヴィジョンや、予知夢を体験するようになった。

父方の伯父のところで、同じ敷地に住む親戚のおばあさんの家畜の世話をしていたときのことだ。

ある夜の夢に、「百万の魔群」を名乗る無数の黒い男たちが姿をあらわした。恐ろしい形相で、両手を振り回し、金剛、剣、斧、槌、鉄の鎖といった武器を、雨のように投げてくる。

その瞬間、タシ・トンドゥプの上空に、密教の師であるドゥンレルリンパが姿をあらわした。十万の太陽よりも強烈な光の輝きを放ち、手には黄金の傘を持っている。傘の下には、千本の輻《や》を持つ黄金の法輪が、右回りに回転していた。

魔群から降り注ぐ武器は、黄金の法輪に近づくと、蓮、大蓮、クムタラといった水辺の花に、次々に姿を変える。法輪に守られ、降り落ちる無数の花の雨の中で、少年は無傷だった。

翌日、タシ・トンドゥプは、聖山ランランの山頂のすぐ下にある牧草地に、家畜たちを連れて行った。すると急に風が吹き、晴れ渡っていた大空に、にわかに暗雲が立ちこめた。一面真っ暗な闇になり、耳を聾する雷鳴とともに、すさまじい稲妻が落ちてくる。それとともに、隕石のかけらがヒューヒュー音を立てて落ちてきた。


ブッダの教えの無比なる王よ、お見守りください！

煩悩に勝利したブッダたちの王、パドマカラよ、お守りください！


少年は、チベットに高度な密教をもたらした密教行者、パドマサンバヴァに祈りを捧げると、世界もその中に生きる生きものたちも、すべては空にして光明である原初の土台からあらわれる幻にすぎないという三昧の境地に入った。それから一瞬にして、パドマサンバヴァの忿怒の相であるペマ・ダクポ（pad ma drag po）の姿に変化し、光の結界を張ったのである。

ペマ・ダクポ——あるいはグル・ダクポ——は、パドマサンバヴァが、悟りへの道を妨害する魔を抑えるために取った姿だ。ニンマ派において、きわめて重要な本尊の一つであり、その成就法は、十一世紀のニャンレル・ニマ・ウーセルをはじめとして、多くの埋蔵宝典に見られる。なかでも、ロンセル・ドルジェ・ニンポの埋蔵宝典にあるグル・ダクポは、強烈な加持力によって知られ、カトク僧院の伝統において、たいそう重視されてきた。

すでにわたしたちが見たように、タシ・トンドゥプは、九歳のときにロンセル・ドルジェ・ニンポの体系の灌頂を受け、その転生者として認定されていた。たぶんこのころ、ペマ・ダクポの修行を行っていたのである。

嵐が去った。自分も、仲間の羊飼いも、家畜も、みんな無傷だ。少年は、無事家に戻った。だが、雇い主のおばあさんは思った。このまま不運だらけの少年に仕事をさせていては、どんな災厄を引き寄せるかわからない。靴とわずかな食べ物を渡すと、追い払った。

少年が、隕石と雷を止めた。その噂を耳にして、少年が生まれたときの奇瑞や、幼いころに示したたぐいまれな霊的資質を、あらためて思い出すラマたちもいた。彼らは折に触れ、少年をなぐさめ、勇気づけてくれた。

ツォクニ・ギャツォも、そんな一人だった。

この年、カム地方の全体は、またもやひどい饑饉に襲われた。畑に何も植えることのできなかったタシ・トンドゥプ親子は、あちこち物乞いに行かなければならなかった。その姿を見かけたツォクニ・ギャツォは、ぼろをまとった腹ぺこの少年を、自分の家に招いた。大粒の涙を流しながら、ツォクニ・ギャツォは言った。

「あなたが生まれる前、たくさんの立派なラマたちが、素晴らしい化身が誕生すると授記された。実際に生まれた日には、たいそう不思議な奇瑞があらわれた。それに、今では修行によって、すぐれた悟りの境地に進みつつあるしるしも、見えている。今はとてもつらいだろう。でも、それはまだ時が熟していないだけのことだ。気落ちしてはいけない。これを乗りこえれば、きっとよくなる。最後には素晴らしい日がやってくる。……昨夜わたしは夢で、立派な僧服を身につけたラマたちが、行列をするのを見た。あなたは立派な人物になるだろう。」

そう言うと、たらふく食べさせ、おみやげに食料をいっぱいくれたのである。

その後も、魔による妨害と、その克服をテーマにする、夢やヴィジョンは続いた。

カンツェクの家畜小屋に住みながら、伯父の家畜の世話をしていたときのことだ。ある夜夢の中で、恐ろしい形相の黒い男が、再び姿をあらわした。目は真っ赤に血走り、大きな牙をむき、逆巻くこげ茶色の髪は、燃え上がる焔に包まれている。手にした帽子には、九つの区切りがあり、暗闇の力が集められている。その帽子を差し出しながら、男は言った。

「さあ、この帽子を取るんだ。岩山の麓に行けば、食べ物、飲み物、何でも好きなだけ手に入るだろう」

その瞬間、少年は光に満ちた心の本性の境地に入った。遠くに高くそびえる岩山に、不気味な闇が集まっているのが見える。「しばらく前に、黒い魔が見せたのと同じ幻だ。悟りを邪魔するつもりなんだ。」そう思いながら目を覚ました。

翌日、タシ・トンドゥプは、伯父の山羊に草を食《は》ますため、ランガク・ルンパという山の斜面に出かけた。

夢で見たのと同じ山塊がある。急に大きな岩山が丸ごと裂け、崩れ落ちてきた。大きなものはヤクや馬ほど、小さなものは柱の台ほど、無数の岩石が転がり落ちてくる。

仲間の羊飼いたちが逃げまどうなか、タシ・トンドゥプは、パドマサンバヴァのもう一つの忿怒相であるドルジェ・ドーローに姿を変えた。

炎の中で渦巻く髪は無色界を、上半身は色界を、それぞれ圧倒し、支配する。髪、眉、髭からは智慧の炎を放ち、あらゆる煩悩を燃やし尽くす。右手に持った金剛杵からは、燃え上がる光の隕石を放ち、左手は障礙をなす悪霊を支配する力を象徴する蠍《さそり》の印を結んでいる。魔王ののど元をつかんで、押さえつけた。

次の日の夜、少年の夢に、ゾクチェンの教えを守る女神の護法尊エカジャーティがあらわれた。エカジャーティは言った。

勇者よ、
わたしは、生まれては死に、死んでは生まれ変わる連続のなかで、
一刹那たりとも離れることなく、あなたを守ってきた。
あなたは、もともとの始まりからブッダ。
輪廻もニルヴァーナも、法性の戯れに満ちた飾りに過ぎません。
原初の土台においては、神も魔も不二。
わたしは、ブッダの教えを守ると誓願を立てたもの、
六百万の教えを守るもの。

原初の真実を直に覚ったゾクチェンのヨーギから、
けっして離れることなく、助けると誓約したもの。
行者たちと周囲のものたちを守る、母なる護法尊。
あなたを悪しき障礙から、守りましょう。

この言葉を聞いて、タシ・トンドゥプの心には、おのずと生まれる原初の智慧に対する大いなる確信と勇気が湧き起こった。

対象に心を向ける志向性のはたらきが完全に消え去り、広々とした空間に、すべてが解き放たれる。晴ればれと自由なブッダの心の境地を、はっきり理解した、と伝記作者のイェシェ・ドルジェは述べている。

負債の清算

その後も、タシ・トンドゥプは物乞いを続けた。やさしく育ててくれた母に、食べ物を持って帰らなければ。思うのは、そのことだけだった。

カンツェクの牧畜民のところに行ったときは、幼なじみの子供たちが集まり、両足に噛みつく犬を追い払ってくれた。手に手に家のテントから、親には内緒でバターやチーズを持ってきてくれた。大人たちも、肉やバター、チーズ、ツァンパをたくさんくれた。幸せな少年は帰り道、たっぷりの食料でいっぱいの袋を枕に、野宿した。

その夜の夢に二人の僧侶があらわれた。前世で奪われた僧服を取り返しに来るという。

翌朝、少年は意気揚々と出発した。背中には食料でいっぱいの大きな袋がある。世界に自分たち親子ほど幸せな者はいないと思いながら、両手の杖を地面に突き立て、歩いた。すると突然、左右から二人の盗賊があらわれた。両腕をつかみ、身動きできないようにして、拳で殴りつけてくる。殴られながら、少年は前世の出来事をはっきり思い出した。ラサの僧院で僧院長だったとき、二人の粗暴な僧侶がいた。その振る舞いにひどく怒って、殴りつけ、持ち物をすべて没収して、叩き出した。追い出しぎわには、「死ね、乞食ども！」とひどくののしった。


アホー！

三宝は過つことはない。実に、実に過つことがない！

因と果の法則は真実だ。実に、実に真実だ！

罪、罪、わたしは実に悪しき罪をなした！

まことに、負債は必ず返さなければならない。

過去生において、わたしは人から盗み、殴った。

それから、百劫のあいだ、誤った行為を隠し通そうとしてきた。

だが、自分が描いた悪業の絵が、今この時結果に熟すことの驚きよ！

くりかえし、くりかえし結果に熟すことの驚きよ！。

行為の因果は、けっして過つことがない。

三宝は、ものごとの本質を知り尽くしている。
守護者たちよ、どうぞ見捨てないでください。
あなたたち二人の力にねじふせられ、
肉と血をむさぼり食われても、わたしには何もできはしない。
この素晴らしい食の供物を捧げる善根によって、
前世で盗み、殴った負債を支払い、浄化することができますように！
布施の徳を完成することができますように！
二人の望みがすべて叶いますように！[23]

歌を聞いた二人は、奪った袋の中から、わずかな肉、バター、ひとかけのチーズを取り出し、いったん盗んだカップに入れて、差し出した。タシ・トンドゥプは、それを押し返しながら言った。

過ちを犯したのはわたしです。あなたたちは、何もまちがっていません。わたしは、今生に限らず、たくさんの過去生の負債を、お二人に払わなければならないのです。あなたたちは、何も悲しむ必要はありません。この食べ物が、来世も再来世もその後もずっと、二人にとって無尽蔵の宝となりますように！　不死の甘露となりますように！　二人の望みがそのまま叶いますように！

金の耳輪をした男は大粒の涙を流し、くりかえし頭を下げながら、遠ざかって行った。銀の耳輪をつけた相棒も、遠くから何度も振り返りながら、去って行った。

二人の盗賊は、少年の古びた長靴に、わずかな食料を入れて残してくれていた。少年はそのうえに草と葉を詰め込んで、出発した。だが川を渡ろうとしたとき、長靴は流されてしまった。

その瞬間、少年は空性を悟った心の本性の境地に入り、そのまま川を渡った。ゆったり歩きながら、行為の因果について考えをめぐらした。

気持ちのいい野原にたどりつくと、裸になって服を乾かした。そして、次のように祈った。

「因果はあやまつことがない、とブッダはおっしゃったけれど、本当にそのとおりだ。虚空を満たすすべての有情たちが犯した、盗みなどの不善のカルマが、すべてわたしに熟しますように！過去、現在、未来における自分の善なる行為によって積んだ功徳が、自分を襲った二人の追いはぎとすべての有情のものになり、すべての有情がブッダになりますように！」

そして、これからブッダの悟りにいたるまで、盗みなど十の不善の行為はけっしてするまい、と固く決意した。[24] 少年は、無一物で家に帰り着いた。

前世の記憶と因果について、母親に話した。母は、生きて帰れたのは三宝のおかげだわ、と言って喜び、因果を深く信じるようになった。

それからも、少年は物乞いを続けた。もらったカブやツァンパは家に持ち帰った。儀式のときに外に放置されるトルマがあれば、拾って食べた。行者の中には、錫の食器をくれる人もいた。

十二歳になるこの年の秋、また雹が降り、伝染病がはやり、霜が降りた。再び饑饉がやって来た。冬になると、少年は豊かな収穫のある地域に物乞いに行った。だが、誰も何もくれない。母は泣いた。少年は歌った。

お母さん、泣くのをやめて息子の歌をお聞きなさい。
豊かな里も無常。貧しいわたしたちも無常。
幸福も苦しみも、昨夜の夢のようなもの。
無常のなかにあるものに、善し悪しがあるでしょうか。
富める者が食べたり、飲んだりする物は、すべて苦しみの因となるばかり。
貧しい親子が、物乞いして得た食べ物は、まっとうで清らかです。
何年も食べ物、飲み物を得ることのできない餓鬼たちは、
かつて貪欲に取り憑かれ、物惜しみしたものたち。
悪しき罪によって得たのではない食べ物こそが、最高だとブッダは説かれました。
どうか、この清らかな食べ物で、心を満たしてください。[25]

極貧で着るものもなく、物乞いの途中、眠る家もなく、親子は草の茂みを宿とした。家畜の糞を乾かした燃料を保管する小屋を見つけて泊まろうとしても、追い出される。物乞いしても、何日も何ももらえない。ほかの乞食が投げ捨てる食べ物や、法要で供物として使われるトルマを拾って、生きながらえた。

そんなある日、法要に行くと、かつて生後六日の自分を菩薩の化身と認定してくれた、チャグドゥ寺のラマ・ナムダクが、導師をつとめていた。ラマ・ナムダクは、ひどく渋る施主を説得して、法要の列の端に座れるようにしてくれた。

少年の姿を見て、ラマ・ナムダクは何度も涙を流した。集まった行者たちから食べ物を集めると、タシ・トンドゥプの袋の中に入れてくれた。ジグメ・クンサンというチャグドゥ寺の別のラマも、おいしい食べ物をくれた。参列した僧侶たちが少年をあざけると、ジグメ・クンサンはいさめた。「やめなさい。サキャ・パンディタ[26]はおっしゃった。「すぐれた徳をそなえた聖者でも、格好がみすぼらしければ、人に嘲られる」「素晴らしい宝は地面の下にある。すぐれた徳をそなえているのは、貧乏人の息子だ」とな。地獄に落ちる悪業をつくることになるぞ。」

さらに少年に向き直ると、言った。「あなたの名声は、十方に広がるだろう。」

法要が終わり、タシ・トンドゥプは家路についた。ところがその途中、森の近くでまたもや、二人の盗賊に食料を奪われたのである。その瞬間、前世でネパールにいたとき、乞食から金貨を奪ったことを思い出した。少年は歌った。

行為の因果は真実であると示してくださる守護者よ、お見守りください。
あなたたち二人は、父と母のようなもの。
負債を正しく返してもらう権利を持っている。
だから、わたしに悲しみは、胡麻粒のかけらほどもない。
よもや悲しんだとすれば、真実を説く三宝によって、罰せられることだろう。
因と果はあやまたない。なんと素晴らしいことだ！
前世で、わたしは悪をなした。ネパールでアロという男だったとき、
わたしは権力と富を持ち、生命に溢れていた。

そのとき、あなたたちは食べ物を乞い、砂の中に金貨を見つけた。

わたしは半分だけ渡し、半分は自分のものにした。

そのカルマはいまだ尽きず、何回布施しても、支払いは続く。

負債は払わなければならない。

だから、二人は正しいことをしているのだ。

このすばらしき食べ物を供養した善根によって、
あなたたち二人が、カルパの海が尽きるそのときまで、
すべての来世において、福徳と智慧の二つの集積を完成しますように！

大海のごとき無尽蔵の宝の蔵を楽しみ、無数の有情を教化し、成熟させますように！[27]

こうして、少年タシ・トンドゥプは九歳からの数年間を、殴られ、嘲られ、盗まれながら、乞食として生きた。

埋蔵宝発掘者——前世を思い出す

貧困と窮乏のさなかにあって、少年は修行を続けた。そのおかげで、十三歳になるころには、心の汚れをきれいに拭い去り、密教のすぐれた修行者だった過去生について、はっきり思い出すことができるようになっていた。

特に重要なのは、かつてウディヤーナ生まれの偉大な行者、パドマサンバヴァの弟子として秘密の口伝を受け、修行したときの記憶が、鮮やかに蘇ったことだ。

パドマサンバヴァは、八世紀にチベットのティソン・デツェン王の宮廷に招かれ、高度な密教を伝えた。その弟子たちは、菩薩としての誓願にもとづいて、利他のためにくりかえし転生し、自分が授かった大切な口伝を、文書としてあらわす埋蔵宝典発掘者としての運命を持っている。少年は、前世で埋蔵宝典発掘者のサンギェリンパや、ニンマ派とカギュ派の密教のエッセンスを統合したツェレ・ナツォク・ランドル（一六〇八〜?）として生まれ変わったときのことを、はっきり思い出した。

同じころ、タシ・トンドゥプは、後半生の活動にとって決定的に重要なヴィジョンを見た。夢とも現《うつつ》ともつかない中で、密教の女神ヴァジラヨーギニーの浄土であるケチャリに行き、発掘すべき埋蔵宝典について、授記を与えられたのである。

ヴァジラヨーギニーは、大きな快楽をつうじて、完全な悟りにいたる後期密教の「楽空不二」の道において、最も大切な女神だ。その浄土であるケチャリは、快楽と光の戯れに満ちている。

少年のヴィジョンの中で、ヴァジラヨーギニーは、赤い裸身に骨の装飾をまとい、右手には半月刀、左手には血がなみなみと入った頭蓋骨の容器を手にしていた。無数の密教の神々や女神たちが周囲を取り囲み、法身の空の境地を象徴する「フーム」という声を発している。神々はタシ・トンドゥプの姿を見て、「ようこそ、偉大な勇者よ！」と出迎えてくれた。

中央のヴァジラヨーギニーが、半月刀と頭蓋骨を使って、灌頂を授けると、少年に何巻かの経典を手渡した。全員が声を合わせて言った。

「息子よ、仏法の全体を丸ごと心に刻み込みなさい。いつの日か、あなたの心の本性の無限の空間に内蔵されている智慧が解き放たれ、無数の有情を導いてくれますように！」

目覚めると、言葉ではとても表現できない、素晴らしい喜びと幸福感が、全身を満たしていた。それは空性と光明が不二である心の本性から湧き出してきたものだった。

それだけではない。このときを境に、タシ・トンドゥプの心は明晰に輝き、出会った人々の前世の行為と今生の出来事の関係について、はっきり見抜くことができるようになった。

十五歳の年、タシ・トンドゥプは、埋蔵宝典発掘者だった伯父から、慈悲の女神であるターラの灌頂を受けた。それ以降、心の本性にとどまる能力は大きく成長した。ついには夢の中の光のヴィジョンにもとづいて、自分の埋蔵宝典の修行を行い、仏画を描き、見たこともないインドのランツァ文字で、石に真言を彫ることができるまでになった。

観音菩薩のヴィジョン

十八歳のとき、タシ・トンドゥプは、夢の中で、人々が閻魔大王の前で裁きを受け、それぞれのカルマによって、次の世界に向かうのを見た。ある者は「殺せ、殺せ」という声の中で、すさまじい恐怖を味わい、地獄の獄卒に引き立てられていく。ある者は上の世界に向かう。

「たとえ地獄に行って、真っ赤に溶けた銅の窯の中で煮られたとしても、怖くはない。だが、悪趣に落ちる者たちのなんとあわれなことか！」

強烈な慈悲とともに、タシ・トンドゥプは、密教の師と三宝に祈りをささげた。すると白い観音菩薩が、ほほ笑みながら、姿をあらわした。タシ・トンドゥプは聞いた。

「わが師なる観音菩薩よ、かつて父であり、母であった生きものたちを、解脱に導く方法はないのでしょうか?」

聖なる菩薩は答えた。

「方法はあります。その慈悲の心をしっかり保ったまま、わたしのあとをついて来なさい。」

観音菩薩のあとについて、水晶でできた階段のような道を上ると、素晴らしい浄土にたどりついた。すべての望みをかなえる如意宝樹や、不死の甘露が湧き出る泉。さまざまな美しい花が咲き乱れ、鳥たちは観音菩薩の真言を歌っていた。

浄土の中央には宝石でできた宮殿があり、真ん中の玉座には観音菩薩が、ニルヴァーナをもたらす十三の宝に飾られ、座っていた。左右には白ターラと緑ターラが、その周囲には無数の菩薩たちとインド、チベットの聖者たちがいる。

「慈悲深き師よ、悪趣に向かう生きものを解脱させる方法を教えてください。」タシ・トンドゥプは祈った。

すると、観音菩薩は、大きな据え付けのマニ車であるジョコル(「聖なる菩薩の法輪」:jo 'khor)を右手に持ち、ぐるぐると回し始めた。観音菩薩と周囲の菩薩、聖者たちはみなで、「オーム・マニ・ペメ・フーム」という観音菩薩の真言を唱える。

観音菩薩は、何回も何回も真言を唱え、大ぶりのジョコルを回転させせた。それからタシ・トンドゥプの頭頂にジョコルを押しあてると、「これと同じ法輪を転じ、有情たちを救いなさい」と言った。

夢から目覚めたタシ・トンドゥプは、地獄の住人たちに対する強烈なあわれみと、聖なる観音菩薩とその浄土のことを思って湧き上がるような喜びを、同時に感じた。

夢について説明すると、母は言った。

「観音菩薩とその浄土のヴィジョンを見たのは、本当によかった。でも、誰にもしゃべってはいけませんよ。この汚れた時代、神を見た、悪魔を見たという人はごまんといる。誰も信じてはくれないでしょう。」

タシ・トンドゥプは言った。

「聖なる観音菩薩は、ジョコルを回すのは、素晴らしいことだとおっしゃったよ。」

その言葉を聞いて、母は自分が見た夢について、話した。

山頂から燦燦と輝く太陽が昇り、空は虹に満たされている。そこに無数のラマたちが姿を現し、ジョコルを回しながら、パドマサンバヴァと観音菩薩に捧げる祈願の言葉を唱えた。それからタシ・トンドゥプにジョコルを手渡したのである。タシ・トンドゥプがジョコルを回すと、無限の光が放たれ、世界中を満たした。

吉祥な未来が訪れることを告げる夢にちがいない。母と息子は一か月かけて、いろいろな材料を集め、丹念にジョコルをつくると、伯父のクンサン・ドゥジョムに加持してもらった。

加持する前夜、伯父はたいそう吉祥な夢を見た。花々が咲き乱れる平原の真ん中に法座があり、その上には白い傘がさしかけられていた。法座には、甥のタシ・トンドゥプが座り、説法の最中だった。さまざまな奇瑞が空間を満たしている。ジョコルを持って旅すれば、きっとたくさんの生きものを利することができるにちがいない。

父方の親戚の一人が道連れになってくれることになった。こうして、少年は、ジョコルを手に放浪するマニパ（ma ni pa）になったのである。

マニパ

マニパは、死後の世界や行為の因果を物語り、観音菩薩の真言の功徳を説きながら流浪する行者である。地域によって、ロチェン（lo chen）あるいはブチェン（bu chen）と呼ばれることもある。[28]マニパたちは、中世の日本に出現した説教師や絵解き、熊野比丘尼といった宗教者たちとよく似た性格を持っている。説教師たちは、各地を放浪し、哀切な節回しとともに、「甲賀三郎譚」や「小栗判官」といった説教節を物語った。また絵解きや熊野比丘尼たちは、熊野をはじめとする聖地の由来を語るマンダラ図を持ち歩き、聖地巡礼の功徳を説いた。

そうした中世日本の流浪する宗教者たちと同じく、マニパたちは、独特の節回しで死後の世界を物語り、因果と無常を説くことで、十三世紀ごろから、文字の読めない民衆たちに、仏教の基本的な教理を伝える役割を、チベットにおいて果たしてきたのである。

マニパには、独特の持ち物がある。一つ目は、ジョコルと呼ばれる、観音菩薩の真言やほかの陀羅尼を内部に納めた大きなマニ車だ。二つ目は、観音菩薩の浄土や極楽浄土を描いた仏画である。

さらにもう一つ、マニパたちは、タシゴマン（bkra shies go mang）という、パドマサンバヴァの浄土であるサンドペルリ（「銅色の吉祥な山」zang mdog dpal ri）や、カーラチャクラ・タントラの浄土であるシャンバラを模した立体マンダラを、厨子《ずし》に入れて持ち運ぶこともあった。

大きなジョコルをどっかと大地に据え置き、仏画や立体マンダラの細部を、細長い棒でさし示す。大きな身振りと、哀切な節回しで、カルマや無常を物語るマニパたちの主な演目は、死後の世界をめぐるものだった。

チベット人は、いったん仮死状態になって死後の世界を体験し、蘇った人々を、「デロク」（「死から蘇ったもの」'das log）と呼び、霊的天才として、大きな信仰の対象としてきた。デロクたちが、臨死体験にもとづいて語る死後の世界は、今でもチベット仏教の大切な要素となっている。

リンザ・チューキやカルマ・ワンズィンにはじまり、二十世紀のダワ・ドルマ、シュクセプ・ジェツンマ、セラ・カンドーにいたるまで、チベットには、デロクたちのかいま見た死後の世界を記録した、たくさんの文書が残されている。

マニパたちは、デロクが目にした死後の世界の情景を物語り、そのあいまにいくつもの異なるメロディーで観音菩薩の真言を歌い、カルマと無常の真理を説く。人々は、美しい歌声と語りによって描き出される、死後の世界と因果の物語に、じっと聞き入り、涙した。

マニパの由来は、山から山へ無一物で放浪し、洞窟でヨーガと瞑想修行に専念するニンマ派やカギュ派の行者たち、さらに宗教オペラであるアチェ・ラモを創造した密教行者タントン・ギェルポと深く結びついている。僧院のヒエラルキーに属すことなく、ぼろぼろの僧服を身に着けて放浪するマニパたちは、宗教と芸能の境を揺らぐ存在だった。

マニパの多くは、ニンマ派かカギュ派の行者だった。農耕も牧畜も行わない。冬の数か月間を故郷の村で過ごすほかは、観音菩薩の功徳を説きながら、旅を続ける。僧院で長い年月をかけて、論理学や仏教の複雑な哲学を学ぶ人々からは、金銭のために仏教説話を物語る、いかがわしい存在とみなされることもあった。

だが文字の読めない人々にとって、マニパは仏教と死後の世界について、絵解きをつうじて、わかりやすく説き明かしてくれる、このうえなく重要な存在だった。民衆教化のはたらきによって、マニパたちはたいへん大きな功徳を積む、と考えられてきた。

「マニパの身なりはみすぼらしい。だが閻魔大王の前に立ったマニパには、何一つ恐れるものがない」という諺は、こうしたマニパの社会的役割について、巧みに表現している。

慈悲の化身である観音菩薩は、生きている間、修行によって十分に罪を浄化することができないまま臨終にいたり、死後の中有をさまよう者を救ってくれる。マニパは、デロクの物語の節目で、観音菩薩の功徳を説き、さまざまな美しいメロディーで、観音菩薩の真言を唱える。聴衆たちは、それに唱和する。

こうしたマニパたちの活動は、チベットにおける観音信仰の広がりに、たいそう大きな役割を果たしたと考えられている。

チベットの強烈な観音信仰は、十一世紀半ばに遡る。インドからやってきた偉大な学僧アティーシャ（九八二〜一〇五四）は、「ラサの狂女」の授記にしたがって、ラサのジョカン寺の柱から、観音菩薩の化身とされる、ソンツェンガンポ王（五八一〜六四九）の遺言を取り出した。

その後、ニャンレル・ニマ・ウーセル（一一二四〜九二）によって、観音菩薩とチベットの深い縁が説かれると、その信仰はさらに急速に広がった。

最も由緒の古い転生化身である歴代のカルマパは、観音菩薩の化身とされる。カギュ派の重要な導師だったカルマパ・ドゥスム・キェンパ（一一一〇〜九三）を第一世とするカルマパの転生化身制度は、この時代に始まった。

観音菩薩信仰は、さらにグル・チョワン（一二一二〜七〇）によって、大きく推し進められた。グル・チョワンは、仮死状態の中で、死後の世界に旅するデロクの一人であり、観音菩薩の真言の功徳を語る多くの説話を書き残した。現代のマニパたちの多くは、このグル・チョワンが、自分たちの伝統の祖先だと考えている。

タントン・ギェルポ（十四世紀）も、マニパと深い縁で結ばれている。タントン・ギェルポの弟子には、数人のマニパたちがいた。ある日弟子に心の本性についての教えを請われたタントン・ギェルポは、仏教全体の原理を明らかにする口伝の言葉を授けた。その言葉は、マニパの物語りの幕開けの口上として、現在でも使われている。

またタントン・ギェルポは、ラトナバドラという弟子に、マニパになるための特別な灌頂と教えを授け、「ロチェン」（lo chen）という名前を与えたとも伝えられる。「ロチェン」というマニパの別名――特に中央チベットで用いられる――は、このタントン・ギェルポの伝統に出来している。

ゾクチェンの導師たちと出会う

マニパになれば、世界に大きな利益をもたらすことができる。親子の見た夢は、きっと正夢だったのだろう。この時期を境に、タシ・トンドゥプの人生は、大きく変わった。

ニャロンからさらにカム地方全域へ、放浪するタシ・トンドゥプたちは、各地で歓迎され、信仰深い牧畜民たちは、一行をその野営地に招いた。

大空に太陽と月が何百も昇り、仏法を告げ知らす法螺貝の音が十方に響きわたる。何百万人もの人々が、麗しい宝石でできた階段を上り、宝石の山に向かっていく……。人々は、マニパたちが到着する前から、さまざまな吉夢を見た。

若いマニパの一行は馬で移動しながら、ジョコルを回し、デロクのかいま見た死後の世界を物語った。またカルマパのあらわした祈願の言葉を唱え、人間として生まれるのがきわめて稀な機会であること、無常、死、行為の因果、輪廻の苦しみ、殺生の戒め、観音菩薩の真言の功徳などを説いた。この時期を境に、親子が餓えに苦しむことはなくなった。

さらに重要なのは、「ジョコルを持ち運ぶラマ」、タシ・トンドゥプが、このころからニンマ派の密教の奥義であるゾクチェンのすぐれた導師に出会い、その教えを受けるようになったことだ。最初は二十一歳のときのことだ。この年、ニャロンを東西に二分する部族対立が起こった。タシ・トンドゥプ親子もこの紛争に巻き込まれ、住み慣れたカンツェクから、リナンという土地に移らなければならなくなった。

このとき何とも幸運なことに、タシ・トンドゥプは、紛争の和解役としてやって来たイェシェ・ドルジェに出会い、ゾクチェンの教えを授けられたのである。

イェシェ・ドルジェは、十七世紀にロンチェン・ニンティク（「ロンチェン・ラプジャムの心臓のビンドゥ」）の体系を発掘した偉大な埋蔵宝典発掘者、ジグメリンパの意密[29]の転生化身で、ゾクチェンの高度の悟りと、世間の常識を超越する狂気の知恵によって知られていた。

タシ・トンドゥプは、この導師から、ロンチェン・ニンティクの灌頂、伝授とともに、最も高度なゾクチェンの瞑想指南書である『至上の智慧』（イェシェ・ラマ：ye shes bla ma）の伝授と口伝を受ける幸運に恵まれたのである。

さらにイェシェ・ドルジェのおかげで、親子は敵地での軟禁状態から解放され、故郷に戻ることができた。

このときから、未来の埋蔵宝典発掘者タシ・トンドゥプは、十人あまりの導師に師事し、密教の教えを丸ごと学びとることになったのである。

特に重要なのは、伯父のクンサン・ドゥジョムの埋蔵宝典が、光に満ちた法界から湧き出すプロセスに立ち会う幸運に恵まれたことだ。法界から溢れ出す言葉を、伯父が口述する。タシ・トンドゥプは、その叡知の言葉を、文字に書き記す役割を果たしたのである。

タシ・トンドゥプは、この世に出現したばかりの埋蔵宝典の儀軌を行じ、各地を旅して仏法を説く伯父の助手となった。クンサン・ドゥジョムは旅の途中、心の本性や、埋蔵宝典の発掘のプロセスについて、同じ運命を持つ甥が抱いている疑いを、きれいさっぱり晴らしてくれた。

その後も、青年は多くのラマから順調に教えを受け続けた。

だが密教修行の道には、たくさんの落とし穴がある。「教えが深ければ、魔もまた深い」。パドマサンバヴァの言葉は、そのことを端的に表現している。

二十四歳になるころ、青年は「魔」に出会うことになった。独身の誓約を守っているのに、強烈な性欲に駆られるようになった。美しい服を身に着け、欲望に身をまかせたくなる。そのとき救ってくれたのは、またもや、パドマサンバヴァの忿怒相であるペマ・ダクポの修行だった。

夢の中で、少女が誘いをかけてくる。それが悪魔の呪詛であることを見抜いたタシ・トンドゥプは、ペマ・ダクポに変身すると、その髪の毛をつかみ、地面に九回たたきつけた。すると、少女は赤い鳥に姿を変えた。さらに地面に九回たたきつけると、今度はふくろうになる。さらに九回たたきつけると猿になる。さらに九回たたきつけるとねずみになる。それを九回地面にたたきつけると、白いア字になった。

ཨ《ア》

ボン教の豊かな伝統を継承したチベットは、精密なデモノロジーを持っている。このデモノロジーと結びついた夢の解釈コードにおいて、さまざまな動物は、異なるタイプの精霊や悪霊を象徴している。タシ・トンドゥプの夢は、欲望、怒り、無知に結びついたさまざまな魔が、法界の空性の空間に解き放たれたことを、意味していた。

この夢を境に、タシ・トンドゥプは粗大な煩悩から解き放たれ、あらためて清らかな出離の念を抱くようになった。

その翌年、二十五歳になったタシ・トンドゥプは、ペマ・ギュルメ・サンギェという師に出会った。青年の顔を見た瞬間、ペマ・ギュルメ・サンギェは言った。

あなたは、たくさんのすぐれた師たちの化身にちがいない。ゆうべ、夢の中で一人のヨーギが姿をあらわして、「自分は、アティーシャ、ミラレパ、ツェレ・ナツォク・ランドルの化身だ」と言うんじゃよ。行者は、水晶の山の頂に立っていた。その山に続く白い道を、何百万もの人々が歩いていた。

ペマ・ギュルメ・サンギェは、ロンチェン・ニンティクの灌頂を授け、タシ・トンドゥプの将来に起こる出来事について、詳しい予言を与えるとともに、ペマ・ドゥドゥル（「魔を教化する蓮華」）という名前をつけてくれた。青年は、その後一生にわたって、この名前を使った。

チベットでは、帰依の戒律を受けたり、密教の灌頂を受けるたびに、さまざまな名前が与えられる。青年が、ペマ・ギュルメ・サンギェに与えられた名前を名乗るようになったのは、この師に格別に深い縁を感じたからだと考えられる。

ペマ・ギュルメ・サンギェに与えられた灌頂と授記のせいだろうか。故郷に帰った青年ペマ・ドゥドゥル――これからはこの名前を使うことにしよう――は、ついに深い三昧の光のヴィジョンの中で、女神たちから埋蔵宝典の鍵となる経典を、手渡された。

清らかな空性の空間に、青、白、黄、赤、緑の五人のダーキニー女神が姿をあらわし、ペマ・ドゥドゥルに、にっこり微笑みかけた。それから手に持った五色のダーキニー文字で書かれた経巻を、手渡してくれたのである。

ダーキニー文字は、大乗仏教でマントラを表記するのに使われるランツァ文字に似た形の文字だ。数個の文字やごく短い一節をつうじて、深い意味を象徴的に表現する力を持っており、読むことができるのは、埋蔵宝発掘者に限られる。

このときヴィジョンの中で、ダーキニー文字で書かれた経典を手渡されたのは、十代の半ば、ヴァジラヨーギニーの夢に始まった埋蔵宝発掘者としてのプロセスが、はっきり次の段階に入ったことを意味していた。

だが、ペマ・ドゥドゥルがこのダーキニー文字の意味を完全に解読し、チベット語に書きあらわすことができるようになるのは、後で述べるように、さらに十年以上たって、長期の隠棲修行に入ったときのことだった。

三十歳の年、ペマ・ドゥドゥルは、最も重要な根本の導師であるギュルメ・チューイン・ランドルに出会った。

「今生において、完全なブッダの境地を成就することができる口伝を与えてください」

祈願するペマ・ドゥドゥルの言葉を聞いて、師は、ロンセル・ドルジェ・ニンポの灌頂を授けるとともに、心の本性の中に完全にリラックスするテクチュー（「断束」）と、存在の土台に内包されている光を取り出し、物質の体を「虹の身体」に変容させるトゥゲルの完全な口伝を与えてくれた。

この師のもとで、ペマ・ドゥドゥルは、頭頂から意識を抜いて極楽浄土に向かう「意識の転移」（pho ba）や、脈管、風、精滴からなる微細な身体に取り組む「脈管と風」の修行にいそしんだ。[30]

「脈管と風」の修行には、栄養のある食べ物が必要だ。灌頂を受けるための供物として持参したバターやお茶を、洗いざらい捧げてしまった青年を見て、師の身の回りの世話をする僧が、食料を恵んでくれた。

ギュルメ・チューイン・ランドルは、ほかにもロンチェン・ラプジャムの埋蔵宝典である『四つの心臓のビンドゥ』やロンチェン・ニンティク、リグズィン・グーデム、ラトナリンパ、ドゥドゥルリンパの埋蔵宝典など、膨大な量の教えを授けてくれた。

ペマ・ドゥドゥルは、この師のもとで、心の本性をめぐるすべての疑いを取り除き、ゾクチェンの見解について、はっきりした確信を得ることができた。

その途中、心の本性をまぎれなく理解し、修行を深めるためにどうしたらいいか、問うた。師は、「心の本性とじかに出会う直指教導を、たくさん受けることだ」と答えてくれた。

伝授が完全に終わり、別れのときが近づいた。若きペマ・ドゥドゥルは、「インド、中国の聖地をめぐりながら、修行を続けたいと思います」と師に言った。師は強く叱った。

「外の聖地を探し求め、放浪しようと考えるのは心が散失しているしるしだ。外ではなく、心の中を見つめなさい。故郷のランランの聖地で、一生修行するのがよい」

ペマ・ドゥドゥルは、この言葉を守り、ランランの聖地で隠棲修行を続けると約束した。

ペマ・ドゥドゥルは、その後も各地で、さまざまなすぐれた師から、灌頂と教えを受けた。

さらに数年後、三十代のなかばにさしかかったころ、デルゲ・リタン連合軍とニャロンのあいだで戦いが始まった。混乱に巻き込まれるのを恐れたペマ・ドゥドゥルは、ブグタという土地に移り、およそ二年間その地にとどまった。

トゥゲルと暗闇の修行

その後、故郷に戻ったペマ・ドゥドゥルは、テクチューとトゥゲルの修行に専念した。

トゥゲルの修行は、ヴィジョナリーな光の体験や神通の力を、急速に育てる。この時期、ペマ・ドゥドゥルは、さまざまな浄土に旅し、ブッダたちから授記を受けた。

ヴィジョンの力が成長するとともに、埋蔵宝典発掘の作業も、進むようになった。数え年三十七歳のとき、ペマ・ドゥドゥルは、ランラン山の岩から、パドマサンバヴァが埋蔵した教えのリストを取り出し、それに関連するマンダラを目の当たりにした。さらに、岩の上に手形や足跡を残した。

その翌年、ペマ・ドゥドゥルは、今度はクンドゥン・リンポチェという転生化身から、「ヤンティ・ナクポ・セルキドゥチク」(「黒い至高の精髄——唯一なる黄金の文字——」)をはじめとする、多くの密教の灌頂と教えを受けた。

ヤンティ・ナクポは、長期間真っ暗な闇の中にこもる「暗闇の隠棲修行」を核心とする。この暗闇の修行は、ゾクチェンの教えの中で、トゥゲルとならんで最も高度とされ、光のヴィジョンを急速に成長させる。[31]

教えを受けるとすぐに、ペマ・ドゥドゥルは暗闇の修行に入った。光に満ちた智慧は燃え上がり、ペマ・ドゥドゥルは、真暗闇の中でペンを取り、法身の歌をはじめ、奔放に湧き起こってくる悟りの歌を、文字にしたためた。

またあるときは、心の本体を青いフーム字として観想し、頭頂から抜き出すと、パドマサンバヴァをはじめとするブッダたちの浄土に行き、授記を受けた。

洞窟にこもる

クンドゥン・リンポチェのもとから、家に戻ったペマ・ドゥドゥルは、母親と弟に別れを告げ、すぐれた行者たちがかつてこもった小さな洞窟で、長期の隠棲修行に入った。

ランラン山（写真O.Aguilar, Yeshe Dorje, *The Cloud of Nectar* より）

ニャラ・ペマ・ドゥドゥルの足跡（写真O.Aguilar, Yeshe Dorje, *The Cloud of Nectar* より）

ゾクチェンの修行の核心は、心の本性にとどまることにある。そのための最も重要な方法は、師の悟った心と一体になるグルヨーガだ。ペマ・ドゥドゥルは、グルヨーガをくりかえし行じ、パドマサンバヴァに加持を与えてくれるように祈る「七句の祈り」（ツィクドゥン・ソルデップ：tshig bdun gsol 'debs）を、何百万回も唱えた。

さらに心の本性にとどまり、ゆったりくつろぐテクチューと、光のヴィジョンを育てるトゥゲルの瞑想に専念した。

ゾクチェンの修行は、心の本性の悟りを連綿と伝えてきた、導師たちの血脈の加持によって、はじめて可能になる。そのためには、密教の戒律である三昧耶戒の汚れを浄化することが、たいそう重要だ。ペマ・ドゥドゥルは、三昧耶戒の汚れを浄化し、福徳を積むための供養の儀軌も続けた。

こうした修行のおかげで、心の本性を覆っ

ていた雲は、さっぱり取り払われた。そしてついに、かつて二十六歳のときに、光のヴィジョンの中で、五人の女神から手渡された五色の秘密の文字で書かれた教えの中身を、チベット語の埋蔵宝典として書きおろすことができるようになったのである。ダーキニー文字の経典を渡されてから、十一年が経っていた。

埋蔵宝典は、その時代にふさわしい特徴を持っており、世界に広がる災厄を取り除くうえで、とても大きな役割を果たすことができると考えられている。そのため、埋蔵宝典発掘者たちは、大地の下や岩の中から取り出し、あるいは光のヴィジョンの中で姿をあらわした埋蔵宝典を、利他のために広げる責任を負っている。

けれどもまずはその前に、はっきりしたしるしがあらわれるまで、誰にも言わず、自分で修行することが必要だ。ペマ・ドゥドゥルは、真新しく世界に姿をあらわした自分の埋蔵宝典の儀軌にもとづいて、本尊のマンダラを観想し、その真言を唱える修行に入った。さまざまな修行のしるしや神通が、あらわれるようになった。

その一つは、自然のエレメントを自在にコントロールする力だった。あるときペマ・ドゥドゥルが枯れ木を手にすると、水が滴り落ちてきた。また僧院の部屋にいて、あやまって外から扉に錠をかけられたときには、しばらく黙って心を集中すると、自然に扉が開いた。

また、タクラ僧院の住職をつとめる伯父の部屋で、パドマサンバヴァへの「七句の祈り」を唱えたときには、五色の虹の光に包まれたパドマサンバヴァが姿をあらわした。

身近な人々は、こうしたさまざまな光景を目の当たりにし、このヨーギに深い崇敬の念を抱くようになった。

チューレン——自然の精髄を取り出す

再びランラン山に戻ったペマ・ドゥドゥルは、仏塔の形をした水晶の岩の下にある秘密の洞窟の中で、チューレンの修行に入った。

ニャラ・ペマ・ドゥドゥルの隠棲洞窟（写真 O.Aguilar, Yeshe Dorje, *The Cloud of Nectar* より）

チューレン（bcud len）は、「自然のエレメントの精髄を抽出する」ことを意味する。この言葉は、チベット医学と密教のそれぞれの文脈において、異なる意味で使われる。

チベット医学におけるチューレンは、若返りや強壮を目的に、薬草、特殊な加工を行った水銀、方解石をはじめとする鉱物、動物の肉、蜂蜜、加熱して水分を飛ばし濃縮したバター（ギー）などを成分としてつくられる丸薬を指す。チューレンの成分の多くは、強精剤であるロツァ（ro tsa）と共通しており、腎臓のはたらきを強化する役割を果たす。

一方密教におけるチューレンは、こうした丸薬を取りながら、あるいはそれなしで、ほぼ断食状態で、特殊な瞑想を行うことを意味する。チューレンの修行によって、身体の不純物は浄化され、食物への欲望から解放される。それによって、人間たちの住む世界から完全に隔絶した場所で、修行を続けることができるようになる。

チューレンは、もともとインド語の「ラサーヤナ」のチベット語訳にあたる。インドにおけるラサーヤナはある時期から、長寿や錬金術、さらにタントラの修行と密接に結びつくようになった[32]。インドから密教と医学の全体を移植したチベットは、この伝統を現代にいたるまで忠実に受け継ぎ、発達させてきたのである。

チューレンの修行は、伝統によって少しずつ違っている。ペマ・ドゥドゥルは、背をかがめないと入れないような小さな洞窟で、前世でパドマサンバヴァから学んだチューレンの修行に専念した。ペマ・ドゥドゥルの発掘した埋蔵宝典に含まれるチューレンは、「三身のチューレン」と呼ばれ、九つの段階からなっている[33]。

最初は「法身のチューレン」で、さらに三つに分かれている。「法身の法身」のチューレンを行じたときには、一週間何も口にせず、昼も夜も心の本性の境地にとどまり続けた。次の「法身の報身」のチューレンの段階では、清らかな水とチューレンの丸薬を一日一粒取るだけで、三年間修行を続けた。

次は「大楽なる報身のチューレン」だ。「報身の法身」のチューレンでは、鉱物でつくった丸薬を一日一粒と、清らかな水だけを取って瞑想した。次の「報身の報身」のチューレンでは、チドリソウ[34]を成分とする丸薬と水だけを取った。「報身の応身」では、治病とともに体力を増強させる効能を持つ薬材[35]で作った丸薬と清らかな水だけで、修行を続けた。

この報身のチューレンを修行しているときには、高山に住むヤマウズラや小さな猫が、洞窟の近くに生えている薬草の花を持って来てくれた。またミツバチは心地よい羽音をたて、陶器の器に蜜を運んできた。

「応身のチューレン」は、「応身の法身」、「応身の報身」、「応身の応身」の三つに分かれている。この「応身のチューレン」を行じるときには、薬草や花だけを摂り、あるいはミルク、バター、ヨーグルトの「三つの白いもの」だけを口にした。「オーム・マニ・ペメ・フーム」という観音菩薩の真言を唱えながら護身用の紐をつくるとき以外は、完璧な沈黙を守った。

このチューレンの隠棲修行以後、ペマ・ドゥドゥルは、二度と肉、ニンニクを口にすることなく、鉱物や花のエッセンスや「三つの白いもの」、あるいは精製したバターだけで、修行を続けるようになった。

人跡を絶した山の洞窟で、一人修行を続けるペマ・ドゥドゥルの心は、明晰に輝いた。そのもとには、東チベット各地の土地神が次々に姿をあらわし、その命にしたがって仏法を守ることを誓った。ぼろをまとったヨーギは、土地神たちに、善を積み、人々の幸福のためにはたらくように命じた。またそれぞれの土地神のために、ヒノキの葉やヨモギを燃やした香煙を、甘露に変えて供養する柴燈護摩（bsang）のための儀軌を書いた。

ある日、そんなふうに修行を続ける息子のもとに、母がやって来た。

「誰もいないこんなところに住んで、亀のように石を食べたり、まるで家畜のように渦巻く流れから水を飲むのは、もういい加減やめにしなさい。わたしの望みをかなえて、恩返しをしておくれ。わたしが死ぬまで、先祖たちの跡を継いで、お寺を立派に守っておくれ。」

それにこたえて、ペマ・ドゥドゥルはこんな歌を作った。

オーム・マニ・ペメ・フーム。
三世のブッダを一身に集めた、一切知なる父なる師よ、
ニャロンのランラン山の洞窟に住む息子を、お見守りください。
息子のわたしが善なる修行を実践する、その因果によって、
母の心の連続体が解脱するよう、ご加持ください。

恩義あるお母さん、
慈愛の心とともに、お役に立つ言葉を語りますから、お聞きあれ。

心持ちは大きく、嘆きと心配は小さく、生きましょう。
今生に集まる喜びや幸せが大きければ大きいほど、来世の苦しみは大きくなる。
仏法のために苦行し、精進すればするほど、来世の喜びと幸せは大きい。

輪廻が始まってから、今まで起きたすべての出来事は、
無常にして、何もない青空のよう。
幻などの十の比喩で説かれるごとくであることに、まちがいはない。
この真理をはっきり理解することを、「心持ちが大きい」というのです。
あなたは、あたたかい慈愛によってわたしを育ててくださいました。

その恩に、わたしは報いているのです。

山の瞑想小屋で修行を続けることが、恩返し。

母親が仏法と出会うことが、恩返し。

修行の仕方を知ることが、恩返し。

仏法の名で不正に集めた富を差し上げることが、恩返しではありません。

今生は、その富に満足するかもしれない。でも、来世は地獄の底に沈むことになる。

吉祥なるシェペードルジェ[36]はおっしゃった。

「不正な富は生命を断つ剣。貪欲に食えば、解脱の命息は根こぎになる」と。

この言葉を、お忘れになりますな。

毒を毒と見きわめ、けっして飲んではなりません。

息子が富を集めるようにと、お望みになりますな。


わたしの姿を見て、心を痛めることはありません。

ただひとり孤独に修行するのは、大きな目的をかなえるため。

あざむくことのない守護者である三宝があり、十方のブッダの軍勢が守ってくださっている。

空を飛ぶ女神たちが、立派な眷属として仕えてくれ、
聖者の七つの財[37]という、立派な富がある。

みずからの明知の智慧という、立派な友がある。

息子のわたしの喜びと幸福は、大空にもまさるもの。

見解を決定した無為の放浪行者は、
あなたの目には見えない、素晴らしい徳を楽しんでいるのです。
そのことを知らず、母親の自分が考えた幸福について、お説きになりますな。
あなたの息子は、かつての偉大な成就者たちの跡を踏み、
すべての有情を利益するために、修行しているのです。
だから、お母さん、邪魔をしないでください。
この言葉を心に刻んで、忘れないでください。
空飛ぶ女神たちの浄土に、ともに生まれるように、祈ります。
お母さんの願いが叶いますように！

恩ある母を愛する息子が語るこの助言の言葉は、
ランラン山の岩山の頂上で、乞食のドゥドゥルという名のものがあらわした。
その功徳によって、かつて母であったすべての有情が、完全なブッダの悟りを得ますように！
オーム・マニ・ペメ・フーム[38]。

この言葉を聞いた母は、たいそう喜び、何回も五体投地してから、帰っていった。

チュー——我執を断ち切る

　四十歳を過ぎたころ、ランラン山の洞窟での隠棲修行から出たペマ・ドゥドゥルは、チャグドゥ僧院のラマ・テクチョクとともに、チュー（「切断」）の修行をしながら、各地を放浪した。

　チューは、十一世紀チベットの女性行者、マチク・ラプドゥンが創造した修行だ。観想の中で、紺青の女神トーマ・ナクモに姿を変えた行者の意識は、頭頂から一気に抜け出し、ばたっと倒れた自分の肉体を、半月刀で切り刻み、頭蓋骨の容器の中でぐつぐつ煮て、甘露や他の供物に変える。その甘露を、仏法僧や教えを守る護法尊、過去生から負債を負った生きものたち、さらにはすべての有情に供養し、布施する。

　チューの行者たちは、大腿骨でできたトランペットを吹き鳴らして、人間の世界に障りをなす悪霊たちを呼び招き、大きなデンデン太鼓と金剛鈴を巧みに鳴らしながら、哀愁を帯びたメロディーで歌う。聖地から聖地、墓場から墓場、人のいない水辺や滝のそばを、小さなテントとわずかな法具、経典だけを背負って放浪する。

　マチク・ラプドゥンが身近な弟子たちに与えた口伝には、インドの後期密教の修行や、マハームドラー、ゾクチェンの見解にくわえ、ボン教に由来する「精霊の学」の豊かな知識も流れこんでいる。チューは、チベットからヒマラヤを越えてインドに流れた唯一の教えだとされ、チベット人たちは、そのことをたいそう大きな誇りにしている。

チューは、もともとシチェ派と密接な関係を持ち、独立の血脈として存在していた。けれどもある時期から、カギュ派やニンマ派の修行者たちが、その主な担い手となった。現在でも、カギュ派やニンマ派の行者は、マハームドラーやゾクチェンの見解を得た後、その悟りを深めるために、一所不住で放浪しながらチューを行じる。ペマ・ドゥドゥルは、そうしたチュー行者たちの一人となって、東チベットの各地を流浪する旅に出たのである。

ある夜のこと、道連れのラマ・テクチョクは、吉祥な夢を見た。ペマ・ドゥドゥルが隠棲していたランラン山の洞窟の入り口から、太陽の光が溢れ出し、世界の闇を取り除いたのである。ラマ・テクチョクは、放浪の道すがら、ペマ・ドゥドゥルの高潔な人柄と高い悟りの境地に深い感銘を受けていた。それもあって、自分が育ったチャグドゥ僧院で、教えるようにうながした。その一方では、ペマ・ドゥドゥルの前世であるサンギェリンパの埋蔵宝典『導師密意集会』の灌頂を授けてくれた。

ペマ・ドゥドゥルは、ラマ・テクチョクの言葉にしたがい、チャグドゥ僧院に数か月間滞在して、ロンセル・ドルジェ・ニンポの前行を教えた。

この時期から、ペマ・ドゥドゥルの名声は、チャグドゥ僧院の周辺にしだいに広がっていった。追善回向のために、故人の財産を供養されたこともあった。ペマ・ドゥドゥルは、そのお金で多くの石に観音菩薩の真言を彫らせ、また僧院の修復を行った。

チャグドゥ僧院での法会を終えると、今度は、近くのゴンジャム僧院から招かれ、前行を教えた。ゴンジャムには、パドマサンバヴァやダーキニーたちが、仏法を象徴的に表現した文字や、観音菩薩の真言の文字を、神通で刻んだ岩が残されていた。ところが誰も気づかずにいる。ペマ・ドゥドゥルは、加持した水で、岩の表面を洗い流し、そうした文字がはっきり見えるようにした。また、ヤンシャル・ダクカルという岩山からは、隠されていた法薬を取り出した。

ゴンジャム僧院での教えが終わると、ペマ・ドゥドゥルは、墓場から墓場へ放浪するチューの修行に戻った。途中何回も悪霊が姿をあらわし、邪魔をしようとする。けれども、心の本性にゆったりくつろぎ、すべての現象は、自分の心の鏡に映し出される幻にすぎないことを知り抜く境地にとどまり続けた。

あるとき、小さなテントの入り口をしっかり閉め、眠ろうとすると、牧畜民がたくさん集まって来て、歌え、踊れの大騒ぎを始めた。ペマ・ドゥドゥルは、入り口を開けることなく、テントを透過して外に出ると、石の雨を降らして、追い払った。

そんなふうにして、あちこちの行場や墓場をめぐった果てに、故郷のニャロンにたどりついた。ペマ・ドゥドゥルは、ランラン山を正面に望む広い平原の真ん中に、住処を定めた。

すでにそのまわりには、旅の途中出会った弟子たちが集まっていた。ペマ・ドゥドゥルは、自分の弟子たちのために、故郷の聖地で、はじめて密教の教えを授けた。このころから、ペマ・ドゥドゥルは、「ニャロンのラマ」を意味する「ニャラ」を冠して、「ニャラ・ペマ・ドゥドゥル」と呼ばれるようになった。

最初に教えたのは、幼いころからよく知っているロンセル・ドルジェ・ニンポと、ヤンティ・ナクポの暗闇の修行の口伝だった。

弟子たちは、師の瞑想小屋のまわりに、石と木で思い思いに小屋を建てて、修行を続けた。そのときから、この場所は「ダクカル山の行場」（brak dkar ri khrod）と呼ばれるようになった。

大地の埋蔵宝

東チベットを放浪する旅を終え、故郷に戻ったニャラ・ペマ・ドゥドゥルを、あらたな出来事が待っていた。

ゾクチェンの修行を進めるうえでは、睡眠中も自覚を保ち続ける「光明」の修行がとても大切だ。この修行に励んでいた、ある夜明けのこと、パドマサンバヴァがチベット人の女弟子だったイェシェ・ツォギェルに命じて、チベットの大地に埋蔵した教えを、取り出すときが来た、という夢の知らせを得たのである。

大空に太陽が燦々と輝き、東の山はその光線に包まれていた。真珠貝と黄金の縄でできた階段があり、右に左に曲がりながら、山頂に続いている。宮殿に入ると、中にはパドマサンバヴァが、密教の本尊や空飛ぶダーキニー女神たちに囲まれ、黄金の玉座に座っていた。どの顔も喜びに輝き、笑いにはじけそうだ。

そのなかの一人、女神のヴァジラヨーギニーが、密教の悟りを象徴的に表現する「金剛の歌」を歌い出した。それから、ニャラ・ペマ・ドゥドゥルに向かって、「深遠な埋蔵宝を取り出すときが来ました」と、語りかけたのである。ほかの女神たちも、いつ、どこで埋蔵宝を取り出したらいいか、象徴的な言葉で教えてくれた。そこには、次のような詳しい指示も含まれていた。

偉大な聖地の岩山の上に、まるでライオンの子供が母親にじゃれかかっているような形の岩がある。その土台から大空に向かって十八尋[39]のところに、埋蔵宝が隠された秘密の部屋の一番下の入り口がある。その表面は、右回りの卍と、四つの部族のダーキニーを象徴する「ハ」「リ」「ニ」「サ」の四つの文字によって、封印されている。

そこからさらに上がって、二十一尋のところに、真ん中の入り口がある。鉄のサソリを突き刺す楔と、「ア」「フーン」の文字で封印されている。

土台から二十五尋のところには、一番上の入り口があり、十字金剛と「フリー」「フーン」の文字によって、封印されている。

どんな埋蔵宝が発掘されるのか、書いたリストももらった。それによると、黄色い紙にラピスラズリの溶液を使って書かれた二巻の経典、百二十五体の仏像と仏塔、七回バラモンとして生まれ変わった者の肉を材料とし、ただちに解脱をもたらす宝薬、そして蓮を冠した白檀の杖が、あるという。

チベットの埋蔵宝《テルマ》（gter ma）には、大きく三つの種類がある。一番目は、かつてイェシェ・ツォギェルが、聖地の洞窟や岩に隠した経典や法具、法薬を取り出すもので、「大地《サ》の埋蔵宝《テル》」（sa gter）と呼ばれる。二番目は、前世で学んだ教えが深い三昧のなかで鮮やかに蘇る「密意《ゴン》の埋蔵宝《テル》」（dgongs gter）である。三番目は、清らかな光に満ちたヴィジョンの中で、大きく見開いた目の前に神々のマンダラがあらわれ、大切な教えを授けてくれたり、あるいは空中に金色の文字で書かれた経典があらわれるものだ。

「清らかなヴィジョン《タクナン》」（dag snang）と呼ばれる。

実際には、特別な聖地から掘り出された聖なる石や、黄色い紙に象徴的なダーキニー文字で書かれた文字がきっかけになって、「密意の埋蔵宝」があらわれてくることもある。また「密意の埋蔵宝」が生まれてくる場合、すでに述べたように、何年も前にそのことを授記する、光に満ちた夢やヴィジョンを体験することが多い。その意味では、この三つを完全に切り離すことはできない。

いずれにせよ、今回の夢は、ニャラ・ペマ・ドゥドゥルが、パドマサンバヴァとイェシェ・ツォギェルがチベットの大地に隠した「大地の埋蔵宝」を取り出す時期が来たことを、はっきり示すものだったのである。

どんな埋蔵宝であれ、それを取り出すことのできる時期は、はっきり決まっている。そのときを逃すと、扉を開けることはできず、埋蔵宝はダーキニーたちによって、再び隠されてしまう。

ニャラ・ペマ・ドゥドゥルは考えた。

完全に覚醒したブッダの心を、自己の外部に探し求めることなく、自己の内部に発見する。仏性の智慧の中に、無為なままくつろぐ。そういう最高の修行の道を、自分は進んで来た。今生で、完全なブッダの境地にたどりつくことは、望めないかもしれない。けれども前世のカルマのおかげで、深遠な埋蔵宝を取り出し、その持ち主となるという幸運に恵まれることになった。せっかく未来の人間たちのために隠された埋蔵宝を取り出す時期が来たのに、ほっておくのはよくないだろう。

ニャラ・ペマ・ドゥドゥルは、弟子たちを呼び集め、夢のことを話した。それから三宝、本尊、ダーキニー女神、護法尊たちに供養するガーナチャクラをいっしょに行じると、いよいよ、埋蔵宝の隠されているランラン山に向かったのである。

岩山のふもとにたどりつくと、ニャラ・ペマ・ドゥドゥルは、心と現象と法性が一つである悟りの境地に入った。それからすぐに、岩山を登り始めた。そして夢で授記されたシンボルが書かれた入り口を発見したのである。ニャラ・ペマ・ドゥドゥルは、埋蔵宝を守る護法尊たちに呼びかけた。

フーム！　フーム！　フーム！

外、内、秘密の埋蔵宝を守る護法尊たちよ、あなたたちは、前世ドゥドゥル・ドルジェ・ドーローだった者が取り出すべき埋蔵宝の教えを守ると誓約した。今ここに、父なるノルブが、深遠なる秘密の埋蔵宝を取り出すときが来た。埋蔵宝の封印を解くがいい！

その言葉とともに、埋蔵宝が隠された秘密の部屋の扉は開かれた。青空からは花の雨が降り注ぎ、えも言われぬ芳香が広がる。ニャラ・ペマ・ドゥドゥルは、かつてヴァジラヨーギニーに授けられたリストどおり、ブッダの身体、言葉、心を象徴する仏像、経典、仏塔を取り出すことができた。

それが終わると、ニャラ・ペマ・ドゥドゥルは弟子たちを呼び、一番下の部屋の入り口までロープで引き上げた。弟子たちは深い信仰に満たされ、入り口にたたずんだ。空間は、寂静尊と忿怒尊の浄土に鳴り響くサンスクリットの種字の音で、満たされた。

こうして、ヴァジラヨーギニーとダーキニー女神たちの授記は、成就したのである。

女神たちの贈り物

女神たちからの贈り物は続いた。

真珠貝色の象のような形の岩の上に、小さなテントを張って、三昧に入っていたときのことだ。地下深くにある美しいナーガ（竜神）の宮殿が見えた。そこには、青、白、黄、赤、緑の無数の女神たちがいて、手に持った美しい宝石の容器を甘露で満たすと、ニャラ・ペマ・ドゥドゥルに捧げた。このヴィジョンには、きっと理由があるだろう。そう思ったニャラ・ペマ・ドゥドゥルは、テントの下の岩に、杖を突き刺した。すると乾ききった岩の下から、素晴らしい芳香を放つ清らかな泉が、見る見る湧き出してきたのである。

その場に居合わせた弟子たちや、近くの僧院から集まってきた僧たちは、からからに乾いた岩山から湧き出てくる聖なる泉に目を見張り、聖なる水でのどをうるおした。

甘露の次は、黄金だった。ある夜、町の僧院で眠っているとき、夢の中で再びダーキニー女神が姿をあらわして言った。

「ザンブの泉に、黄金の埋蔵宝があります。かつて蓮から生まれたグル、パドマサンバヴァに捧げたのと同じように、あなたに黄金の水の埋蔵宝を供養しましょう。慈悲をもってお受け取りあれ！

夜が明けると、空には大きな虹がかかり、まるで僧院と岩山の聖なる泉を、結びつけているように見える。ニャラ・ペマ・ドゥドゥルは、ランドルという弟子に、泉から水を汲んでくるように命じた。

少し離れた岩山では、同じころ、熱心に修行していたほかの弟子たちが、目を丸くしていた。ニャラ・ペマ・ドゥドゥルが掘りあてた聖なる泉が黄金色に染まり、きらきら輝いていたのである。到着したランドルは、バケツ一杯の水を皮の袋に入れ、師のもとに戻った。その途中、金色の水はおおかた金塊に変わってしまった。残った金の水は僧院の仏像にふりかけ、黄金の塊は、弟子や僧侶たちに分けた。

大地の埋蔵宝を取り出したら、代わりになるものを置いたり、一部を戻しておくのが決まりだ。ニャラ・ペマ・ドゥドゥルは、聖なる泉に黄金を戻しに行った。

数日後、ニャラ・ペマ・ドゥドゥルの夢に、再びダーキニー女神が姿をあらわした。女神が言うには、黄金の泉はたいへんな評判になり、たくさんの人が水を取りにくるようになった。その中には密教の三昧耶戒を守らない者や、悪しき心の持ち主がたくさんいる。聖なる泉は汚され、女神たちは心を痛めているという。

翌朝ニャラ・ペマ・ドゥドゥルは、聖なる泉に行った。光の中にパドマサンバヴァが姿をあらわし、まわりを持明者たちや女神たちが取り囲んでいる。

光のヴィジョンが自分に溶け入ると、ニャラ・ペマ・ドゥドゥルは、真珠貝の色をした象のような岩の表面に、指で不生の真実を象徴する「ア」の字を書いた。指は岩にめり込み、岩の表面に、「ア」の文字がしっかり刻みつけられるのを、全員が目撃した。ニャラ・ペマ・ドゥドゥルは、夢で女神に言われたとおり、「ア」の文字の上にさらにチンコー麦を撒き散らし、聖なる泉を未来の世代のために再び封印したのである。

弟子を解脱に導く

こうして、二十代に夢の中で女神から与えられた「五色のダーキニー文字で書かれた黄色い巻紙」をもとに生まれた「密意の埋蔵宝」と、聖なる岩山の秘密の部屋から取り出した「大地の埋蔵宝」の経巻を統一することで、ニャラ・ペマ・ドゥドゥルの埋蔵宝典の体系――『自ずからなる解脱が虚空に満ちわたる教え』(mKha' khyab rang grol)――は、完成した。

この時期を境に、ニャラ・ペマ・ドゥドゥルは、幼いころから慣れ親しんだロンセル・ドルジェ・ニンポやヤンティ・ナクポの暗闇の修行などに加え、自分の埋蔵宝典を、弟子たちに教え、解脱に導くようになった。

とても興味深いのは、ニャラ・ペマ・ドゥドゥルが、自分の埋蔵宝典を含むニンマ派の教えだけでなく、ボン教のゾクチェンも与えたと、弟子のイェシェ・ドルジェが書きとめていることだ。

最初のほうで書いたように、ニャロンは、同じ東チベットでも、宗教と文化の中心だったデルゲとちがい、サキャ派やカギュ派の影響がほとんどなかった。代わりに大きな力を持っていたのは、ニンマ派と土着のボン教だった。ニャラ・ペマ・ドゥドゥルが、故郷の聖山ランラン山の岩から、「大地の埋蔵宝」である聖水を掘りあてたとき、最初に集まってきた僧の中には、ボン教の修行者も含まれていた。ニャロンでは、仏教とボン教が、仲よく共存していたのである。
もう一つ、この時代の東チベットは、ジャムヤン・キェンツェ・ワンポ（一八二〇～九二）やジャムゴン・コントゥル（一八一三～九九）たちによって主導される超宗派運動《リメ》（ris-med）の中心地であり、その中には、土着のボン教も含まれていた。ニャラ・ペマ・ドゥドゥルが、ボン教のゾクチェンを教えたのは、そうした超宗派運動の揺籃期にあたっていた。

本格的に弟子を育て始めたニャラ・ペマ・ドゥドゥルは、酒、肉、女性への執着を捨て、聖地の山で、孤独な隠棲修行をするよう、くりかえし説いた。そうした口伝は、彼の残した多くの口伝の歌に、はっきり表現されている。

殊勝な息子よ、
原初からの本質である心の本性には、ブッダの三身がそなわっている。
法身には、土台もなく、根もない。
その本性をありありと悟ったら、法身に遊び、口伝のとおり修行しなさい。
今生においてブッダの悟りを得るのでなければ、師の心をあざむくことになる。
そのことを忘れてはならない。[40]

オーム・マニ・ペメ・フーム。
空性と慈悲が不二である境地にあって有情を導く、聖観自在菩薩に帰依いたします。
慈しみと哀れみの心を育てることなく、母なる有情の肉を食いながら、

他人に行為の因果を説く者は、空性の究極の真理を悟ることもないまま、
口先だけの言葉の道をさまよう。

わたしは、ダクカルの白い岩山に住む乞食。

ある日、大空のごとく平等な境地にあって、
生起次第と究境次第が一体である、聖観自在菩薩の修習をしていると、
自分の体もそれ以外の世界も、すべて消え去った。

何一つない空間にただ一人、大いなる慈悲の菩薩、聖観自在のごとき光の身体になった。

光に満ちる叡知の境地にとどまっていると、悪趣と地獄の、想像を絶する苦しみが見える。

なかでも、四つの大陸のそれぞれ四分の一は、裸の男女で立錐の余地もなく、
その一人一人に、地獄の獄卒が一人ずつついている。

鳥、鹿、猛獣など、さまざまな頭をした獄卒たちは、
手に手に鋭い刃物を持ち、人の体を細かく切り裂き、食らい続ける。

切っても切っても、また肉がつき、カルマが尽きるまで、死ぬこともできない。

悪しき行為に慣れ親しんだ習気は、消えることなく、増え続ける。

なかでも、供犠を行うことの罪深さ。

外部にあらわれる現象は、みずからの心がつくり出したもの。

迷妄にあって、他人にさいなまれると思う者を、どうやって助けることができようか。

（中略）

虚空に満ち満ちるすべての有情の、肉食の罪と汚れを残らず清めるため、

今日この日から、肉食を完全に捨てなさい。
大地の上にある有情をすべて食らっても、満足する日はない。
欲はどんどん大きくなるばかりだ。……
（「肉を捨てるように説いた口伝」[41]）

東チベットのカムパ族は、大量の肉を食べることで知られる。ニャロンも例外ではない。その風土の中で、ニャラ・ペマ・ドゥドゥルは、菜食を説いた。その影響は、弟子たちをつうじて、現代に伝えられることになった。ニャラ・ペマ・ドゥドゥルの言葉は、アムド地方出身の同世代の放浪行者、シャプカル・ツォクドゥク・ランドルとならんで、現代チベット社会の菜食運動に、大きなインスピレーションを与えている。

トンレン

先ほど引用した菜食の歌には、はっきりした特徴がある。そこには他者の罪や苦しみを引き受け、浄化し、喜びや幸福を贈る「抜苦与楽《トンレン》」（gtong len）の思想が、しっかり息づいているのである。ニャラ・ペマ・ドゥドゥルが残した口伝の歌の大きな特徴の一つは、この大乗顕教の抜苦与楽《ばっくよらく》の瞑想と、二元論を超越した究極の叡知にとどまる三昧が、じかに結びつけられている点にある。
抜苦与楽の瞑想は、『入菩薩行論』を根拠とし、十世紀にチベットを訪れたアティーシャの師だったスマトラ島出身の学僧セルリンパによって、定式化された。息を吸い入れるとともにすべての有情の苦しみを吸い入れ、吐く息とともに自分の幸福を光として送り出す。抜苦与楽の瞑想は、我執を破壊する強烈な力を持っている。

ニャラ・ペマ・ドゥドゥルの口伝は、この抜苦与楽の瞑想の基本的思想を、二元論を超えた明知とじかに結びつけている。その結びつきは、なかでも、彼が発掘した埋蔵宝典の中の「法身《チューク》の転移《ポワ》」(chos sku 'i 'pho ba) の修行法に、とてもはっきり表現されている。だが、ここでは彼が書いた短い回向の言葉を引用しておくことにしよう。

世俗と究極の幸福を、すべて他の有情に回向します。
虚空のすみずみにいたるまで、幸せが満ちますように！
あらゆる苦しみが、わたしの身に熟しますように。
苦しみの海が乾きますように！

わたしが究極の叡知を悟ったことで得るあらゆる果実が、
無明にある有情の心に熟しますように！
無明の有情の心を覆う暗雲が、わたしにやってきますように。
その雲を、明知の輝きに満ちる智慧の法界に解き放ち、
晴らすことができますように！[42]

こんなふうに、抜苦与楽と明知の三昧をじかに結びつける瞑想は、その後、東チベット出身の導

師たちによって、現代に引き継がれてきた。一九五〇年代末からの二十年間を中国の収容所で過ごしたガルチェン・リンポチェは、世界中の弟子たちに、ニャラ・ペマ・ドゥドゥルの「法身の転移」を教えている。ガルチェン・リンポチェは、さらに獄中でどんな瞑想をしたのか問われ、大楽に満ちた明知の境地にとどまりながら、その悟りをすべての有情に贈り、有情の苦しみと煩悩を引き受け、明知のなかに浄化する瞑想を、ひたすら続けたと答えているのである。

灯明の歌

ここまで見てきたように、ニャラ・ペマ・ドゥドゥルは、弟子たちに、短い歌や詩の形で、口伝を与えた。このスタイルは、彼がインドの大成就者たちや、十一世紀のカギュ派の聖者で、後半生を雪山での孤独な隠棲修行に捧げたミラレパの伝統に属す存在だったことを、はっきり示している。

歌だけではない。ニャラ・ペマ・ドゥドゥルは、ミラレパと同じく、頭の上にバターランプをのせ、夜どおし瞑想を続けたことでも知られる。その理由を問われて、答えた歌がいくつも残されている。これらの歌は、ニャラ・ペマ・ドゥドゥルが、弟子の悟りや修行に合わせて口伝を与える、すぐれた方便の持ち主だったことを、鮮やかに示している。[43]

最初は、ラマ・ペルデンに与えた歌だ。ラマ・ペルデンは、妻帯している密教行者で、止観の瞑想に一生懸命励んでいたらしい。

わたしの体が不動なのは、静かな大いなる海のようであることのしるし。
頭の上にバターランプを置いているのは、洞察が太陽のごとくであることのしるし。
このしるしについてわかるようになったら、
象徴によって伝えられる血脈を、保つことができるだろう。

ニャラ・ペマ・ドゥドゥルが弟子に教えたロンセル・ドルジェ・ニンポの指南書には、静寂な心の境地にとどまる「止」と、すぐれた洞察を得る「観」の瞑想が含まれている。たぶんラマ・ペルデンは、このロンセル・ドルジェ・ニンポの指南書にもとづいて、修行していたのだろう。歌の由来書きには、「師匠の口伝どおり修習します」と、約束したと書かれている。ウーセル・ドルジェという弟子には、次のような歌を与えている。

乞食の金剛阿闍梨、ペマ・ドゥドゥルが夜になると、
いつも頭の上にバターランプを置いて修習をするのは、
無明の迷いの闇を、叡智によって照らし出すしるし。
光り輝き大空のすみずみまで満ちわたる明知は、
行くこともなければ、来ることもないことのしるし。
このしるしについてわかるようになったら、
象徴によって伝えられる血脈を、保つことができるだろう。

明知は、何にもさえぎられることのない大空のように、広々としている。因縁から生まれた世界を超えている。静寂な境地の確固とした土台の上に、現象の本質を見抜く瞑想を続ける。それによって、対象を持たない完全な智慧があらわになる。この歌は、「行くこともなく、来ることもない」という、中観哲学のキーワードをつうじて、明知を表現している。
別の弟子には、こんな歌を残している。

財産のない貧乏人たちの集まる、大きな野営地に住む貧乏な師が、
巧みな方便を教える口伝にしたがって、灯明をたよりにしているのは、
習気からなるアラヤ識を、清らかな法界の空間に浄化し、
原初の本質である大いなる虚空を悟ったしるし。
無明と一時的に生じる分別の雲を取り除き、原初の智慧の太陽がのぼるしるし。
このしるしについてわかるようになったら、
象徴によって伝えられる血脈を、保つことができるだろう。

次は、トゥクチョクという弟子に答えて作った歌だ。

みずから知り、おのずと輝く、心の本体なる金剛に帰依いたします。
わたしの頭頂を明るく照らし出すこの窓は、無知な子供の遊びではない。
深遠な縁起の要となるもの。

トゥンモの小さなア字が燃え上がるしるし。
心と一体であるプラーナが中央の脈管に入るしるし。
顕現が光となって現出するしるし。
肉体が光の身体に変容する悟りを得るしるし。
このしるしについてわかるようになったら、
象徴によって伝えられる血脈を、保つことができるだろう。

大空のように広々とした明知を悟り、慣れ親しんだら、強烈な熱を発するトゥンモの修行とともに、悟りを急速に深めるトゥゲルの修行に進む。それによって、物質でできた肉体は、智慧の炎に燃やされ、光に溶け入る。弟子のコルデ・ドルジェに与えた歌は、そのことをさらに次のように表現している。

どこに眠るか、あてもない乞食比丘が、
一日四座のうち、夜の一座、バターランプを頭に載せて修習するのは、
無数の煩悩をつみかさね、習気からできあがっているからだを焼き尽くすしるし。
明知の智慧のバターランプの炎の舌によって、煩悩の溶けたバターを飲むしるし。
このしるしについてわかるようになったら、
象徴によって伝えられる血脈を、保つことができるだろう。

心の宝物

聖地ランラン山から「大地の埋蔵宝」を取り出し、黄金の水の湧き出す泉を掘りあてた時期を境に、ニャラ・ペマ・ドゥドゥルのもとには、死者の追善回向の法要のために、多くの寄進がなされるようになった。

チベットでは、追善回向のために、遺族が多額の寄進を行うのが習慣だった。中央チベットでは、顕教の学問の伝統と強固な僧院組織を持つゲルク派が、強い力を持っていた。そのため寄進先も、セラ、デプン、ガンデン寺といったゲルク派の大僧院が多かった。

それに対し、東チベットは、ゲルク派のヒエラルキーから相対的に自由だった。古代ボン教の土地神が行きかい、密教修行によって高い悟りを得、パラノーマルな神通をふるう行者たちが、大きな力を振るっていた（人類学者のジェフリー・サミュエルは、そうした行者たちのことを、「文明化したシャーマン」と呼んでいる）[44]。四十代のニャラ・ペマ・ドゥドゥルは、そういう行者たちの一人となったのである。

貨幣がほとんど流通していなかった当時のチベットでは、ヤクや羊、馬、穀物、バター、茶、織物などと並んで、金、銀などの貴金属、トルコ石、珊瑚、ルビー、ラピスラズリなどの宝石類が、たいへん重要な財貨と見なされていた。

土地を所有せず、よりよい牧草地を求めて移動する牧畜民の場合、その傾向は特に強かった。家畜や乳製品を売り、かわりに手に入れた宝石や金細工の装飾品を身に着け、テントとともに、大量に持ち運ぶのである。

そのこともあって、死者の追善供養のためにニャラ・ペマ・ドゥドゥルに集まってくる供物のかなりの部分は、宝石類によって占められていた。

寄進を受けた寺では、ふつう供養としてささげられる貴金属や宝石を、法要のための供物――食べ物、バター、酒など――に換え、集まった僧侶や行者たちに分けてしまう。あるいは仏像の鋳造、仏像に金箔を貼ること、お堂の修復などに使う。それによって、死者とその家族は大きな功徳を積み、よりよい再生を得ることができると考えられている。

ところが、ニャラ・ペマ・ドゥドゥルの振る舞いは、そうした常識を完全に破壊するものだった。珊瑚やトルコ石、金細工など、高価な供物が持ってこられると、弟子といっしょに、十方のブッダや菩薩にマンダラを供養する詞章を唱えながら、粉々に叩き壊してしまう。あるいは貧乏人が居合わせると、そのまま渡してしまう。先祖代々守ってきたお寺のためではなく、あちこちに転がる岩に観音菩薩の真言を彫るのに、全部使ってしまう。

弟子にその理由を聞かれたとき、ニャラ・ペマ・ドゥドゥルは、こんな歌を作った。

オーム・マニ・ペメ・フーム。
過去、現在、未来のブッダを一身に集めた大いなる成就者、
チューイン・ランドルよ、お見守りください。
迷いに満ちた世界のあらわれが、本来の境地に解脱するよう、ご加持ください。

大切なことを説くから、老いぼれ乞食のわたしの言葉をお聞きなさい。
無明に迷う男女は、究極のうるわしい飾りを知らない。
金、銀、トルコ石、珊瑚でできた飾りは、ただ幻の石にすぎず、無意味だ。
身につけるものを宝と呼ぶのは、今生と来世において迷う因となるだけのこと。
大切なのは、ただの石ころではなく、清らかな善を積むことだ。
岩から取り出した白、赤、緑の石を、人々は立派な宝石と呼び、
深い信仰とともに捧げてくれる。
そんな宝石は、欲しがる者にくれてしまい、
自分の住む部屋の地面や石ころとなるまで、叩き潰してしまった。

幻の石を壊してしまったとて、何を悲しむことがあろうか。

外部にあらわれる対象に名前をつけ、それに執着する主体と客体の幻影を、破壊したのだ。

三昧、マントラ、ムドラーによって加持し、心の幻術の三昧によって増やし、
一瞬にして迷いの顕現が解き放たれるように、十方のブッダたちに供養したのだ。

内に立派な飾りがないのに、外から乞食の身を飾り立てて、何になろう。


老いぼれ乞食の身につける飾りは、ひどいものではない。たいそう立派だ。

外に美しい銀の飾りを身につけているわけではない。

けれども、内にはブッダのお身体を飾る、すばらしい装飾がある。

無知を完全に浄化した白銀の鏡の表面には、法界体性智の宝輪の飾り物がある。
無知の煩悩を浄化した飾り、究極なる如来の部族の飾りだ。
三界が一瞬にして壊れても、不動なまま変化しない。

乞食の飾りは、ひどいものではない。たいそう立派だ。
外に美しい瑠璃の飾りを身につけているわけではない。
けれども、内にはブッダの御心を飾る、すばらしい装飾がある。
怒りを完全に浄化した瑠璃の鏡の表面には、大円鏡智《だいえんきょうち》の金剛の飾り物がある。
怒りの煩悩を浄化した飾り、究極なる金剛の部族の飾りだ。
カルパが終わり、大地が揺らぐとも、何の執着もない。

乞食の飾りは、ひどいものではない。たいそう立派だ。
外に美しい銀の飾りを身につけているわけではない。
けれども、内部にはブッダのすぐれた徳を飾る、すばらしい装飾がある。
慢心を完全に浄化した黄金の鏡の表面には、平等性智《びょうどうしょうち》の宝珠の飾り物がある。
慢心の煩悩を浄化した飾り、究極なる宝生の部族の飾りだ。
カルパが終わるとき、水によって破壊されても、壊れることがない。
乞食の飾りは、ひどいものではない。たいそう立派だ。

外に美しい珊瑚の飾りを身につけているわけではない。

けれども、内にはブッダのお言葉を飾る、すばらしい装飾がある。

貪欲を完全に浄化したルビーの鏡の表面には、妙観察智《みょうかんさっち》の蓮の花の飾り物がある。

貪欲の煩悩を浄化した飾り、究極なる蓮華の部族の飾りだ。

カルパが終わるとき、燃え盛る炎によって焼かれても、壊れることがない。


乞食の飾りは、ひどいものではない。たいそう立派だ。

外に美しいトルコ石の飾りを、身につけているわけではない。

けれども、内にはブッダのすぐれた行為を飾る、すばらしい装飾がある。

嫉妬を完全に浄化したダイヤモンドの鏡の表面には、成所作智《じょうしょさち》の十字金剛の飾りがある。

嫉妬の煩悩を教化した飾り、究極なるブッダのすぐれた行為の部族の飾りだ。

カルパが終わるとき、吹き荒れる風にまかれても、壊れることがない。


不壊《ふえ》なる最高の聖地ランラン・ノルブ山で、身を飾らない年老いた放浪行者が、不壊なる五つの智慧の飾りについて歌った。この功徳によって、虚空に等しいすべての有情が、五つの究極の智慧を悟りますように！

オーム・マニ・ペメ・フーム。[45]

こうしたニャラ・ペマ・ドゥドゥルの振る舞いは、由緒ある寺を守る親戚たちの日からは、とうていい許せないものだった。

あるとき、かつて観自在菩薩の功徳を説くマニパとして、東チベットを放浪したときについてきてくれた伯父のクンサン・ドゥジョムが、村と寺を遥かに眺め下ろすランラン山の白い岩山の洞窟にやってきた。伯父は言った。

「村の寺にあるお堂は、素晴らしい浄土の宮殿を表現し、ブッダの三密を象徴する仏像、経典、仏塔で荘厳され、宝物に満ちている。また多くの信者たちが、毎年多くの供物を捧げにやってくる。その供物は、ブッダの悟りを達成するための良い縁をつくろうと、捧げられたものだ。ならば三宝に供養すべきだ。それなのに、お前のように誰彼となく布施してしまうのでは、全部なくなってしまう。寺に何一つ供養することなく、貧しい者たちに布施するとは、何たることだ！」

それに答えて、ニャラ・ペマ・ドゥドゥルはこんな歌を歌った。

オーム・マニ・ペメ・フーム。
観音菩薩が人の姿となった吉祥なる大行者、
大いなるお慈悲をお持ちの方よ、お見守りくださいニャロンのランラン洞窟で修習する息子に、ご加持ください。
伯父なるラマよ、お聞きください。深い愛とともにお聞きあれ。
自然に生まれた洞窟を住処とするからこそ、
内なるうるわしい宮殿を知ることができるのです。

父、伯父、親戚を捨てるのは、原初の智慧と本尊に親しく近づくためです。

財産、食べ物、宝を捨てるのは、物惜しみをする心の結び目を断ち切るためです。

闇に満ちた村の家に住まないのは、戒律を清らかに守るためです。

怒りを向けられたお返しに慈しみの心を向けるのは、忍耐の鎧を着ているからです。

力強く跳ね踊る騎馬を捨てたのは、精進の雄馬に乗っているからです。

心の散失と怠惰を捨てたのは、静慮の城に住んでいるからです。

鉄の武器を破壊したのは、般若の智慧の剣を持っているからです。

行くあてのないまま、山の隠棲場にこもるのは、古の成就者たちの振る舞いです。

世間の習わしと一致しないのは、過去の勝利者たちの流儀です。

顕現への執着を捨てたのは、顕現と空性が不二である、本尊のお姿を修習したからです。

世俗の村に行かないのは、音がそのまま空だという、原初の智慧を修習するためです。

たくさんの分別を持つ人と付き合わないのは、無分別の教えを修習するからです。

語りかけられても答えないのは、言葉、思考、表現を超えている智慧を修習するからです。

鳥のように岩山に住むのは、原初の智慧なる法界を飛び回るためです。

食べ物のない土地に住むのは、三昧の食べ物を食らっているからです。

薪のない土地に住んでいるのは、トゥンモのアトゥンの炎が、燃え上がっているからです。

水のない土地に住むのは、修習のもたらす素晴らしい水を、いつも飲んでいるからです。

病んでも薬を飲もうとは思わないのは、ゾクチェンのヨーギのありさまです。

死の時は、意識の転移を行じましょう。それがゾクチェンのヨーギの死に方です。
学問を見せびらかすことなく、心楽しく仏法を説く。これが乞食のわたしの考えです。

心持ちを低くなさいますな。
自然に完成したうるわしい宮殿に、財宝、宝物が満ち満ちるのは、
宝の死者たちにつながれる因。慳貪《けんどん》の心によって縛られるのはおやめなさい。
敵が食べたからといって、苦しむことはありません。
親戚が食べたからといって、喜ぶこともありません。
すべての現象は、大空のようであることを本質としている。
幻の宝など、欲しくありません。
すべての勝利者たちが加持された、ランラン・ノルブ山の頂上で
甥のわたしが悟りを得るために修行するのを、伯父のあなたが邪魔しなければ、
悟りの真髄を得て後、大楽に満ちた浄土に生まれるように、よき祈りを捧げましょう。

伯父と甥の二人が説いたこの仏法の教えによって、
すべての衆生が大楽の悟りの境地を得ますように。
オーム・マニ・ペメ・フーム。[46]

寺を建立する

数年後、四十四歳のニャラ・ペマ・ドゥドゥルは、伯父クンサンが住職をつとめるタクラ寺の敷地に、新しい僧院を建立する事業を始めた。それには、二つの光のヴィジョンがかかわっていた。一つ目は少年時代、この先祖代々伝えられてきた寺に泊まったときのことだ。光のヴィジョンの中に姿をあらわしたパドマサンバヴァが、「将来、この地に寺を建立することになるだろう」と授記したのである。

二つめのヴィジョンは、どんな僧院をつくるべきかにかかわっていた。ある日のこと、パドマサンバヴァの強烈な呪力によって建立されたサムエ寺とよく似た、僧院のヴィジョンが、目の前にありありとあらわれたのである。

人里遠く離れ、荒涼とした岩山の洞窟で修行するニャラ・ペマ・ドゥドゥルは、無一物だった。だがよき志を持って、仏法と有情のために、功徳のよりどころとして寺を建立する活動には何一つ妨害なく、すぐれた条件が自然に整い、事業は速やかに進んだ。五年のうちに完成した。そう、伝記作者のイェシェ・ドルジェは書いている。

四十九歳のとき落成した僧院は、カルサン・サンギェ・チューリン寺（「吉祥なる仏法の島」）と名づけられた。その壁面には、ニャラ・ペマ・ドゥドゥルの埋蔵宝典の体系のマンダラが描かれた。カルサン・サンギェ・チューリン寺は、ニャラ・ペマ・ドゥドゥルの埋蔵宝典の血脈が、未来に向かって継承されていくための、よりどころの役割を果たすことになった。

新しい僧院の建立がスムーズに進んだ背景の一つには、ニャロンの強力な領主ゴンポ・ナムギェルの存在があったと考えられる。この時期ゴンポ・ナムギェルは、東チベットの大半を征服し、絶頂期にあった。イェシェ・ドルジェの伝記からは、ニャラ・ペマ・ドゥドゥルが、多くの富裕な施主から寄進を受けたこと、それにくわえゴンポ・ナムギェルの命により、彼の家来のうち千人が、建立のための労働を担ったことがわかる。

ゴンポ・ナムギェルの覇権は、ニャラ・ペマ・ドゥドゥルの活動に、もう一つ別の有利な条件をもたらした。ゴンポ・ナムギェルのもとには、毎年、カルマパ十四世テクチョク・ドルジェ（一七九八〜一八六八）、ジャムゴン・コントゥル、カトク・シンキョン三世（一八三七〜九八）といった、当時の東チベットを代表する高僧たちが、招かれたのである。

白い岩山で長年隠棲修行に励んできた、埋蔵宝発掘者ニャラ・ペマ・ドゥドゥルは、いながらにして綺羅星のようなラマたちと出会い、おたがいに灌頂を授けあい、密教の師弟関係を結んだ。ニャラ・ペマ・ドゥドゥルの令名は、高僧たちの口をとおして、各地に広がった。

だが、驕れるものは久しからず。数年後、デルゲ、ホル、ザチュカの連合軍と対峙したニャロン軍は敗れ、かつてニャラ・ペマ・ドゥドゥルが予言したとおり、ゴンポ・ナムギェルと息子は死んだ。さらに中央チベット政府軍が追い討ちをかけ、ニャロンは中央チベット政府の直轄地になった。

この戦乱の時代、武器は貴重な宝だった。ニャラ・ペマ・ドゥドゥルに贈られた供物には、多くの武器が含まれていた。東北チベット、アムド地方の有力な領主から、百丁のライフルが贈られてきたこともあった。

ニャラ・ペマ・ドゥドゥルは、そうした武器が届くと、その場で破壊した。ニャロンとデルゲ、トンコルと中央チベットの間に戦闘が起こると、停戦のため仲裁に入り、なけなしの財産を投じて、捕虜や傷病兵を養った。

そのあいまには、ゾクチェン・リンポチェ四世や、ザ・パトゥルといった当時のすぐれた導師たちに会い、教えを与えあった。

「虹の身体」

「虹の身体」を悟る前には、いくつかの兆しがある。体が透明になる。影がなくなる。五十歳を過ぎたころ、弟子たちは、そうしたしるしを、しばしば目の当たりにするようになった。

五十二歳の年、ニャラ・ペマ・ドゥドゥルは、深い喜びに満ちた悟りの歌を歌うと、危篤状態に入った。一食もとらないまま三週間がたつと、近しい弟子を呼んだ。

「そろそろお迎えが来そうだ。パドマサンバヴァとダーキニー女神が集う浄土から、勇者や女神たちが迎えに来ている」

弟子は、「どうか生きてください」と必死に懇願した。それにこたえて、ニャラ・ペマ・ドゥドゥルは、それから三年半寿命を延ばし、教え続けた、とイェシェ・ドルジェは書いている。

ニャラ・ペマ・ドゥドゥルは、その後も聖地を放浪しながら、深遠な口伝を求めて集まってくる行者たちに、それぞれにふさわしい教えを授けた。また弟子たちの未来に起こる出来事について、

ニャラ・ペマ・ドゥドゥルの遺物を納めた仏塔
(Yeshe Dorje, *The Cloud of Nectar* より)

授記を与えた。

　そんなふうにして、ニャラ・ペマ・ドゥドゥルとともに放浪した弟子たちの中には、ランリク・ドルジェ、イェシェ・ドルジェを含む、「十二人のドルジェ」と呼ばれる高弟が含まれていた。その中で最も重要なのは、ランリク・ドルジェだった。ランリク・ドルジェは、しばらくすると、中央チベットのニンマ派の大僧院ミンドゥルリン寺の座主となった。示寂のとき、遺体は収縮し、八歳の子供ほどの大きさになったと伝えられる。

　ニャラ・ペマ・ドゥドゥルと弟子たちの一行は、そうした放浪の果て、ニンという谷にたどりつき、数か月間滞在した。その間、密教の戒律である三昧耶戒の破戒、汚れを浄化する儀式を続けた。

　壬申《みずのえさる》の年（西暦一八七二年）、釈尊の入滅した月の新月の日に、ニャラ・ペマ・ドゥドゥルは小さなテントを張ると、弟子たちに、入り口を外から閉めて一週間後に戻ってくるように、それまで三昧の修行を続けるように命じた。

　一週間後テントの前に集まった弟子たちは、五体投地を続け、それからテントの入り口を開けた。師の座っていた場所には、座具、服、髪の毛、両手、両足の爪だけが残されていた。

　弟子たちは、師を失った大きな悲しみに泣き出した。その瞬間テントの上空には、大きな虹がかかった。

すぐれた弟子たちは、光のヴィジョンや夢の中で、師のニャラ・ペマ・ドゥドゥルにまみえ、授記を与えられた。イェシェ・ドルジェの伝記はそう伝えている。

【註】

1 Nyag bla pad ma bdud 'dul, *dBan gnas mkha' spyod ston pa'i gdams pa*, in Ye shes rdo rje, *Nyag bla pad ma bdud 'dul gyi rnam thar dang mgur 'bum*, Sri khron mi rigs dpe skrun khang, 1998, p.186.

2 Ye shes rdo rje, *rJe bla ma 'khrul zhig gling pa'i rnam thar skal bzang dga' ba'i bdud rtsi'i sprin tshogs*, in Ye shes rdo rje, *Nyag bla pad ma bdud 'dul gyi rnam thar dang mgur 'bum*, *ibid.*, pp.9-182. この伝記には以下の英訳があり、参照した。ただし解釈については、必ずしも一致しない。Yeshe Dorje (trans. O.Aguilar), *The Cloud of Nectar*, Shang Shung Publications, 2013. なおトゥルシクリンパは、ペマ・ドゥドゥルの埋蔵宝発掘者としての名前である。

3 Chaguru Tulku, *Lord of the Dance*, Padma Publishing, 1992, pp.69-70.

4 Thub bstan bshad sgrub rgya mtsho, *Grub chen 'ja' lus pa chen po pad ma bdud 'dul rnam thar ngo mtshar rgya mtsho*, in *gSung 'bum*, vol.2, 1985, pp.309-338. Bylakuppe: Nyingmapa Monastery. ほかに、以下も参照した。bsTan 'dzin kun bzang lung rtogs bstan pa'i nyi ma, "*Pad ma bdud 'dul*", in *sNga 'gyur rdzogs chen chos 'byung chen mo*, Krung go'i bod rig pa dpe skrun khang, pp.601-609. M.Kapstein, "The Strange Death of Pema the Demon Tamer", in Kapstein (ed.), *The Presence of*

Light, Chicago University Press, 2004, pp.119-156.

5 英訳者オリオール・アギラルの解説による。Yeshe Dorje, *The Cloud of Nectar*, *op.cit.*

6 ダムパ・デシェクは、カギュ派の重要な導師だったパモドゥパの母方の従弟にあたり、カルマパ一世ドゥスム・キェンパから、カギュ派のチャクラサンバラの灌頂とともに、マハームドラー、ナローパの六法の教えを受けたと伝えられる。セムデの指南書には、カギュ派の重要なヨーギだったヤンゴンパの口伝からの引用が見られる。bDud 'joms ye shes rdo rje, *bDud 'joms chos 'byung*, Si khron mi rigs dpe skrun khang, 1996, pp.348-352. 'Jam mgon kong sprul blo gros mtha' yas (ed.), *gDams ngag mdzod*, Shechen Publication, 1999, vol.1. 原著十九世紀。

7 gtor ma. 小麦粉、バター、砂糖などを練って、独特の形に成形し彩色したもの。もともと供物として用いられていたが、チベットにおいては、本尊、護法尊の象徴としても使われるようになった。

8 地域によってとうもろこし、小麦の場合もあった。

9 tsha tsha（または sa'tsatsha）。もともと、本尊または仏塔の模像を指す。葬送儀礼の一部としてつくるときは、泥に遺灰または遺骨を混ぜ、仏塔の形をした型の中に入れた後、乾かす。人里離れた山中の岩陰などに置いたり、大河に流す。

10 gro ma. Potentilla anserina. ヨウシュツルキンバイの仲間。チベットでは、標高一六〇〇から四八五〇メートルの地域に自生する。

11 原文は gla dgong だが、gla sgang と読むことにする。

12 nim pa. ミヤマトベラ。

13 mon bu. Polygonum barbatum.

14 原文は chu rus だが、chu rug（pa）と読む。

15 rtsug pa.

16 Ye shes rdo rje, *op.cit.*, p.28.

17　*Ibid.*, p.31.

18　*Chos spyod bag chags rang grol*, in Kar ma gling pa, *Zab chos zhi khros rang grol las bar do thos grol chen mo*, Konchhog Landrepa, 1993, pp.267-317.

19　*Ibid.*, pp.312-313.

20　rtsogs sgrib kyis mnol ba.

21　チベットでは、この「不浄な穢れ」を浄化するための儀礼が発達した。cf. mDo mkhyen brtse ye shes rdo rje, bSang khrus zhi ba lha chab, in *Chos spyod skor phyogs bsdus*, Ding ri skal bzang chos dbang, 2004, pp.26-31.

22　Ye shes rdo rje, *op.cit.*, p.34.

23　*Ibid.*, pp.42-43.

24　イェシェ・ドルジェは、ここで『正法念処経』や『百業経』（las brgya pa/Karmaśataka）といった行為の因果について説いた経典の意味が、少年の心に刻みこまれたとも書いている。*ibid.*, p.43.

25　*Ibid.*, p.48.

26　一一八二〜一二五一。サキャ派の偉大な学僧。文殊菩薩の化身とされ、顕密の全体について多くのすぐれた論書や詩を著した。

27　*Ibid.*, p.52-53.

28　以下、Tashi Tsering, Preliminary notes on the origin of the Blama maNipa, Storytellers, and their fate in exile today, in P.Sutherland & Tashi Tsering, *Disciples of a Crazy Saint*, Pitt Rivers Museum, University of Oxford, 2011, pp.79-109. Z. Gelle, Masters of the Mani Mantra, in Béla Kelényi (ed.), *Demons and Protectors*, Ferenc Hopp Museum of Eastern Asiatic Art, 2003, pp.111-119. およびニチャン・ケントゥル・リンポチェのオーラル・コミュニケーションによる。

29　ブッダの覚っている心の境地。転生化身は、身密、口密、意密、徳、行為（業）の五種に分類される。

30 「意識の転移」については、永沢哲「いのちとこころ」（『こころの未来』一〇号、二〇一三年、一六〜一九ページ）http://kokoro.kyoto-u.ac.jp/jp/kokoronomirai/kokoro_vol.10_16-19.pdf

31 後年、ニャラ・ペマ・ドゥドゥルは、チューギェル・ナムカイ・ノルブ・リンポチェの師の一人だったアユ・カンドー（一八三九〜一九五三）に、ヤンティ・ナクポの教えを授けた。アユ・カンドーは、ニャラ・ペマ・ドゥドゥルの助言にしたがって、中央チベットでヤンティ・ナクポの教えを新たに発掘したトゥルシクリンパからも、教えを受け、その後カイラス山、中央チベット、ネパールの巡礼に向かい、東チベットに戻った四十七歳の年から、ヤンティ・ナクポの長期の隠棲修行に入った。チューギェル・ナムカイ・ノルブ・リンポチェのオーラル・コミュニケーション。またツルティム・アリオーネ『智慧の女たち——チベット女性覚者の評伝』（三浦順子訳、春秋社、一九九二年）三一一〜三四四ページ。

32 インドにおけるラサーヤナと密教の結びつきについては、S. Dasgupta. *Obscure Religious Cults*, Motilal Banarsidass, 1946. ほか。なおインド医学におけるラサーヤナは、加工した水銀、金、アムラ、アシュワガンダ、トゥルシ、シラジットなどを主成分としている。

33 Ye shes rdo rje. *op.cit.*, pp.76-77.

34 dbang lag. ハクサンチドリ、テガタチドリなど、チベットに自生するチドリ属の植物。その根を薬材として用いる。強精とともに感覚器官を明晰にするはたらきがあるとされる。

35 rtsi sman. シラジット、サフラン、熊の胆嚢、ジャコウなど、鉱物、植物、動物性の薬材を広く指す。

36 カギュ派の聖者ミラレパ。

37 信仰、持戒、聴聞、布施、無垢、慚、愧。善趣に生まれるために必要とされる。

38 Ye shes rdo rje. *ibid.*, pp.171-173.

39 dom. 両手を左右に広げた間の長さ。

40 Ye shes rdo rje. *ibid.*, p.94..

41 *Ibid.*, pp.160-164.4.

42 *Ibid*., p.93.

43 *Ibid*., pp.149-151.

44 G. Sammuel, *Civilized Shamans: Buddhism in Tibetan Societies*, Smithsonian, 1995.

45 Ye shes rdo rje, *op.cit*., pp.176-178.

46 *Ibid*., pp.173-175.

第七章

ブータンの黄色いラマ——ラマ・セルポ

大いなる完成の心臓のエッセンス、
至高なる光明の教えを荘厳する
成就者の王者たるドドゥル・パヲ・ドルジェ。
その三つの秘密を受け継いだ最高の子息、
ギェルセ・ギュルメ・ドルジェ。
まさにその方によって加持され、
みずからの顕現は、原初から清浄な法界から動くことがなく、
しかも教化されるべき有情の心の本性は法身であることを、
じかに示すヨーガ行者として、他者の目にはあらわれるお方。
導師なるリグズィン・ペルデンに祈ります。
その清らかな御心とわたしの心がひとつになるよう、ご加持ください。

（ティンレー・ノルブ）

二〇一三年三月、パロ

その日、わたしはブータンのパロにあるホテルのロビーで、一人のチベット人僧侶を待っていた。

二日前に、チベット仏教の修行をしていた女友だちのSが亡くなった。

彼女は四国で生まれ、東京の大学を卒業すると、二十代の大半を、世界を放浪しながら過ごした。

その後インドでチベット人のラマに出会い、修行を始めた。

インド滞在は五年あまりにおよんだ。本格的な密教の修行に入るには、帰依の五体投地や菩提心、金剛薩埵の瞑想、マンダラ供養、グルヨーガの修習を、それぞれ十万回ずつくりかえす前行を終えなければならない。彼女はこの前行を三回終え、心の本性をじかに指し示すゾクチェンの教えも受けた。彼女は幸せそうだった。

不調を伝えるメールが送られてきたのは、一年半ほど前のことだった。そのころ彼女はネパールの聖地パルピンにある小高い丘の上の僧院で隠棲していた。修行をしていても心が落ち着かない。海に泳ぎに行きたい。そう書かれていた。

彼女はインドやネパールで、ずいぶんストイックな生活をしていた。からだに合わない水や食べ物をとり続けていると、体調を崩す。特にインドは汚染がひどい。あまり無理をするのはよくない。隠棲から出て、踊りに行き、遊び、食べたいものを食べたらいい。少し酒を飲んでみるのもいい。もちろん海に行ったっていい。もう教えは十分に受けたのだから、インドやネパールにいる必要はない。いったん帰国したらどうだろう。わたしはそう返事した。

数か月後、帰国した彼女は、病院で精密検査を受けた。

結果は癌だった。すでに転移が進み、手術もできなかった。一年ほど前に京都でいっしょに花見をしたのが、最後になった。

死の数か月前、Sは野口整体の指導者に出会い、毎日操法を受けていた。野口整体の創始者である野口晴哉は、鳩尾《みぞおち》にエネルギーの小さな塊——「硬結」——ができると、四日以内に死が訪れると弟子たちに教えていた。そのことを知ったSは、毎日鳩尾の下をチェックしていたらしい。ある日そこに硬結があるのを発見すると、母親に触らせ、「あと三日ぐらいかしら」と言った。そしてちょうど三日後の明け方、静かに息を引き取ったのである。

直後に日本から送られてきたメールで、わたしは彼女の死を知った。最初に考えたのは、誰かに彼女の意識を頭頂から抜き出し、阿弥陀仏の浄土に送る「意識の転移」を、行じてもらわなければいけないということだった。

他者のための「意識の転移」は、ふつうは死の直後、それも本人の枕元で行う必要がある。Sは四国の実家で亡くなったので、それはかなわない。

以前父が亡くなったときには、インドのシッキムにいるD・リンポチェに、遠隔での「意識の転移」をお願いした。だがD・リンポチェはバンコクに滞在中だと、数日前に聞いたばかりだ。すぐに連絡がつくか、わからない。

わたしはブータンに住むM・トゥルクに電話をかけることにした。M・トゥルクは、東チベットにある大僧院の転生化身で、数日前にいっしょに食事をしたばかりだった。彼女の名前を告げ、回向をしていただくようにお願いした。

その日の夕方、電話がかかってきた。「遠隔での「意識の転移」を行じた。だから大丈夫だよ。何も心配しなくていい。」そうM・トゥルクは言った。

遠隔で意識の転移を行じるには、亡くなった死者の意識と一体になって、その意識を阿弥陀仏の浄土に移さなければならない。よほど高い悟りを得ていないとできない。

「「意識の転移」を行じていただいたお礼を差し上げたいのですが。ただし明日の早朝、飛行機で出発しなければなりません。」

そういうと、M・トゥルクは、パロにいる知り合いの東チベット出身の僧侶に預ければいいと言う。わたしはホテルの玄関で、M・トゥルクの使者を待っていたのである。

ラマ・セルポ

川沿いに南北に山なみが迫るパロは、日の入りが早い。

ホテルの玄関に、俊敏そうな小柄な若い僧侶が姿をあらわしたころには、外は暗くなりかかっていた。

「タシ・デレ（素晴らしい吉祥がありますように）！」チベット語であいさつをする。

次の瞬間、暗がりの中を続けて入ってきたもう一人の僧侶の姿を見て、わたしは思わず大きな声を上げてしまった。まるまる太ったからだ、大きなお腹、きれいに剃りあげたぴかぴかの頭。どこかしら少林寺の僧侶を連想させる。

KS、南インドにあるナムドゥルリン寺で仏教哲学の教授をしている。五年ほど前に、数週間ブータンを旅したときの相棒だ。

二人で最初に訪れた場所の一つは、ジェ・ゲンドゥン・リンチェン（一九二六～九七）が最後の日々を過ごし、一週間のトゥクタムに入ったティンプーの自宅だった[1]。

その後、中央ブータン巡礼の旅を終えたとき、KSは長期の隠棲修行に入るつもりだと言っていた。ところが数か月後、ナムドゥルリン寺の座主で、ゾクチェンのたいへん重要な導師だったペマ・

ラマ・セルポ

ノルブ・リンポチェが遷化された。その葬儀のために南インドに行くという連絡が来たまま、音信不通になっていたのである。

額をごつんと合わせて、あいさつをする。

聞くと、ホテルのすぐ近くの民家で長年の信者が亡くなり、四十九日間、死者のために「中有において聴聞によって解脱する大いなる書」――いわゆる「チベットの死者の書」――を読んでいたという。四十九日の法要が終わり、火葬が行われた。毎日読誦したお経を炎の中に投げ込むと、大きな虹が出た。何とも縁起がいいなと思い、そのまま小高い丘の上にあるニンマ派第二代の宗主ディルゴ・キェンツェ・リンポチェの仏舎利を収めた仏塔にお参りに行った。すると寺の管理をしているお坊さんが、これから日本人に会いに行くという。「もしや」と思って、ついてきたのだという。

KSは、ペマ・ノルブ・リンポチェの葬儀が終わると、ブータンに戻った。そしてラマ・セルポの弟子になって、その遷化のときまで教えを受け、ゾクチェンの修習を続けてきたという。

ラマ・セルポのところには、二〇〇八年に二人でいっしょに会いに行って、短い教えを受けたことがある。ラマ・セルポは、東チベットで、アンゾム・ドゥクパの息子であるギュルセ・ギュルメ・ドルジェから学んだ、ゾクチェンのヨーギとして知られていた。長身でしっかりした骨格の持ち主。

当時九十歳を超えていたが、とてもそんなふうには見えなかった。

ラマ・セルポは、二〇一一年の暮れ、十日間あまりのトゥクタムに入って遷化した。

その三か月後、二〇一二年の春にブータンを訪れたわたしは、トゥクタムのあいだにラマ・セルポのからだが、子供ほどの大きさに縮んだという話を聞かされた。身の回りの世話をしていたおつきの弟子が撮った写真には、トゥクタムの際、背中をまっすぐ伸ばして瞑想の姿勢をとったままのラマ・セルポの全身から、巨大な光の球体のようなものが放射されているのが、写し出されていた。

本当だろうか？　ＫＳに尋ねた。

答えは次のようなものだった。ラマ・セルポがトゥクタムに入ったという知らせを受けたとき、ＫＳはティンプーにいた。ラマ・セルポから、アンゾム・ドゥクパの血脈にしたがって、ゾクチェンの教えを広く人々に伝えるために、新しくお寺をつくるようにアドバイスされていたＫＳは、最初に遷化の知らせを受けた一人だった。

ギェルセ・ギュルメ・ドルジェ

ラマ・セルポの家は、ティンプーからドチュラ峠を越え、ワンディ・ゾンに行く途中にある。ティンプーからは、車で半日の道のりだ。翌日ラマ・セルポの家に着いた。
ラマ・セルポがトゥクタムに入っていた部屋には、その遺言にしたがって、三人の弟子しか入ることができなかった。集まった弟子たちは、三昧耶戒《サマヤ》（密教の戒律）を破ったことを懺悔し、仏法僧に供養する儀軌を毎日行じた。あいまに、ラマ・セルポの部屋に行く。そのたびに、瞑想の姿勢のままのからだは、毎日どんどん小さくなっていく。

十日間ほどのトゥクタムが終わったときには、子供くらいの大きさになっていた。

「本当のことさ。毎日小さくなっていくのを、自分の目で見たのだから。誰になんと言われたって、事実を消すことはできない。」

黄色いラマ

ラマ・セルポが遷化した翌年の二〇一二年、弟子の一人だったダムチュー・レンドゥプがゾンカ語で書いた伝記『出離の使者』（Nges 'byung gi pho nya）が、私家版として出版された。[2]

その前書きによると、ラマ・セルポは、二〇〇八年の年末から体調がすぐれず、身近な弟子たちに死が近いことを告げていた。そのこともあって、ダムチュー・レンドゥプは、ラマ・セルポが物語る一生の出来事を文字に書きとめ、師に読んでもらっては修正する作業を、続けたという。

師が遷化した後は、最期の日々について懸命に書き足した。そしてやはりラマ・セルポの弟子で、ネパールにあるシェチェン僧院の重要な転生化身の一人、ギュルメ・テクチョク・ドルジェに校訂を依頼した。

わたしたちは、これから、この伝記を読み進めることによって、現代の一人のゾクチェン行者の

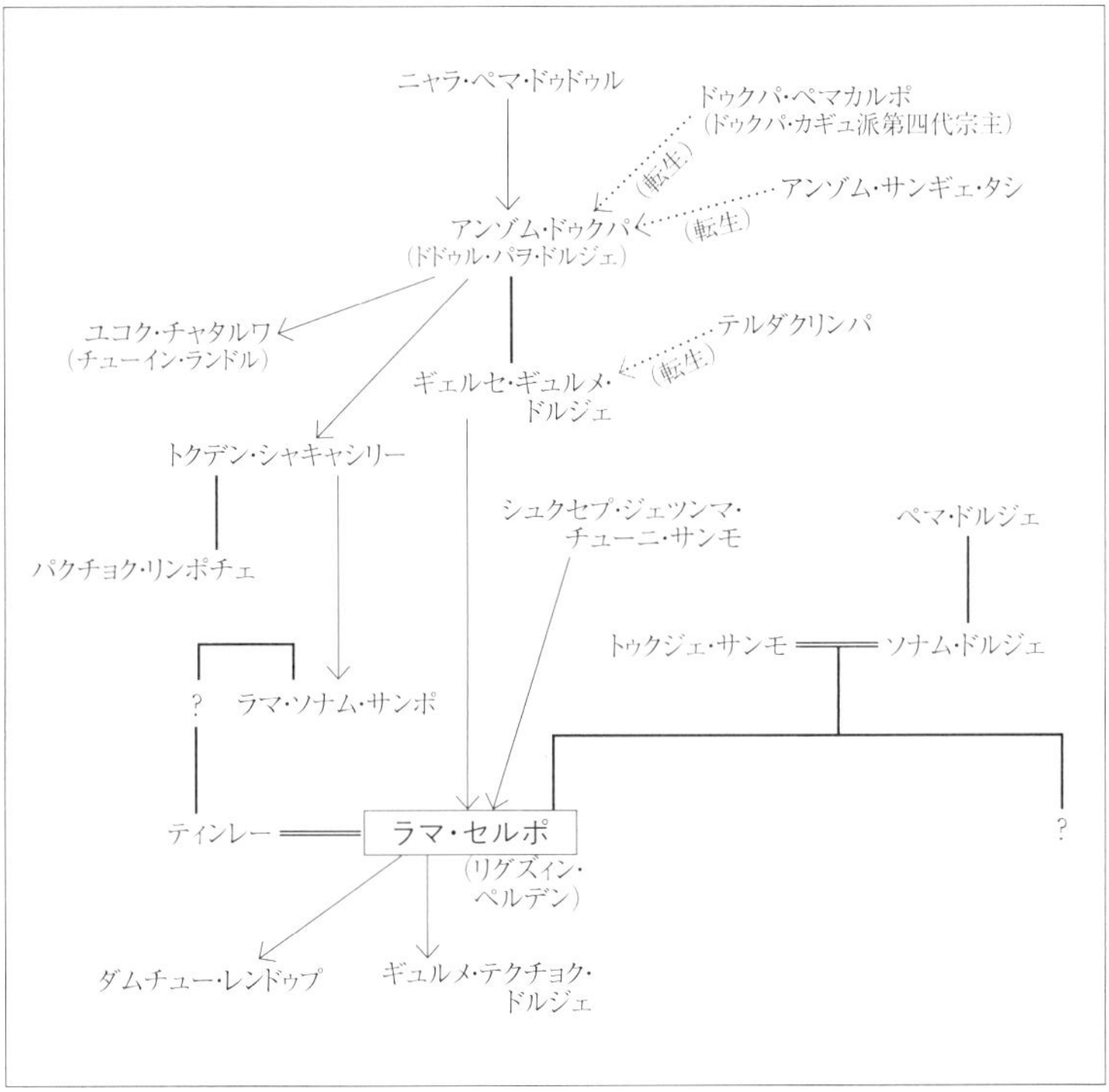

一生について考えることにしよう。

『出離の使者』によると、ラマ・セルポは一九一六年、中央ブータンのクルトゥ地方カウチュンという土地に生まれた。クルトゥは、一九〇七年に始まったウゲン王朝の初代国王ウギェン・ドルジェの出身地で、ラマ・ソナム・サンポ（一八八八〜一九八二）をはじめ、多くのすぐれたラマを輩出した地域として知られる。父の名はソナム・ドルジェ、母はトゥクジェ・サンモ。二人兄弟の弟だった。

名前のラマ　セルポは、「黄色いラマ」を意味する。中国によるチベットの侵攻後、亡命チベット世界におけるニンマ派の初代座主となり、絶大な影響力を持ったドゥジョム・リンポチェには、「白いラマ」（bla ma dkar po）、「黒いラマ」（bla ma nag po）、「白い仏教哲学博士」（mkhan po dkar po）といったふうに、色で呼ばれる愛称を持つブータン人の弟子たちがいた。そのため、ラマ・セルポは、ドゥジョム・リンポチェの弟子だと勘違いされることが多い。

けれども実際のところ、「黄色いラマ」にはまったく別の由来があった。幼いころ黄疸にかかって、全身真っ黄色だった。それを見た母親が、「黄色い子供」を意味する「セルポ」と名づけたのである。

父のソナム・ドルジェは若くして亡くなった。そのため「黄色い子供」セルポは、母の実家のあるカウチュンで、親子三人で暮らした。

親戚たちに囲まれたカウチュンでの生活には、楽しいことも、悲しいことも、苦しいこともたくさんあった。特に幼くして父を失った少年期のセルポが、人生の無常について深く考えただろうことは、想像にかたくない。少年は数え年で十二歳のとき、クルトゥから南に下がったルンツェにあるゾンで仏門に入った。

「ゾン」（rdzong）は、チベットやブータンにおいて、地方政庁と僧院を兼ねる城塞を意味する。石づくりの高い壁で囲まれた敷地に、行政と仏教・祈祷にかかわる、数階建ての急な階段を持つ建物が立ち並ぶ。ブータンの場合、ゾンの宗教部門は、国教であるドゥクパ・カギュ派に属している。幼い少年は、このゾン内部にある僧院で、密教儀礼のための楽器の演奏方法や、経典の読み方、儀式用の供物となるトルマのつくり方などを学んだ。

ゾンでは国家と地域の安寧、繁栄を祈る儀礼とともに、死者の追善回向、病気平癒の祈祷が日々続く。ゾンの見習い僧となった黄色い少年は、密教儀礼に熟達していった。

それとともに、三年間チベット医学を学んだ。海抜数十メートルから六〇〇〇メートルまで、大きな高度差と多様な気候に恵まれたブータンは、たいへん変化に富んだ植生を持っている。薬草の宝庫として知られ、「薬草の国《メンジョン》」（sman ljong）とも呼ばれてきた。少年セルポの医学教育の中心は、薬草を見分ける眼を磨き、尿診、脈診をトレーニングすることだった。

知性に恵まれた思春期の少年は、やがてゾンを支配する地方領主（rdzong dpon）に目をかけられるようになった。当時のブータンでは、地域の政治的・世俗的な支配者が、同時にゾン内部の僧院部門をじかに掌握していた。少年セルポにとって大変幸運だったのは、ルンツェ・ゾンの支配者であるクンサン・ナムギェルが、仏教に熱心な信仰を持ち、自分でも密教の修行をしていることだった。

あるときクンサン・ナムギェルは、リグズィン・ドルジェ（別名ヨンダク・リンポチェ）というラマを招いて、ニンマ派の密教修行の準備となる前行の教えを学んだ。リグズィン・ドルジェは、東チベット・カム地方の偉大な密教行者トクデン・シャキャシリーのもとで、高度な密教を学んでおり、深々とした瞑想体験を持っていた。

若い見習い僧は、クンサン・ナムギェルの隠棲修行の助手として、食事など身の回りの世話をした。教えが説かれるときになると、部屋の戸口で、東チベットで大切な密教の教えを学んだラマの言葉に、じっと聞き入った。

このときリグズィン・ドルジェは、十九世紀東チベットの有名な放浪行者ザ・パトゥルがあらわした『法身普賢なる導師の口伝』（Kun bzang bla maʼi zhal lung）をテキストに用いた。この本の冒頭には、人として生まれることがきわめて稀な機会であること、生の無常、行為の因果、輪廻の苦しみからなる「四つの出離」の修習について、たいそう詳しく説かれている。

はるばる東チベットに旅し、師の心にある教えをすべて学び尽くし、何年にもわたる長期の隠棲修行を終えて帰郷したリグズィン・ドルジェの言葉は、少年僧の心に深くじかに浸みとおった。なかでも、ザ・パトゥルの次の言葉は心に深く刻まれ、その一生を導くものとなった。

> 死の主（閻魔大王）のことなど知らんぷりの寺の小僧には、死ぬときに役に立つ教えがない。ただ厚かましくいばるばかりだ。死は避けられないことを思い起こし、ブッダの教えについて考える者も、しごく稀だ。今の世は、修行者のふりをして偽物のダルマを説き、仏法について口先で語るものばかり。ブッダの説かれた教えのとおりに、行動しようという湧き上がるような思いを持つものも稀だ。立派な僧服を身にまとい、威儀を正して教えの席に連なり、二百五十の戒律を口先だけで受ける。外面を装い、心は怒りに満ちたまま。そんな比丘を見て、ブッダがお悦びになることはない。[3]

> 自分は世俗の習いにしたがい、意味もはっきりわからないまま、毎日儀式を行じるばかりだ。仏法を守る護法尊の神々に、山のような供物を捧げていても、密教の灌頂によってつくり出される誓約を心の底から守る気持ちがなければ、無益だ。村に出かけて祈祷したり、暦法に合わせて法要をするだけでは、解脱することなどできはしない。

死ぬときに本当に役に立つ、正しい教えを学びたい。リグズィン・ドルジェの教えを聞いた少年の心には、固い決心が生まれた。

自由への旅

東チベットに行って、トクデン・シャキャシリーのもとで学びたい。しばらくして実家に戻った少年は、思いのたけを母に打ち明けた。すると、自分でも正しい教えを実践したいと思っていた母は言った。「家族の中で起こる苦しみは、尽きることはありません。思った通りに修行なさい。」

それだけではない。密教の師に供養するために、たいそう大切にしていた九つの目を持つズィ（gzi）の首飾りを、首から外し、手渡してくれた。

ズィは瑪瑙《めのう》に特殊な加工をした宝石で、目のような文様がついている。チベットでは魔除けとして、またブッダや菩薩たちの加持を集めてくれる力を持つものとして珍重され、親から子に代々受け継がれる。[4] その中でも九つの目を持つズィは特に貴重とされる。

トクデン・シャキャシリー

母は肌身離さず大事にしてきたズィを渡すと、チベットに行くときがきたら、売って旅費とラマへの供養のために使いなさいと告げた。

母の許しを得たとはいっても、国と地域のための祈祷を行うゾンで、出家僧となった身だ。簡単に出ることはできなかった。無断で逃げ出すと、残された家族に罰が下される可能性もある。セルポは秘めた思いを抱えながら、三年間待ち続けた。

そんなある日のこと、ゲルク派の高僧がルンツェ・ゾンに客として訪れた。身の回りの世話をしたセルポは、ブムタン地方に行く高僧のお供として、二日間だけ寺を出る許可を得ることができた。セルポは、出発にあたって、自分を大切に庇護してくれたゾンの領主クンサン・ナムギェルのもとに行った。もうこれでお別れだと思って、頭に掌をのせてもらい、加持を受けよう——「御手の灌頂」(phyag dbang)と呼ばれる——とした。

心の内を見抜いた領主は言った。「たった二日出かけるのに、加持を受ける必要はないだろう。もう帰ってこないつもりかね。『山の教え』には、「故郷を捨てたら、仏法の半分は成就したことになる」と書いてあるがね。」

『山の教え』は、人里離れた山奥で隠棲修行を続ける行者のために書かれた瞑想用の指南書を指す。ドルポパ・シェラプ・ギェルツェン(一二九二〜一三六一)、チャクメ・ラガ・アセ(一六一三〜七八)、さらに近年ではドゥジョム・リンポチェのあらわしたきわめて短い『山の教え』が、よく知られている。その原型となったのは、十三世紀のカギュ派のヨーガ行者、ギェルワ・ヤンゴンパ(一二一三〜五八)が書いた『山の教え』である。

ギェルワ・ヤンゴンパは、南チベットの雪山の洞窟で、カギュ派のマハームドラーやニンマ派に伝えられるゾクチェンの修行に専念して、生涯の大半を送った。「脈管と風」の隠棲修行の途中では、肉体の内部にある微細な風の光に満ちたネットワークからなる「金剛身」を、すみずみまで直接目にするという体験をした。それをもとに『金剛身の秘密の教え』(rDo rje lus kyi sbas bshad)という、大変重要な書物をあらわしている。

その『山の教え』の中で、ギェルワ・ヤンゴンパは、「故郷を捨てたら、仏法の半分は成就したことになる」と説いているのである。

「故郷を捨てろ。」このアドバイスは、『山の教え』だけではなく、菩薩道のエッセンスを説いたテキスト群でもくりかえされる。ギェルセ・トクメ・サンポ（一二五九～一三六九）の「菩薩の三十七の修行」（rgyal sras lag len so bdun ma）の冒頭には、次のように書かれている。

近しい友や親戚に対しては、執着が、海のごとく揺れ動き、
敵に対しては、怒りが、炎のごとく燃え上がる。
取捨を忘れた無知の暗闇のなかで、さまよう。
故郷を捨てることが、菩薩の修行である。

子供にとって、温かく守ってくれる家はとてもありがたい存在だ。けれども家族に囲まれ、生まれ育った故郷にいたままでは、そこでの人間関係や思考パターンから抜け出すことはできない。一定の年齢になったら、家を捨て、故郷から遠く離れた場所で修行することが大切だ。青年僧のセルポにも、ようやくその日がやって来たのである。

クルトゥを出たセルポは、まっすぐ中央ブータンのブムタンに行った。チベットとの国境に近い寺で、旅の道連れがあらわれるのを待ち、一週間後トンサからやって来た商人たちのグループといっしょに、チベットに出発した。

シュクセプ・ジェツンマ

このときセルポを突き動かしていたのは、東チベットの偉大なヨーガ行者トクデン・シャキャシリーのもとで修行したいという強烈な思いだった。けれどもチベットに入った彼は、東チベットに直行するのではなく、まずはラサの南にあるシュクセプ寺に向かった。

それには理由があった。途中出会ったゾクチェン・リンポチェというラマに、「トクデン・シャキャシリーが存命かどうかは、はっきりしない。シュクセプには、シュクセプ・ジェツンマというすばらしい女性行者がいらっしゃる。紹介状を書いてあげるから、会いに行きなさい」と言われたのである。

シュクセプ・ジェツンマ・チューニ・サンモ（一八六四〜一九五三）は、ゾクチェンの中でも最も高度な「ニンティク」の修行を完成した女性行者として、また観想の中で自分の肉体を切り刻み、人間や他の生きものにさわりをなす悪霊たちに布施するチュー（「切断」）の達人として、たいそう有名だった。[5]

ラサから南に流れるキチュウ川沿いに歩き、途中東にそびえる山に向かって方向を変える。小麦畑の中を進み、さらにごろごろ石の転がる山道を一時間ほど登ったところに、シュクセプ寺は姿をあらわす。シュクセプは、ながらくカギュ派の支派の一つであるシュクセプカギュ派の本山だった。

さらにシュクセプから急な傾斜の山道を三十分ほど上がった、カンリ・トゥカルの行場には、メロン・ドルジェやロンチェン・ラプジャムといった、十三世紀から十四世紀のすぐれた行者たちが隠棲修行を行った洞窟が点在している。シュクセプとカンリ・トゥカルは、ニンマ派のゾクチェン修行者たちにとって、中央チベットにおける最も重要な聖地の一つであり続けてきた。商人たちの一行と別れたセルポは、八日間かけてこのシュクセプに、徒歩でたどりついたのである。

シュクセプ・ジェツンマは、ブータンからはるばるやって来た若い比丘僧セルポを、たいへん温かく迎え、密教の灌頂と教えを授けてくれた。このときセルポは「密教の修行を達成した吉祥なる行者」を意味するリグズィン・ペルデンという名前を与えられた。

何よりほっとしたのは、母からもらった九眼のズィを、シュクセプ・ジェツンマに供養できたことだった。両親がさまざまな罪を重ねながら作った大事な財産を、ブッダに等しい悟りを得た師に供養することができた。これで二人の罪もずいぶんきれいになって、仏法との絆もきっと深くなるだろう。青年僧セルポは、とてもさっぱりした気持ちになった。

そうやって四か月が経ったころ、若い比丘のセルポは、どうも落ち着かない気分になってきた。カンリ・トゥカルには、シュクセプ・ジェツンマを慕って、七百人あまりの尼僧たちが集まって、修行していた。その多くはラサの貴族の娘たちで、上品な美女も多い。このままいると、修行の妨げになりかねない。

そんなある日、セルポはシュクセプ・ジェツンマに呼び出された。ラサに帰る商人といっしょにラサに行って、ジョカン寺のシャキャムニ・ブッダの像の前で、十万回の五体投地をしていらっしゃい。そうシュクセプ・ジェツンマは告げた。

帰依の五体投地は、密教の本格的な修行に入る準備となる前行の入り口だ。セルポはラサに移り、

ラマ・ソナム・サンポ

ジョカン寺で毎日五体投地を続けた。

そうするうちに、ブータン出身のラマ・ソナム・サンポと出会ったのである。ラマ・ソナム・サンポは、当時四十代の半ば。セルポと同じクルトゥの地で、ウゲン王朝の初代ウゲン・ワンチュクの庶《しょ》子《し》として生まれ、東チベットのトクデン・シャキャシリーのもとで、修行を積んだヨーギだった。[6]

ラマ・ソナム・サンポが言うには、トクデン・シャキャシリーは、すでに遷化してしまった。けれどもその息子のパクチョク・リンポチェは、学問においても悟りにおいても、シャキャシリーとまったく等しいお方だ。最初の決心通り、さっさと東チベットに行くのがいいだろう。不案内な東チベットに行く道連れも探してくれるという。

セルポはシュクセプ・ジェツンマに許可を得るために、いったんシュクセプに戻り、それから東チベットに向かうことにした。

シュクセプ・ジェツンマは、セルポの決意を知ってたいそう喜んだ。数珠を繰って占った結果も上々だ。「最初は難儀なことが多いだろうが、最後は何の妨げもなく、立派に仏法を成就できる」というものだった。

東チベットへ

ラサに戻ったセルポのために、ラマ・ソナム・サンポは、トクデン・シャキャシリーの孫の一人といっしょに、東チベットに向かえるよう手配してくれた。ただし出発は一か月先だという。ラマ・ソナム・サンポのところで居候しながら、そんなに長い間待ちきれない。

そこに、六頭の馬の世話をしながら、東チベットに行ってほしいという話がやって来た。謝礼はない。けれども食べ物は準備するという。渡りに船。引き受けることにした。

ところが実際に出発すると、馬の世話で、昼も夜も休む暇がない。十日あまりで疲労困憊し、足にはひどいできものができて、寝込んでしまった。

結局若き比丘は、一人で托鉢をしながら、徒歩で東チベットに向かうことになった。

一か月後、セルポはシッディカにあるパクチョク・リンポチェの寺にたどりついた。

ようやくお会いできる。喜んだのもつかの間、パクチョク・リンポチェの体調がすぐれず、会うことができない。三週間後、パクチョク・リンポチェは遷化してしまった。

はるばるブータンからやって来たのに、お会いすることすらできない。これもすべて自分の悪業のせいだ。そう思うと心が重くふさがる。

せめてものなぐさめは、死の際深い瞑想の境地にとどまるトゥクタムが終わった後、報身の飾りをつけた遺骸にまみえることができたことだった。「どうか、今生において正しい仏法の教えと出会うことができますように。空を飛ぶ女神の浄土で、来世お会いできますように。」涙ながらに祈りを捧げた。

たぶん、その祈りが届いたのだろう。

パクチョク・リンポチェの葬儀には、超宗派運動の高名な導師だったジャムヤン・キェンツェ・

ワンポの転生化身ゾンサル・キェンツェとともに、ゾクチェンの導師として有名なアンゾム・ドゥクパの転生化身であるアンゾム・ドゥクトゥルがやって来ていた。

事の次第を包み隠さず説明すると、「悲しまなくてもいい。アンゾム・ドゥクパの子息のギェルセ・ギュルメ・ドルジェという方がいる。トクデン・シャキャシリー、パクチョク・リンポチェのお二人と仏法の深い絆でつながれ、たいそう高い悟りの境地に達したお方だ。彼に師事すればいい。明日出発するから、いっしょに来なさい」と言ってくれた。

ギェルセ・ギュルメ・ドルジェという名前を聞いただけで、セルポの心は、深い信仰で満たされた。

翌日セルポは、アンゾム・ドゥクトゥルとともに出発した。徒歩で十日あまり、一生の師となるギェルセ・ギュルメ・ドルジェのいるアンゾムガル寺に到着した。

アンゾム・ドゥクパとギェルセ・ギュルメ・ドルジェ

アンゾムガル寺を開いたアンゾム・ドゥクパ（ドドゥル・パヲ・ドルジェ。一八四二〜一九二四）は、十九世紀後半から二十世紀にかけて、東チベットで最も重要なゾクチェンの導師の一人だった。幼いころに転生化身として認定され、東チベットの超宗派運動を主導したジャムヤン・キェンツェ・ワンポ、ニャラ・ペマ・ドゥドゥル、ザ・パトゥルたちから多くの教えを受けた。

アンゾム・ドゥクパは、ゾクチェンの高度な悟りによって、また埋蔵宝発掘者《テルトン》（gter ston）として知られた。東チベットのトムゲに新しく開いたアンゾムガル寺で、毎年夏の一か月間はゾクチェンを、冬の一か月間は「脈管と風」のヨーガを教えた。その弟子からはユコク・チャタルワ（チューイン・ランドル）をはじめとして、多くのすぐれた行者たちが輩出した。青年僧セルポがあこがれたトクデン・シャキャシリーも、その弟子の一人だった[7]。

アンゾム・ドゥクパは子供のころ、アンゾム・サンギェ・タシとドゥクパ・ペマカルポという、二人の高僧の転生化身として認定されていた。ドゥクパ・カギュ派第四代宗主のドゥクチェン・ペマカルポ（一五二七〜九二）は偉大な学僧で、顕教やカギュ派の密教について多くの著述を残しただけでなく、ゾクチェンの指南書である『ペマ・ニンティク』をはじめとする、埋蔵宝典の発掘者でもあった。ペマカルポは、ドゥクパ・カギュ派の宗主としての役割にくわえ、パドマサンバヴァやヴィマラミトラによって伝えられたニンマ派のゾクチェンを教えるために、アンゾム・ドゥクパとして生まれ変わった、と考えられていた。

アンゾムガル寺（Chogyal namkhai norbu, *RAINBOW BODY* より）

　若き日のアンゾム・ドゥクパが、高名な埋蔵宝典発掘者で、「虹の身体」を悟ったニャラ・ペマ・ドゥドゥル（第六章）から親しく教えを受けたときのことだ。ニャラ・ペマ・ドゥドゥルは、その未来を予見し、結婚してたくさんの弟子たちに教えるように助言した。アンゾム・ドゥクパは数え年で十二歳のとき、無常についての教えを聞いてから、たいそう深い出離の念を抱いていた。とてもしたがうことのできないアドバイスだ。そう言うと、ニャラ・ペマ・ドゥドゥルは答えた。「年を取ったら、どうしたってそうせざるを得なくなる。そのときわたしの言葉の意味がわかるだろう。」

アンゾム・ドゥクパは、その予言が正しかったことを、後にはっきり理解した。埋蔵宝典を発掘する運命を持っていたのである。三十歳を超えたころから、鮮やかな光のヴィジョンの中に、十八世紀の埋蔵宝発掘者ジグメリンパをはじめ、ゾクチェン相承のラマたちや、密教の神々が姿をあらわすようになった。それとともに、前世の記憶が蘇ったのである。

埋蔵宝発掘者は、光のヴィジョンの中で、あるいは地中から姿をあらわした経典の意味を、はっきり解読するために、異性のパートナーとともに、性的ヨーガを実践することが、望ましいと考えられている。アンゾム・ドゥクパは四十歳を超えたころ結婚し、自分の発掘した埋蔵宝典を含め、多くのヨーギたちにゾクチェンを教える偉大な導師となった。

アンゾム・ドゥクパは、ゾクチェンの最も高度な修行であるトゥゲル（「超躍」）を完成し、最終段階である「法性滅尽」の境地にいたった。遷化の際には、「パット」という鋭いかけ声とともに、法身の境地に入り、十日間にわたって瞑想の姿勢を保ち続けるトゥクタムにとどまった。その間からだは光を放出しながら縮み、子供くらいの大きさになったと伝えられる。[8]

その息子のギュルセ・ギュルメ・ドルジェ（一八九五～一九六九）は、幼時に十七世紀の偉大な埋蔵宝発掘者で、中央チベットのミンドゥルリン寺を開山した、テルダクリンパの転生化身として認定された。子供のころから前世のはっきりした記憶を持っており、父のアンゾム・ドゥクパから多くの教えを受けた。[9] それとともに、当時の東チベットの重要な師僧たちから多くの経典について聴聞し、該博で深遠な仏典の知識によって知られた。

ギェルセ・ギュルメ・ドルジェは、清浄な戒律を保つ比丘として、一日の大半を瞑想の修習に費やす人物だった。村に出かけて降雨の儀礼を行ったり、病気平癒のための祈祷のたぐいは一切やらない。たくさんの弟子がいるにもかかわらず、まったく身なりにかまわず、ぼろぼろの僧服を着ていることに、セルポはひどく驚かされた。

瞑想修行の一方で、ギェルセ・ギュルメ・ドルジェは、密教のすぐれた導師として、多くの弟子たちを育てた。ブータンからセルポが到着した当時、アンゾムガルには、実に一万人もの行者が集まっていた。

ラマ・セルポの伝記によると、午前中、ギェルセ・ギュルメ・ドルジェの部屋の前に立つ弟子たちは、順番に中に招き入れられ、一対一の口伝を受ける。それから自分で作った瞑想小屋に戻ると、その口伝にもとづいて修習を続ける。一生、あるいは少なくとも数年間、隠棲修行を続けるのがふつうだった。

アンゾム・ドゥクパの跡を継いで、ギェルセ・ギュルメ・ドルジェが教えるようになってから、アンゾムガル寺には大きな変化が起こった。もともと「ガル」（sgar）という言葉は、遊牧民たちが一時的にテントを張る野営地を指す。アンゾム・ドゥクパの時代、アンゾムガルは、ゾクチェンの修行者たちが年に二回密教の教えを受けるために、集まってくる場所にすぎず、はっきりした構造を持っていなかった。

ところがギェルセ・ギュルメ・ドルジェが跡を継ぐとともに、仏法の一大センターとなったのである。

まず大きな本堂が建立された。それから、ゾクチェンの中で最も高度な「ニンティク」経典の校訂版を印刷する印経館がつくられたのである。

この印経館では、一生をゾクチェン僧院の裏山の洞窟で隠棲修行に費やした学僧で、文殊菩薩の化身と呼ばれたジュ・ミパムや、ギェルセ・ギュルメ・ドルジェ本人の校訂作業をもとに、ゾクチェン・ニンティクの最も古い根本経典である『十七タントラ』(rgyud bcu bdun)、十四世紀にゾクチェンの高度な哲学をきわめて明晰な論書の形で表現したロンチェン・ラプジャムの『七つの宝蔵』(mdzod bdun)、『四つの心臓のビンドゥ』、さらに十七世紀にジグメリンパによって発掘された埋蔵経の体系であるロンチェン・ニンティクの正確なテキストが開版された。

ギェルセ・ギュルメ・ドルジェは、木版に彫られた文字の綴りに誤りがあると、その場で木版にナイフを入れて切り裂き、最初から彫り直すように命じたと伝えられる。アンゾムガル寺で印刷された経典は、現在にいたるまで、最も正確なヴァージョンとして広く用いられている。

アンゾムガル寺での修行

アンゾムガル寺に着いたセルポは、パクチョク・リンポチェのときのように、師に会えないまま遷化されるのではないか、気が気でなかった。「どうかお目通りをさせてください。」ちょっとしつこいくらいに頼んだ。

数日後、会うことができた。けれども困ったことに、ギェルセ・ギュルメ・ドルジェの話す東チベットの方言がまったくわからない。わかったのは、アンゾムガル寺にいることを許されたことだけだった。南の竜の国ブータンからやって来た若い比丘は、言葉を学ぶことから始めなければならなかったのである。

ズィをシュクセプ・ジェツンマに供養してしまい、托鉢しながら旅してきたセルポには、ぼろぼろのクッションと、あちこち裂けて形をなさなくなった僧服しかなかった。狭い部屋に、アンゾムガルで知り合った相棒の行者と二人。足やからだを、思いっきり伸ばすこともできない。二人とも寝具を持っておらず、部屋の壁には穴が開いている。ただありがたかったのは、到着したのが春で、強風が吹きすさぶ季節ではなかったことだ。

師となったギェルセ・ギュルメ・ドルジェは、伝統どおり前行から教えを開始した。すでにシュクセプ・ジェツンマのもとで学んではいたけれど、比丘のセルポは、帰依の五体投地からやり直した。五体投地の礼拝行をするときには、師のギェルセ・ギュルメ・ドルジェの方向に向かって、礼拝を続けた。

次の金剛薩埵の瞑想を続けているときのことだ。師に急に呼び出された。「はるばるブータンから大変な苦労をしてやって来た。そのおかげで、罪もだいぶきれいになっているし、資糧も積んでいる。正行の教えに入ることにしよう。」

この日から、ブータン人の弟子セルポは、心の本性そのものを見るゾクチェンの本格的な道に入ることになったのである。アンゾムガル寺での修行は、その後十四年間続いた。

近くに親戚のいないセルポには、托鉢以外に、何も生活の手段がなかった。施食を乞いに行っても与えてくれる者は稀で、しかもスプーンに半分のツァンパぐらいしかもらえなかった。

運良く、そのころアンゾムガル寺に新しくつくられたばかりの印経館で、仕事を得ることができた。木版に墨を塗り、日本の和紙によく似た中国産の紙をのせ、しっかり押さえつけて乾かす。一枚刷るごとにいくら、という出来高払いだ。自分が学んでいる重要な経典の印刷に精を出しているうちに、一年も経つと少し蓄えができた。そのお金で主食となるツァンパとお茶を買い込み、どうしても必要な法具類を買いそろえた。食料は、一年間保つようにしっかり計算して使った。

そうやって何年も何年も、昼となく夜となく修習を続けていたある日のこと、素晴らしい幸福感を味わうとともに、こんな悟りの歌が心の底から湧き出してきた。

すべての現象は、もともとの始まりから実在しない。
見解は二元論的な知性を超え、
四つの対概念（四句分別）や観念（戯論）を超えている。
すべての現象は、あたかも大空を飛ぶ鳥の飛跡のごとく、
真実には存在しない。
何が生じても、その本体は空であることを知る境地に
ゆったり安らぎ、等持する。
裸の真実の境地にとどまり続けることが、
究極の智慧（般若波羅蜜）の到達点だ。

（中略）

顕現と空性が矛盾することなく、

ハム

一体であることが大乗の見解だ。
五色の光のエッセンスを心臓の精滴に集めることによって、
思考の乗り物である風は停止し、
ア字の炎によって、ハム字から雪が溶け出す。
四つの喜びの智慧によって、空性なる美女を抱擁する。
法界と明知は不二だ。その空性の側面は、
言語による思考のはたらきをすべて超えた、
無為なるあるがままの真如である。
楽と空性は不二だ。その顕現の側面は、
五つの光に満ちた不壊なる風＝心である。
ヨーガ行者のマハームドラーの見解においては、
顕現と空性が切り離されることなく一体、不二である。
そのことを、アンゾム父子のご恩によって、
人里離れた行場で悟りました……

この歌を聞いて、師のギェルセ・ギュルメ・ドルジェは、たいそう喜んだ。「よろしい。そろそろ故郷に帰る時期が来た」と告げた。アンゾムガルに着いてから、すでに十四年が経っていた。

出立

セルポは答えた。「ブータンを出て十四年。もう母も死んで、この世にはいないでしょう。このままずっとアンゾムガルで修行を続けたいと思います。」

「いいや。あなたのお母さんはまだ死んでいないよ。今帰って会えば、さらにあと何年か生きるだろう。」

ギェルセ・ギュルメ・ドルジェは、千里眼的な神通でも知られていた。きっと本当だろう。アンゾムガルで修行を続けたい気持ちはやまやまだったが、師のアドバイスにしたがって、ブータンに帰ることを決意した。

このときギェルセ・ギュルメ・ドルジェが、セルポのブータンへの帰途の道中、安全を確保してくれるよう、関係者に書いた手紙が残されている。

日付は一九四八年。この時期ギェルセ・ギュルメ・ドルジェは、二年後に始まる中国人民解放軍の侵攻を予知し、修行が一段落した弟子たちを、それぞれの故郷で修行を続けるように、帰郷させていた。セルポへのアドバイスも、状況がきな臭くなるのを、予見してのものだったと思われる。

ラマ・セルポによると、この時期アンゾムガルでは、修習の体験にもとづいて師と一対一で問答するのにくわえ、毎年チベット暦新年に、アンゾム・ドゥクパが書いた前行の解説書である『解脱の道を明らかにする灯明』（Thar lam gsal sgron）と、ザ・パトゥルの『法身普賢なる導師の口伝』

の講説が行われるのが習わしになっていた。

ところがこの年、ギェルセ・ギュルメ・ドルジェは、ブータンに帰るセルポたちのために、『透明無碍な密意』（dGongs pa zang thal）と『四つの心臓のビンドゥ』の灌頂と教えを、わざわざ与えてくれたのである。リグズィン・グーデムが発掘した北の埋蔵経（byang gter）の体系に属す『透明無碍な密意』と『四つの心臓のビンドゥ』は、ゾクチェンの修行について最も詳しい解説を含んでいる。その灌頂は、アンゾムガルにおけるセルポの訓練が完了したことを意味していた。

「ブータンに帰ったら、ここで学んだことや、修行のことは誰にもしゃべってはいけない。生まれ故郷のクルトゥで暮らすのではなく、数年間ずつ移動しながら、各地の聖地で隠棲修行を続けなさい。村の祈祷で毎日を過ごすようになってはいけない。」

そういう忠告とともに、ギェルセ・ギュルメ・ドルジェは、道中の無事を確保するよう依頼する手紙にくわえ、今後の修行について、次のようなアドバイスを、短い詩の形式で書いてくれた。


南の竜の国からやって来たリグズィン・ペルデンに与える口伝。

南のジャムブーヴィデーパ（瞻部州《せんぶしゅう》）を飾る
唯一の存在であるパドマサンバヴァと一体である師に祈ります。

キエホー！

幸運なる息子よ、お聞きなさい。

汚濁にまみれ、寿命も短いこの時代にあって、
心が散乱したまま人々が行き交い、
混乱に満ちた場所にまぎれこまないようになさい。
センゲ・ゾンをはじめ、いにしえの聖者たちが加持され、
修行の体験、悟り、三昧がいやましに深まる人里離れた聖地で、
二元的な観念を超えたゾクチェンの修行に励みなさい。
ときどきは見解を育てるために、
脈管と風の修行について、血脈の口伝を書き記した切紙にあるとおり、
ヤントラヨーガや心と風を一つに融合する修行を行じなさい。
あるいは顕教と密教の前行の中にある
心を浄化し、資糧を積み、罪を浄化する修行、
とりわけグルヨーガに励みなさい。
空性から本尊のマンダラを生み出す生起次第と、
それを空性に溶かし入れる究竟次第の普遍的な深遠な要点を書き記した
「秘密真髄」の注釈書『十方の暗闇を取り払う書』や、
『至上の智慧』とそれを背後から支える経典群、
そして帰依処たるアンゾム・ドゥクパ・リンポチェの
特別な指南書を、ときどき読むことも大切だ。
二元論的な心のはたらきによって、迷妄に支配されないようになさい。

心臓のビンドゥの深々とした口伝にもとづいて修行しなさい。
原初から清らかな心の本性にゆったりとどまるテクチュー（断束）を悟り、自然のまま完成している徳性が光としてあらわれてくるトゥゲルの修行の四つのヴィジョンを完成するなら、
今生において、原初のブッダであるサーマンタバドラの悟りを得ることに、疑いはない。

南の竜の国からやって来た弟子のリグズィン・ペルデンが故郷に帰るにあたり、教えの必要な要点を書いてくださいと願うのにこたえて、ギュルメ・ドルジェがタシ・ゲペルリンにおいて書き記した[11]。

ブータンでの隠棲修行

東チベットからラサを経て、ブータンへ。故郷のクルトゥに着いたとき、ラマ・セルポは数えで三十三歳になっていた。

途中祖父のペマ・ドルジェと出会った。けれどもおたがいに変わり果てて、相手のことがわからない。いっしょにいた伯父が、声を聞いて気づいてくれた。「比丘のセルポじゃないかい。」故郷の言葉も忘れていた。

実家に戻ったラマ・セルポは、一か月間だけ年老いた母とともに過ごし、それからチベットの聖

女イェシェ・ツォギェルゆかりの聖地、センゲ・ゾンに向かった。

ブータンの北東部、チベットとの国境に近いセンゲ・ゾンからケンパジョンにかけての地域は、標高四〇〇〇メートルを超える高地で、天変地異や戦争が起こったとき、難を避けることのできるヒマラヤの「隠れた浄土」（ベーユル：sbas yul）の一つとされる。

センゲ・ゾンで六か月。その後はペルチェンダクで四年、シャワプクの行場で十二年、隠棲修行を続けた。その間は、師の悟った心と一体になるグルヨーガにひたすら専念した。食料は、母が手配してくれた。正しい仏法を行じたいと念じていた母は、自分も聖地の行場で観音菩薩の真言を唱え、ときどき、息子の比丘ラマ・セルポから教えを受けた。

シャワプクでの隠棲を終え、ケンパジョンを抜けて、ブムタンの聖地に移動しようとしたときのことだ。たまたまケンパジョンに滞在していたラマ・ソナム・サンポから、会いたいという手紙が送られてきた。ラマ・セルポは四十九歳、ラマ・ソナム・サンポは七十七歳。ラサで会ってから、三十年あまりの月日が経っていた。

再会したラマ・ソナム・サンポの用件は単純だった。「高度の密教を修行するためには、すぐれた徳を兼ね備えたパートナーが必要だ。尼僧として修行している十九歳の自分の姪と結婚するのがいい」と言う。

ラマ・セルポは考えた。ずっと比丘の行者として生きてきた。今さら世俗の生活に戻る気はさらさらない。けれども、ラマ・ソナム・サンポが言うとおり、高度の密教の修行をさらに進めるためには、女性のパートナーがいたほうがいいことは、確かだ。ラマ・セルポは、ラマ・ソナム・サンポの姪、ティンレーと結婚し、そのままケンパジョンとパクサムルンの聖地で、十三年間隠棲修行を続けた。

密教行者セルポ

ラマ・セルポとティンレーのあいだには娘が生まれた。二人は故郷のクルトゥに戻り、ラマ・ソナム・サンポが建立した小さな寺の堂守になり、そのすぐ前にある小さな家に住むことになった。ところが数年後、年老いたラマ・ソナム・サンポから、また手紙が来た。一人暮らしで食事もままならないと書かれている。それを読んで、二人は寺を捨て、ラマ・ソナム・サンポのもとに行く決心をした。

そばで面倒を見ることができたのは、わずか一年ばかりのことだった。ラマ・ソナム・サンポは、ドランタンという土地で遷化した。それとともに、残された夫婦と娘には住む場所がなくなった。

それからの数年、三人は各地を転々とした。その後七十歳にさしかかるころから、ラマ・セルポは、しだいに熱心な弟子たちのために、密教の教えを与えるようになった。

その間の事情について、ダムチュー・レンドゥプの『出離の使者』には、あまり詳しく書かれていない。だがラマ・セルポの晩年に親しく学んだ弟子たちによると、その大きなきっかけになったのは、ディルゴ・キェンツェ・リンポチェだったという。

すでに触れたように、ブータンに帰るとき、ラマ・セルポは、師のギュルセ・ギュルメ・ドルジェに、「アンゾムガルで学んだと自分から他人に言ってはならない」と、きつく言い渡されていた。東チベットのすぐれた導師のもとで長年修行を積んできたと言えば、すぐに弟子たちが集まってくる。それでは、自分の瞑想修行を深める、大きな妨げになる。

「チベットで十四年間何をしていたのか聞かれたら、巡礼をしていましたと答えるように。」ラマ・セルポはそう命じられていた。深い出離の念と信仰を持つ弟子が、「隠れたヨーギ」として修行を完成することを、ギェルセ・ギュルメ・ドルジェは、強く望んでいたのである。

ラマ・セルポは、その教えをたいへん忠実に守った。六十代の後半、住む場所がなくなってからは、食べるために村での祈祷に行くようにはなった。けれども、高度なゾクチェンのことなど何も知らないただの妻帯行者として暮らしていた。

そんなある日のこと、ディルゴ・キェンツェ・リンポチェが、ブータンで『埋蔵宝典全集』（Rin chen gter mdzod）の大きな灌頂を授けた。

灌頂を受けるときには、導師となる阿闍梨にあいさつに行き、許可を得るのがならわしだ。やって来たラマ・セルポを見て、ディルゴ・キェンツェ・リンポチェは、たいそう高い境地に達していることを一目で見抜いた。「東チベットに行ったことがあると言ったけれど、アンゾムガルには行ったことがあるかね」と尋ねたのである。

同じゾクチェンを修行していても、それぞれの血脈によって、少しずつ雰囲気がちがう。ディルゴ・キェンツェ・リンポチェは、ラマ・セルポがアンゾムガルと深い絆で結ばれていることを、はっきり感じ取ったのである。「いいえ。東チベットでは、何も知らないまま巡礼していただけです。」ラマ・セルポは答えた。

数日後、ラマ・セルポは、ディルゴ・キェンツェ・リンポチェから呼び出された。五体投地をして、顔を上げると、「このラマに見覚えがあるかね」と言いながら、ディルゴ・キェンツェ・リンポチェは、一枚の写真を目の前に突き出した。

そこには、忘れようもないギェルセ・ギュルメ・ドルジェの姿が写っていた。その瞬間、ラマ・セルポの目からは、大粒の涙が流れ出した。「わたしのラマです」と、思わず叫んでしまった。

そのときから、ラマ・セルポは、ギェルセ・ギュルメ・ドルジェのもとで、大切なゾクチェンの教えを学び、修行を完成したすぐれたヨーギとして、認識されるようになったのである。

ディルゴ・キェンツェ・リンポチェ

七十歳を過ぎたころ、ラマ・セルポは、ブータンの首都ティンプーからドチュラ峠を越え、ワンディ・ゾンに向かう途中にある小高い丘の上に、小さな家を建てて住むようになった。

その後、ゾクチェンの高度の悟りを得たことで知られ、ギェルセ・ギュルメ・ドルジェの弟子でもあったチャダル・リンポチェ（チャダル・サンギェ・ドルジェ）（第二章参照）が、ラマ・セルポから学ぶように、自分の弟子たちに助言したこともあいまって、八十歳を過ぎたラマ・セルポのもとには、ヒマラヤ全域から、弟子たちが集まるようになった。

晩年のラマ・セルポは、チャダル・リンポチェの弟子たちが長期の隠棲修行を続けるベランタンの谷や、師のギェルセ・ギュルメ・ドルジェの予言にしたがって、ブムタンの山中に作った密教道場で、毎年のように、ジグメリンパがあらわしたゾクチェンの指南書である『至上の智慧』を教えた。また自宅から歩いて十分ほどの裏山に、チャダル・リンポチェのアドバイスにしたがって、十一人の行者が隠棲修行できる場所も作った。

長期の隠棲修行ができない人々には、死のとき、阿弥陀仏の浄土に往生する「意識の転移」の修行を教えた。

法薬と甘露

ラマ・セルポは、二〇〇八年の暮れころから体調の不良を訴え、身近な弟子たちに、もう長くないと漏らすようになった。二〇一〇年には、自宅の二階から一階の小さな部屋に移り、厳格な隠棲に入った。その後二〇一一年のはじめには、ブータン中から集まった千人あまりの人々に、観音菩薩や阿弥陀仏の灌頂を与えた。

師のギェルセ・ギュルメ・ドルジェは、今生における最後の利他行として、法薬を加持する成就会の法要（sman sgrub）を行うことがとても大切だと、述べていた。仏舎利を含め、三百種類あまりの材料を集めて薬をつくる。それから、毎日本尊のマントラを切らさずに唱え続け、法薬を加持するのである。

ラマ・セルポは、師の言葉にしたがって、二〇一一年のブータン暦九月一日から、十日間の法薬加持の法要を、弟子たちとともに厳修した。その途中、薬が入れられた銅の容器や、本尊の供養のために並べられたトルマから、甘露が滴り落ちる奇端を、全員が目のあたりにした。

ブータン暦九月一五日には、身近な弟子や家族たちに最後のアドバイスを与え、障害なく修行が達成できるように祈願するとともに、自分の死のときについて遺言した。

「死ぬときには、一週間のトゥクタムに入る。その間誰も部屋に入れてはいけない。声や音を立てないように静かにしておくれ。勤行や儀軌を行じることもいらない。」

さらにもう一つ付けくわえた。

「トゥクタムは一週間くらいで終わる。けれどもすぐに荼毘に付してはならない。遺体は百日間そのままにしておきなさい。」

その後、ラマ・セルポの部屋の扉は固く閉じられ、誰も入れなくなった。

ブータン暦一一月三日から一一月一五日、ラマ・セルポはトゥクタムに入った。

トゥクタム中のラマ・セルポ

ラマ・セルポは、一八〇センチあまりの長身で、しっかりした骨格の持ち主だった。トゥクタムの間、ラマ・セルポの部屋に特別に入ることを許されていた三人の弟子たちは、大柄な体がどんどん小さくなり、ついには三分の一ほどになるのを、目のあたりにすることになった。その間部屋には、素晴らしい芳香が満ちた。

数日後、ラマ・セルポの弟子たちは、アメリカに滞在していたティンレー・ノルブ・リンポチェが、ラマ・セルポとまったく同じ時期に、トゥクタムに入ったことを知らされた。

ティンレー・ノルブ・リンポチェは、前年の二〇一〇年にブータンを訪れたとき、ラマ・セルポと面会し、二時間ほど二人きりで話し込んでいた。完全な覚者は、死のときを選ぶことができると仏典には説かれている。二人の面会には、いつ死ぬかの相談も含まれていたのだろうか。人々はそう語り合った。

【註】

1 ジェ・ゲンドゥン・リンチェンについては、永沢哲「ジェ・ゲンドゥン・リンチェン」（『サンガジャパン Vol.24「チベット仏教」』六一一〜六一二ページ）。

2 Dam chos lhun grub, *rJe btsun bla ma'i mdzad rnam nges 'byung gi pho nya*, 2012.

3 *Ibid.*, p.17に引用。

4 ズィについては、D. Ebbinghouse & M. Winsten, Tibetan dZi (gZi) Beads, *The Tibet Journal*, Vol.13, No.1 (Spring 1988), pp.38-56.

5 シュクセプ・ジェツンマについては、永沢哲「シュクセプ・ジェツンマ」（『サンガジャパン Vol.24「チベット仏教」』五八四〜五八五ページ）。

6 ラマ・ソナム・サンポについては、mKhan po phun tshogs bkra shis, *Grub dgang bsod nams bzang po*, in *Nyi ma shar gyi phyogs las shar ba'i skar ma rnam gsum*, Tshokey Dorji Foundation, 2013.

pp.21-222. およびケンポ・カタヤナのパーソナル・コミュニケーション（二〇〇八年）による。

7　アンゾム・ドゥクパについては、*A 'dzom 'gro 'dul dpa' bo rdo rje'i gsung 'bum*, Khrom ljongs gna' rabs dpe tshogs, 2013, vol.1. に二つの伝記が収められており、参照した。他にナムカイ・ノルブ『虹と水晶』（永沢哲訳、法蔵館、一九九二年）参照。

8　Lhun grub mtsho, *Drin chen bla ma 'brug chen 'gro 'dul dpa' bo rdo rje'i rnam thar cung zad dran pa'i sgo nas gsol ba 'debs pa byin rlabs thugs rje'i lcags kyu*, n.d.

9　ギェルセ・ギュルメ・ドルジェについては、bsTan 'dzin lung rtogs nyi ma, *sNga 'gyur dzogs chen chos 'byung chen mo*, Beijing. Krung go'i bod pa dpe skrun khang. 2004, pp.596-598. を参照。

10　Dam chos lhun grub, *op.cit.*, pp.49-50.

11　*Ibid.*, pp.53-54.

第八章

収容所から「虹の身体」へ

——カンサル・テンペ・ワンチュク・リンポチェ

カンサル・テンペ・ワンチュク・リンポチェ（一九三八〜二〇一四）の名前をはじめて知ったのは、中国青海省、西寧でのことだった。中央チベットの聖地から、密教行者の一大拠点である東北チベット、アムドのレプコンへ。チベット巡礼の旅を終えたわたしは、西寧にある友人Hの家に寝泊まりしていた。

ツァンパとアムチャ（アムド特有のミルク・ティ）の朝食をおいしくいただき、何気なく本棚を見る。と、赤い表紙の一冊の洋装本が目にとまった。タイトルからすると、ゾクチェンについての短い文章を集めたもので、香港で出版されたらしい。

ページを開いたわたしは、その場から動けなくなり、立ったまま読みふけった。そこにはゾクチェンのエッセンスが、たいそう明断で、体験に裏打ちされた深い奥行きのある言葉で、表現されていた。

その薄い本には、著者のごく短い略伝がつけられていた。それによると、著者のカンサル・テンペ・ワンチュク・リンポチェは一九三八年生まれで、いつもは青海省南部ゴロク地方の僧院で暮らしているらしい。Hに訊くと、車で二日かかるという。すでに飛行機の時間が迫っている。わたしは荷物をつかんで、高層住宅の階段を駆け下りた。

一年後、わたしはひょんなことから、カンサル・テンペ・ワンチュク・リンポチェと出会った。「チクディルのお寺に来なさい。教えよう」とおっしゃる。わたしは、その言葉にしたがって、いくつかの夏を、標高四〇〇〇メートルを超える牧草地帯の真ん中にある僧院で過ごした。

中華人民共和国とチベット

カンサル・テンペ・ワンチュク・リンポチェの前半生は、中国によるチベット併合と深く結びついている。

一九五〇年の中国人民解放軍のチベット侵攻と、その後の中華人民共和国への併合は、チベット社会に根源的な変化をもたらす、決定的な事件だった。

一九一一年の辛亥革命によって清王朝は崩壊し、東チベット、カム地方における満州人の支配は終焉した。一九一三年にダライ・ラマ政権は首都のラサを奪還し、独立を宣言した。その後一九五一年まで、ダライ・ラマ政権は、チベットの国土の半分以上を排他的に実効支配していた。モンゴルと相互承認条約（蒙蔵条約）をむすび、またイギリスは、チベットを独立国として承認していた。

だが一九四九年に、共産党と国民党の内戦が終結するとともに、事態は急激に変化した。中国共産党は、海南島とともにチベットを、次の「解放」の主要なターゲットだと宣言し、一九五〇年一〇月、人民解放軍がカム地方に侵攻した。翌一九五一年、人民解放軍がチベット全土を制圧すると、ダライ・ラマ政権は中国とのあいだに一七か条協定を結び、チベットにおける中国の主権を認めた。

毛沢東は、すぐにチベットの社会構造や文化の急速な変革を行うことはしないと約束していた。しかし一九五五年になると、アムド地方、カム地方東部における「民主改革」（＝社会主義改造）が始まり、宗教の批判と漢族の大量入植が行われた。

そのときの状況はどんなものだったか、東チベット出身の一人のヨーギの眼から見てみることにしよう[1]。

ラマ・ジャムヤン（一九二六〜二〇一七）は、東チベットのナンチェン出身で、一九五〇年代末にインドに脱出した。アルナーチャル・プラデーシュ州のニンマ派の僧院にたどりつくと、ドゥジョム・テルサルの伝統にしたがって、三年三か月の隠棲修行に入った。その後、ネパールの聖地パルピンに移り、チャダル・リンポチェ（一九一三〜二〇一五）とゾクチェンのすぐれた導師として高名なトゥルク・ウギェン・リンポチェのもとで、それぞれニンマ派のロンチェン・ニンティクとチョクリン・テルサルの密教体系にしたがって、二回の三年三か月の隠棲修行を満行した。

パルピンには、チベットに強力な密教の伝統をもたらしたパドマサンバヴァが、長期にわたって、隠棲修行を行った洞窟がいくつかある。そのうちの一つであるアスラ洞窟のそばに、トゥルク・ウギェン・リンポチェは、小さな寺を建立した。ゴマ塩頭に白いひげ、身なりをかまわず、色あせた法衣を身に着けたラマ・ジャムヤンは、わたしが出会ったころ、その寺の金剛阿闍梨として、一九九〇年代から二〇一七年の死の直前まで、二十年あまりにわたって、毎日密教の法要を主宰していた。

ラマ・ジャムヤンによれば、東チベットの民衆は、はじめ中国共産党を「菩薩」の集まりだと考えていた。大量の中国元紙幣を配り、たいそう立派な道路を作ってくれる。富を再配分し、貧しい者や生活に困る者がなくなることを、目指しているという。

道路工事の速度は、目を見張るようだ。チベット人が何十年かけてもできなかったのに、わずか数か月で完成する。東チベットが終わると、中央チベットに向かって道路をつくる突貫工事が続く。

何とも素晴らしいことだ。誰もがそう思った。

中国共産党や人民解放軍が、菩薩の集まりではないことに気づいたのは、道路が完成した後のことだった。新しくつくられた道路の脇には、かならず溝が掘ってあった。水路をつくり、洪水や氾濫がないようにするためだ。説明を聞いたチベット人たちは、自分たちの知らない高度な技術やよく考えられた建設プラン、統制のとれた作業ぶりに感心し、口々にほめそやしていた。

ところが道路が完成すると、軍隊がたくさん到着し、溝に隠れて、鉄砲を撃ってくる。最初から戦闘用につくられた塹壕だったのだ。反撃しようにも、ほとんど武器はない。自分たちの愚かさを呪いながら、人々は逃げまどった。

一九五六年、アムドとカム地方東部では、大規模な民衆蜂起が起こった。だが、たちまち鎮圧された。アムド、カム地方からの難民と敗走したゲリラ兵は中央チベットに流れこみ、義勇軍チュシ・ガンドゥクを形成した。その中には、ナンチェン出身のガルチェン・リンポチェをはじめとする、高位の転生化身たちも含まれていた。

中国語で書かれた公式資料にもとづく毛里和子の研究によると、当時の冷戦構造の中で、チュシ・ガンドゥクは、CIAから武器・資金・軍事訓練を受け、チベット南部でゲリラ闘争を行った。だが一九五七年末には平定された。中国語の資料によると、二万人が「殲滅」され、二万人が逮捕された。[2]

一九五七年から五八年にかけて、東チベットでは第二次の蜂起が起こり、五千五百人のチベット人が殲滅された。

一九五八年三月から八月、甘粛省から青海省において、十三万人による蜂起が起こり、十一万六千人が殲滅された。青海省では、チベット人およびモンゴル人の遊牧民五十万人のうち、五万三千人あまりが逮捕された。そのうち、八四％にあたる四万五千人が誤認逮捕であり、二万三千二百六十人が、拘留中に死亡した。誤って殺害されたものは百七十三人、宗教・民族分子二百五十九人、民族幹部四百八十人が殺された。十人兄弟のうち九人が死に、一人だけ生き延びたという例もあった。

一九五九年三月一〇日、ダライ・ラマ十四世が中国人民解放軍に拉致されることを恐れた、三万人の民衆がポタラ宮殿を取り囲んだ。その七日後、ポタラ宮殿の近くに二発の人民解放軍の砲弾が着弾し、ダライ・ラマ十四世は亡命を決意する。このラサ蜂起では、一万人から一万五千人が死亡したとされる。

中国の政府資料を研究した鄧礼峰によると、一九五九年三月から一九六二年三月までの三年間に、ラサ蜂起関連で、九万三千人が「殲滅」されたという。

この時期は、中国における「大躍進政策」に重なっていた。一九五八年から一九六一年にかけて、毛沢東の指導のもとで農業、工業の大増産を目指した政策は、無残な失敗に終わり、饑饉が広がり、多くの餓死者が出た。チベット人社会は、なかでも最も大きな影響を受けたとされる。

一九六六年、西蔵自治区が樹立される。毛沢東のもとで文化大革命が始まり、紅衛兵がラサに進駐した。八月には多くの宝物を納めたジョカン寺が略奪され、伝統文化は否定された。寺院は閉鎖され、多くの僧侶が人民裁判にかけられた。この年から一九七六年に文化大革命が終結し、さらに一九八〇年に共産党中央委員会主席となった胡耀邦によって、宗教解放政策が取られるまで、チベットの仏教は完全な暗黒時代にあった。

誕生と子供時代

本章の主人公であるカンサル・テンペ・ワンチュク・リンポチェの前半生は、この動乱の時期に重なっている。

甥で弟子でもあるケルサン・ナムデンがあらわした伝記、『如意宝珠の蔓草』によると、カンサル・テンペ・ワンチュク（別名ペヤク・ウォントゥル）は、一九三八年、東北チベット、ゴロクの聖山ニェンポ・ユツェ（gnyan po g. yu rtse）にほど近い、ガンド・タシヤルキルという地に生まれた。父の名はゴテポ、母はタルパツォ。地元の富裕な名家アキョン・カンサルの一族だった。

誕生は戊寅《つちのえとら》の年、寅の月、寅の日、寅の刻にあたっていた。赤子が生まれ落ちるとともに、大空には虹が立ち、空間を大小の無数の光滴が満たした。上空からは法螺貝の形をした白い雪の花が舞い散り、あたりいったいに、美しい音が鳴り響いた。

へその緒を首に巻きつけて生まれた子供は、聖なる道に進むように、運命づけられている。赤子はへそから伸びる紐を、まるで僧侶が肩にかけるショールのように、手にしていた。家族は、吉祥な日に生まれた赤ん坊を、ツェレク（「善き日」tshe legs）と名づけた。[3]

立派なラマの生まれ変わりにちがいない。家族はツェレクをたいそうかわいがり、姉のトゥンキーが、特別に面倒をみることになった。

数え年二歳になったときのことだ。軍隊が攻め入って来た。父は衣のなかに息子をすっぽりくるみ、馬で逃げた。方向を見失い、どちらに行ったらいいかわからない。せっぱつまってツェレクに道をたずねる。「あっち」と指さす方に向かい、危うく難を逃れた。

三歳になると、遊びながら灌頂を授けたり、説法したり、仏像を作ったりするようになった。家族や父方の伯母が、「ラマ、どちらからいらっしゃいましたか？」と聞くと、南の方角を指す。伯母が、「あなたがお坊さんになるとき、会えるかしら？」と聞くと、首を横に振る。伯母は、「その前にわたしは死んでしまうということだわ」と言って、泣いた。

ちょうどそのころ、ゴロク地方の有名な埋蔵宝発掘者、ドゥジョム・リンパの弟子で、チュー（「切断」）の修行の成就者として知られたウォンポ・リグズィン・ドルジェの寺（ペヤク僧院）では、六年前に示寂したラマの転生化身を探していた。

カンサル・ウォンポ・パンチェンというラマが、三歳から六歳の子供たちのリストを集め、一人一人占ってみた。ツェレクの結果は上々だ。立派なラマの転生者であるらしい。ゲルク派の重要な転生化身であるジャムヤン・シェパに、リストを持って行って、ツェレクについても聞いた。「南の地方にいた長髪の行者の生まれ変わりだ」という。ジャムヤン・シェパは、少年にテンペ・ワンチュク（「仏説を自在に支配する王」）という名前を授けた。

一方、ウォンポ・リグズィン・ドルジェの別の弟子で、お寺を預かっていたガルワ・パポは、ニンマ派の大僧院パルユル寺の座主であるチョクトゥル・リンポチェのところに行って、どこで探せばいいか、訊ねた。「北に行きなさい。両親は酉、戌、亥、未のいずれかの生まれで、本人は寅年に生まれている。上半身に種字の形のあざがある。」

カンサル・ウォンポ・パンチェンに会って、ツェレクについて話を聞くと、すべて授記のとおり

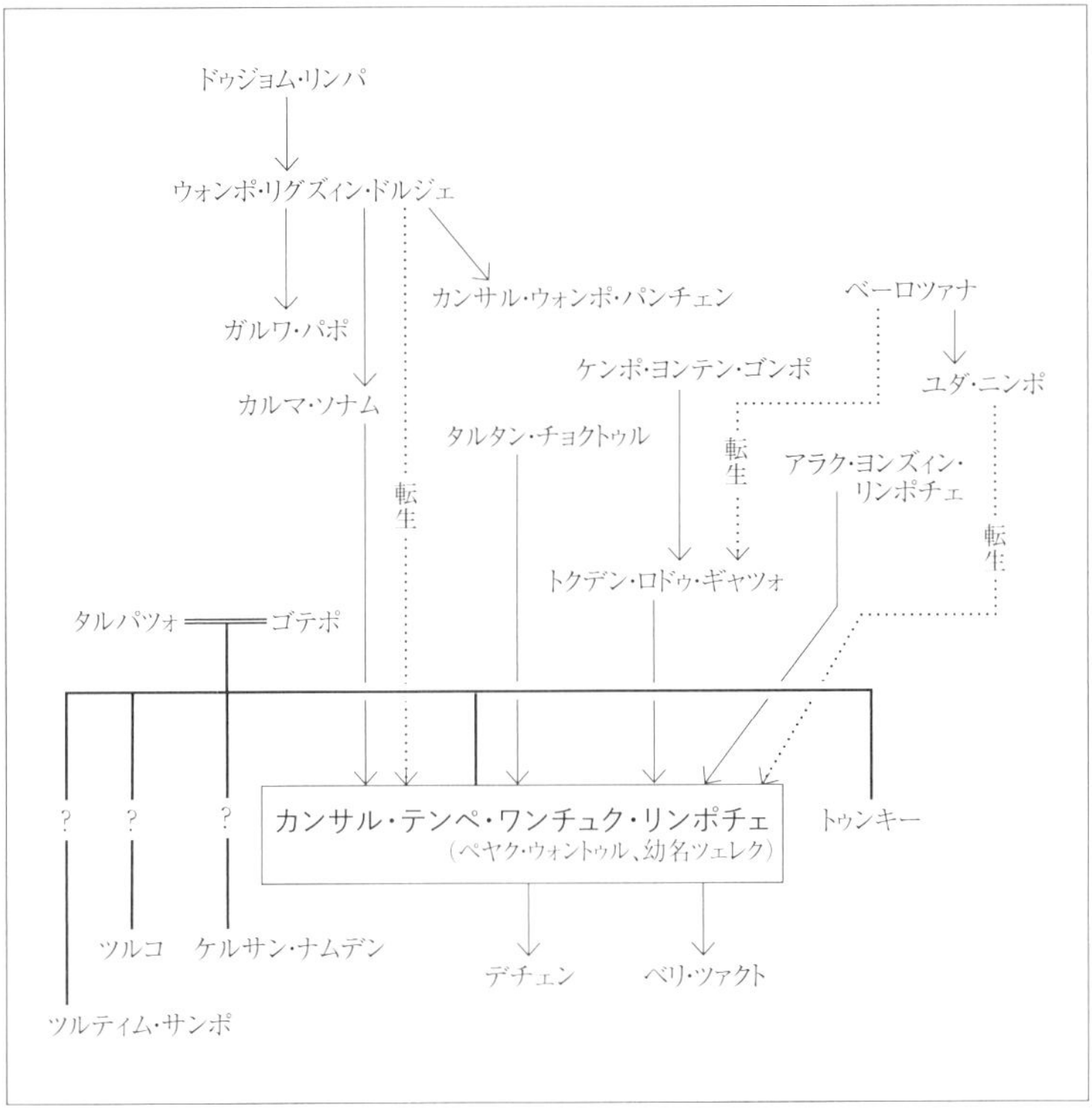

だ。右ひじには赤いア字の形のあざもあるという。ゾンサル・キェンツェをはじめ、ほかの重要なラマたちにも聞いてみた。みな口をそろえて、転生化身にちがいないという。

　こうしてツェレクは、ウォンポ・リグズィンの転生化身と認められ、テンペ・ワンチュクと呼ばれるようになったのである。

　五、六歳のころのことだ。何回も母親の耳に顔を押しつけて、泣く。面倒を見てくれる姉のトゥンキーに向かって、「お母さん」と大声で叫ぶ。どうしたのかたずねると、『鉄の牙を持つ黒い女の人と、丸々とふくらんだ服を着て髪の毛を垂れ流し、楔を持った男が、ぼくをつかまえようとした。でも、箱の中から三人の男の人が出てきて、闘って、追い払ってくれた」と言う。

ほかにも、前世の修行のおかげだろう。急に世界全体が緑色の光に変わったり、密教の神々が姿をあらわしたり、大小の光滴が、雨のように降り注いだり、さまざまなヴィジョンが生じた。

七歳になると、前世から深い縁のある二つの寺の僧侶たちを前に、はじめて法座にすわって、説法した。

ペヤク僧院に行く途中、ガという土地で一夜を過ごしたときのことだ。夢の中で、二人の美女が近づいてきて、水晶の壷に入った水で体を洗い、羊毛でできた白い服とショールを着せてくれた。大空には、ヤクや馬、羊など、さまざまな動物に乗ったたくさんの護法尊たちがあらわれ、絹の服や砂糖や糖蜜などの供物を捧げる。その中には、蛇の頭をしたものや、蛇の尾を持つものもいた。きっと前世から縁の深い護法尊だったのだろう。緑の馬に乗り、頭と体にたくさんの眼を持つ赤い男に、自分のことがわかるか、と訊かれた。「いいえ」と答えると、「まだ七、八年しかたっていないのに、忘れてしまったらしい。あはは」と言って、笑われた。

ペヤク僧院につくと、前世で使っていた法具を見分け、落ち着いたようすで、立派に儀軌を行じた。前世で仲の良かったギェルセ・ペマ・ナムギェルという密教行者の家にも行った。いっしょに何度も酒を飲んだときのことを思い出し、二人とも大喜びだ。前世で使っていた数珠を持ってきた人もいた。「昔、この数珠を使っていたのを覚えているかい?」数珠には見覚えがない。けれども、何回マントラを唱えたか、数えるために使う赤いカウンターのことは、覚えていた。

前世のウォンポ・リグズィン・ドルジェには、医学の心得もあるカルマ・ソナムという弟子がいた。八歳のとき、このカルマ・ソナムが個人教師となって、文字の読み書きから仏教全般について、厳しい訓練が始まった。

六年後、あちこちの大きな僧院や学堂で、仏教哲学や論理学を学ぶようになった十四歳の少年は、久しぶりにペヤクに個人教師のカルマ・ソナムを訪れた。

ウォンポ・リグズィン・ドルジェは、「来世では、お前の世話になることだろう」と言って、カルマ・ソナムに、密教の法具である金剛と金剛鈴、そして大切な経典を預けていた。

「わたしももう長くありません。前世に預かったものを、お返ししましょう。故郷にお持ち帰りなさい。」

だが牧草を求めて、大きなテントとともに高原を移動する牧畜民には、たくさんの経典や法具を安置する場所はない。シャプカル・ツォクドゥク・ランドルの書いたゾクチェンの重要な指南書である『金翅鳥のはばたき』（mkha' ldin gshog rlabs）だけを選び出して、持ち帰った。翌年カルマ・ソナムは示寂した。

教育

僧院での教育は、たいそう厳しく、ときに過酷だった。おぼえが悪いと、幼い子供でも遠慮なく殴られる。

八歳で、カルマ・ソナムのもとで読み書きを学び始めたばかりのことだ。死者の意識を浄化する寂静尊と忿怒尊のマンダラの儀軌には、身に着けることで解脱への因をつくる護符がある。その護符に描かれたマントラが読めなかったテンペ・ワンチュクの頭を、個人教師のカルマ・ソナムは、棒で力いっぱい殴りつけた。流れた血で、お経は真っ赤に染まった。悲しくて悲しくて大泣きする少年を、カルマ・ソナムは部屋から叩き出した。

テンペ・ワンチュクは、その夜裏山に登る途中にある鳥葬場で眠った。すると夢のなかで、法衣と赤い尖った帽子を身に着けた一人の比丘が、姿をあらわしたのである。寂静尊と忿怒尊のマンダラの護符を、テンペ・ワンチュクの頭にぐいっと入れこみ、そのマントラを最初から最後まで唱えると、あとに続いて唱えるようにうながした。やってみると、すらすら読める。ちょうどそのとき、探しに来たカルマ・ソナムたちに発見され、少年は自室に連れ戻された。

翌朝読んでみる。夢のようにはうまくいかない。だが前とは格段のちがいだ。自分の見た夢について説明すると、カルマ・ソナムは喜んだ。このときから、少年は何の不自由もなく、読み書きできるようになった。

十一歳になると、文字だけでなく仏画の描き方、密教の儀軌、太鼓をはじめとする楽器の演奏を学んだ。

十二歳のときには、チューラというラマから、密教の本格的な修行に入る前の前行を学んだ。この前行では、顕教の基礎となる瞑想を行った後で、五体投地、菩提心、金剛薩埵の百字真言による浄化の修習、マンダラ供養、師の心と一体になるグルヨーガの五種類について、それぞれ十万回行じなければならない。

この前行を終えると、チュー（「切断」）の百の灌頂と口伝を受けた。チューは、チベットの女性行者マチク・ラプドゥンが創造した修行だ。観想の中で頭頂から意識を抜き出し、女神に姿を変えると、大地に横たわる自分の肉体を切り刻み、甘露に変える。三宝や護法尊に供養し、精霊やさらに餓鬼をはじめとするすべての衆生に布施する。

本格的なチューの修行のためには、百日間、ただ一人で放浪しながら、泉、人里離れた山、墓場といった恐怖を引き起こす場所で、儀軌を行じなければならない。テンペ・ワンチュクは、前世リグズィン・ドルジェだったとき、チューの達人として知られた。そのせいだろうか。あてなく放浪する百日間のあいだ、修行の成就をしめす夢を見た。

さらに三年間、十七世紀に埋蔵宝発掘者ロンセル・ドルジェ・ニンポが発掘した密教体系の中にある「三身の寂静尊と忿怒尊」（sku gsum zhi khro）の修行に励んだ。

このころから、テンペ・ワンチュクは、さまざまな密教の灌頂や口伝、伝授を受けるようになった。十三歳の年には、ジョナン派に伝わるカーラチャクラ・タントラ、グヒヤガルバ・タントラをはじめとする八世紀に翻訳されたニンマ派の密教典籍、ドゥドゥル・ドルジェ、ロンセル・ドルジェ・ニンポ、ラトナリンパ、そしてドゥドゥル・ワンチョクリンパが発掘した埋蔵宝典……など、さまざまな教えを貪欲に吸収した。

心の本性

ドゥドゥル・ワンチョクリンパの埋蔵宝典の灌頂を受けたときには、金剛阿闍梨の助手として、マンダラや法具の準備をした。灌頂のお礼にパドマサンバヴァを本尊とする「持明者集会《リグズィン・デュパ》」の法要を行じたときには、導師として立派にやり遂げた。

金剛阿闍梨のゴロク・クンサンは、ゾクチェンの深い悟りで知られたアンゾム・ドゥクパの高弟だった。法要の途中供物を分けて、みんなで食べるあいまに、少年にゾクチェンについてさまざまな質問をした。少年の理解に満足すると、「よろしい」と言った。

法要には埋蔵宝典の発掘者、ドゥドゥル・ワンチョクリンパも来て、供物の酒をしこたま飲んでいた。「テンペ・ワンチュク、こっちに来い」と大声で呼ばれる。「父の父よ、大切な父よ！」、「口を開けろ。」口いっぱいに含んだ酒が、流し込まれてくる。その瞬間、すべての思考が止まった。

それから、ドゥドゥル・ワンチョクリンパとゴロク・クンサンの二人は、背骨を真っ直ぐにして座り、からだ、ことば、こころをあるがままに放置する等持に入った。「おまえも、同じようにしろ」と言われ、やってみる。過去、現在、未来にかかわる迷いの思考は、すべて消え去り、雲一つなく晴れわたった秋の空のような体験とヴィジョンが生じた。

ドゥドゥル・ワンチョクリンパは、喜んでテンペ・ワンチュクの頭を叩くと、「そうだ、そうだ。たしかにこいつはペヤク・ウォンポ・リグズィン・ドルジェの生まれ変わりらしい。将来、立派な行者になるぞ」と言った。

ゾクチェンにおいて最も重要なのは、師の悟りの境地が、そのまま弟子の心に移ることだ。そのためには、たくさんの説明や言葉はいらない。「父の父……」という言葉は、覚りの境地が少年にそのまま転移するように、血脈の導師に向けられた祈りだった。

このときからテンペ・ワンチュクの心には、覚りの境地を表現する詩が、自然に溢れ出すようになった。だがカルマ・ソナムは、それらを書き止めることを禁止した。個人教師の使命の一つは、すぐれた資質を持つ弟子が有頂天になり、慢心を抱かないようにすることだ。地道な勉強が続いた。

しばらくすると、テンペ・ワンチュクは、カルマ・ソナムに連れられ、タルタン僧院に行くことになった。タルタン僧院は、ニンマ派の六大僧院の一つであるパルユル僧院の伝統に属しており、ゴロク地方で最も重要な学問の拠点の一つだった。

タルタン僧院の最も重要な転生化身である、タルタン・チョクトゥルに会った瞬間、現象はすべて消え去り、このラマはブッダそのものだという確信が生まれた。テンペ・ワンチュクは、それから五年間タルタン僧院で、文殊菩薩の教えや、ロンチェン・ニンティク（「大いなる法界の心髄のビンドゥ」）、ナムチュー（「虚空の法」）の密教体系など、さまざまな灌頂や経典の解説を受けた。

パルユル僧院の伝統では、年に一回一か月にわたって、前行、「脈管と風」のヨーガ、ゾクチェンを学ぶ隠棲修行がある。テンペ・ワンチュクは、それらの修行も立派にやり遂げた。タルタン・チョクトゥルは、たいそう有望な少年をかわいがった。

十四世紀にラトナリンパが発掘した密教の教えには、パドマサンバヴァと結びついた特別な夢の修行がある。その口伝にしたがって修行したときには、眠りに落ちて夢があらわれるまでの間、さらに光に満ちた夢の中で、自覚を保てるようになった。

ある日のこと、少年が泣いているのを見て、個人教師のカルマ・ソナムは理由をたずねた。「伯父さんが死んだ。」個人教師は、少年の言葉と日付を書きとめておいた。しばらくすると手紙が届いた。母方の伯父は、たしかにその日亡くなっていた。それからしばらくして、少年がタルタン僧院の生活に慣れたのを見きわめたカルマ・ソナムは、ペヤク僧院にもどった。

ラブラン・タシキル僧院で因明を学ぶ僧侶たち

ラブラン・タシキル僧院

密教の教えを説く者は、深い瞑想の体験をつうじて、心の本性について直に知り抜くとともに、仏教の経典に通暁しておく必要がある。テンペ・ワンチュクは十四歳になると、タルタン僧院に付設されているトゥサムリン学堂や、ゲルク派の学堂で、『入菩薩行論』をはじめとする顕教経典や戒律、論理学（因明《いんみょう》）を学んだ。

経典の言葉は、月をさす指のようなものだ。空性や心の本性について、直接の体験によってははっきり理解していれば、経典の意味は簡単に理解できる。夏の雨安居《うあんご》のときには、ペヤク寺で『入菩薩行論』を説いた。思春期の少年が大乗仏教の教理について、滔々と明晰に説くのを聞いて、みなたいそう喜んだ。

そのあいまにも、さまざまな師から、心の本性を直指する教えを受けた。トゥサムリン学堂に招かれた密教の専門家、ギェド・ウォンポ・サムドゥプ・ドルジェから、ニンマ派で大変重視される「グヒヤガルバ・タントラ」の解説を、聴聞したときのことだ。

「ペヤクの転生化身、こっちに来い。」言われて行くと、いきなり喉ぼとけの近くのつぼをつかみ、上下に揺さぶられる。顔をはたいたかと思うと、「パット」と言う。「世界はどんな風に見える？」

「外にあらわれる現象と、心が一つになりました。「こうだ」「ああだ」と表現できない、不思議な気持ちです。」そう答えると、サムドゥプ・ドルジェは喜んで、若い転生化身の頭をどんどん叩いた。その後テルトンのドゥドゥル・ワンチョクリンパからも、心の本性への導き入れを、くりかえし受けた。

十五歳のときには、教授助手として、学堂の下級生の復習や、雨安居の講義を助けた。そんなある日、重要な転生化身であるドルンゴン・クチェンに来るように言われた。行ってみると、等持の姿勢でまっすぐ座っている。

「君も、同じように座りなさい。わたしは、ティローパ、ナーローパ、マルパ、ミラレパから伝わるカギュ派の血脈に連なっている。わたしの師はラマ・タシペルという、このうえなく優れた覚りを得たヨーギだった。観想とともに、「パット」と発するだけで、空飛ぶ鷲も地面に落とすほど強力だった。」

言われたとおり、しばらく座る。「どんな感じか？」と訊かれる。「言葉では言えません。」「それでいい。それ以外に修習すべきことはない。」

十六歳からは、ニンマ派の哲学を明晰に表現したジュ・ミパムの著作や、般若経典、論理学（因明）を学んだ。テンペ・ワンチュクは、すぐれた論理的分析の力の持ち主として、誰からも一目置かれるようになった。

十八歳になったテンペ・ワンチュクは、東北チベット、アムド地方で最も権威のあるゲルク派の学問所、ラブラン僧院で学ぼうと思いたった。その思いをタルタン・チョクトゥルに告げると、アムチョク因明学堂に行くのがいいと言って、推薦状を書いてくれた。青年テンペ・ワンチュクは、この因明学堂で三年間学び、論理学の専門家となった。

人民解放軍と文化大革命

テンペ・ワンチュクがラブラン僧院で学んだ一九五五年から一九五八年の三年間は、人民解放軍がチベット全土を支配し、チベットの社会構造や文化を、徹底して破壊し始めた時期にあたる。宗教は「民衆の阿片」として批判され、多くの僧侶が投獄された。現在の四川省にあたる東チベット・カム地方や、青海省および甘粛省にあたる東北チベット・アムド地方の各地で、大規模な民衆蜂起が起こった。

テンペ・ワンチュクが育ったゴロク地方は、カムとアムドの間に位置する。自由を重んじ、信仰あつく、馬を駆って移動する牧畜民と戦士の気風で知られる。牧畜民は、農民におとらず、大地と草原に深い愛を抱いている。ゴロク地方には、死後浄土に往生するのではなく、広々とした草原を見晴らす山の頂上に鎮座して、地域と子孫を見守る土地神に生まれ変わるように誓願する、という独自の信仰すら存在していた。

　すでに述べたように、中国で出版された資料によると、一九五八年三月から八月の間、青海省と甘粛省で十三万人が蜂起した。反乱は四二万平方キロに及び、十一万六千人が「殲滅」された。特にゴロクの状況は、凄惨なものだった。一九六一年から六二年にかけて青海省を視察したパンチェン・ラマは、一九八七年春全国人民代表大会における演説で、次のように述べた。[4]

「青海省で犯された残虐行為一切を記録したフィルムがもしあれば、それを観た人びとを戦慄させずにはおかないだろう。ゴロク地区では、大勢の人が殺され、その屍体は丘の斜面から深い凹地に転げ落とされた。そして中国兵士たちは遺族に向かって反乱が一掃されたことを喜べといった。人びとは死者の体の上で踊ることを強制され、しかもその後で機銃の一斉射撃によって虐殺され、その場で埋められたのである。……、アムド、カム地方ではいい尽くせぬほどの残虐行為が行われた。人びとは十人、二十人と一まとめにして射殺された。このようなことを喋るのが好ましくないのは重々承知している。しかしこれらの無数の残虐行為が、どれほどチベット人民の心に深い傷を与えたかを告げたいのだ。……「七万言書」で、チベット人口の約五%が投獄されたと指摘した。だがその当時わたしの手もとにあった情報では、全人口の十%ないし十五%ものチベット人が投獄されたのである。しかしその時、数字の余りの大きさにわたしはそれを公表する勇気が持てなかった。もし本当の数字をあげれば、人民裁判で殺されていただろう。」

一九五八年、テンペ・ワンチュクはラブラン僧院をあとにし、故郷に戻った。時代は大きく変化していた。僧院は破壊され、多くの人々が亡くなっていた。そのなかで青年は、仏教がまちがいなく将来生き延びるよう、必死だった。地元のさまざまな師と教えを交換し、問答し、疑いをとりのぞくことに努めた。

当時は密教の儀礼だけではなく、仏典を読んだり、マントラを唱えることすら禁じられていた。そのなかで、ゾクチェンの指南書を隠れてむさぼり読んだ。

ゴロク出身の埋蔵宝発掘者、ドゥジョム・リンパの著した『顕現の浄化』（snang sbyang）には、現象の分析や心の観察によって、心の本性を発見することを可能にする、たくさんの素晴らしい口伝が含まれている。また「自ずと生じる本質」（gnas lugs rang 'byung）には、止観からはじめて、トゥゲル（「超躍」）にいたるゾクチェンの道が、たいへん明晰に描かれている。そうした口伝書を真剣に読みながら、青年僧は深遠な真如の修行に励んだ。

二十三歳のとき、母が亡くなった。それから二年後、かつて十代のころ大切な灌頂を授かった埋蔵宝発掘者ガルロン・トゥクトゥルが釈放され、収容所から出てきた。せっかくのチャンスを逃してはいけない。自分の修行に誤りがないか、疑問点について質問し、明らかにした。おかげで心についての理解は大きく進歩した。

一九六四年から六七年、二十七歳から三十歳にかけての三年間、テンペ・ワンチュクは、強制労働に従事した。苛酷な労働と飢えの中で肉体はむしばまれ、片足が腐りかけて、青黒くなった。誰が見てもひどい。ついに病人と認められ、労働を免除された。

ようやく自由な時間を得たテンペ・ワンチュクは、早朝三時から深夜十二時まで、一日六座の修習に励んだ。おかげで覚りは深まり、さまざまな体験が生じた。清らかなヴィジョンの中で、五色の光を放つ小箱を授かり、またすべての音が、空なる法界から立ち上る原初の響きとして、あらわれるようになった。そんなヴィジョン体験をつうじて授かった経典を文字に書き記したが、時代がよくない。すべて燃やしてしまった。

この時期を境に、テンペ・ワンチュクの透明な心には、さまざまな現象が、たいそうはっきり映し出されるようになった。地中に埋められた仏像を発見したり、夢の中でカーラチャクラ・タントラを修行するヨーギに会ったり、さまざまな予知夢を見るようになった。

特に重要なのは、護法尊のツィウマルポが、しばしば夢やヴィジョンにあらわれ、授記を与えるようになったことだ。

チベットの護法尊は、その性質によって八つのクラスに分類される。ツィウマルポは、そのうちツェンのクラスに属し、――ちょうど日本の勝軍地蔵と同じように――、馬に乗り、武具を身に着け、赤い身色の戦士の姿をしている。ツェンはもともと王だったのだが、仏法を守るために、八部衆の一人として生まれた存在であり、特に仏法を敵から守る神（ダラ：dgra lha）だと考えられている。

あるとき光に満ちたヴィジョンの中で姿をあらわしたツィウマルポは、これから起こるさまざまな出来事について、テンペ・ワンチュクに授記して、言った。「わたしに七千万回供養するなら、障礙をなくすことができる。過去の行為の結果をあざむいてなくすことはできない。だがつねに身の回りで助けよう。」

テンペ・ワンチュクは、その言葉どおり、七千万回の供養を満行した。するとツィウマルポは笑いかけ、つねに身の近くから離れることなく、未来に起こる出来事について、さまざまな予言を与えてくれるようになったのである。

この時期は、ちょうど文化大革命の真っ最中だった。一九六六年に始まった文化大革命は、毛沢東の予測を超えて過激化し、一九六八年紅衛兵を制御できなくなった毛沢東は、彼らを農村に送る下放政策をとった。文化大革命の波は地方に拡大し、ゴロク地方の転生化身や学僧たちは、全員逮捕され、強制収容所に入れられた。

収容所での拷問は苛烈をきわめ、多くの人が死んだ。この年三十一歳になったテンペ・ワンチュクは、逮捕を恐れて、山中に逃亡したゲリラたちにまじって、数か月を過ごした。ある夜の夢で、ツィウマルポが手のひらを見せる。そこには真ん中に数字の九が、その周囲に数字の十二が書かれていた。それは十二年間強制収容所に入れられ、六月八日に釈放されることを意味していた。

ある日ドディン・トンルンという場所にいたテンペ・ワンチュクは、逮捕された。市中に連行される途中、二人の兵隊の目を盗んで馬から降り、一人で逃げた。だが、再び逮捕された。「山に入ったら、馬に乗ったゲリラに捕まってしまったのです。」何とか言い抜けて釈放されると、みたび山中に入り、一か月あまり修行を続けた。

それから、ベリ・ツァクトという名の在家の弟子の家の近くに隠れることにした。修行の仕方を教え、心の本性に導き入れる直指教導を与えた。この期間、テンペ・ワンチュクは、二人の間に、四回の前世にわたって、深い縁があったことを思い出した。

ベリ・ツァクトは、テンペ・ワンチュクを、牧草の貯蔵に使う洞窟にかくまった。だが中国人民解放軍の取り調べはすさまじい。いつまでも隠れてはいられない。どうせつかまるなら、家の主に迷惑をかけないように、ほかに移るのがいいだろう。師の言葉を聞いて、ベリ・ツァクトは言った。

「それなら、最初からここにいらっしゃらなければよかったのです。何が起こってもかまいません。ほかには行きなさいますな。」

数日後、たくさんの兵隊が探しに来た。ベリ・ツァクトの娘は、恐怖のあまり、走って逃げた。軍人は疑いを抱き、テンペ・ワンチュクは逮捕された。「ベリ・ツァクトとは赤の他人だ。何日か前に来たら、疲れ果てているのを見かねて、いさせてくれただけだ。」

軍人はその言葉を信じ、ベリ・ツァクトは、かろうじて難を逃れた。

テンペ・ワンチュクは、それからの二年間をチクディルの強制収容所で過ごした。収容所では強制労働、思想教育にくわえ、殴る、蹴るといった拷問が日常茶飯事だった。

自己批判を迫られ、父が子に、弟子が師に罪を着せ、告発し、殴る。そのなかでテンペ・ワンチュクはひたすら耐えた。ひどい暴力を振るわれるのも、自分の悪しきカルマの結果だ、これで悪業が浄化されるのだ、修行の一部だと考えた。仏教を捨て、チベットの独立を否定するように迫られても、けっして受け入れなかった。

この時期護法尊のツィウマルポが、くりかえし夢に姿をあらわし、さまざまな授記を与えた。ある夜のこと、「四月にたいそう恐ろしいことが起こるだろう」と、ツィウマルポが言う。

別の夢では大きなネズミがあらわれ、同じ収容所にいる二人の有名なラマと自分を食べようとした。またたくさんの人間が、「借金を返せ」といって、自分の体を切り裂き、肉と白い骨を量りにかける夢を見た。

前世の悪業が熟したのだ。そう思って甥のツルコに手紙を書いた。甥も、馬ほどの大きさの赤い犬が二人のラマを食い、さらにテンペ・ワンチュクと自分に迫ってくる夢を見た。ツルコは一万頭の家畜の放生、一千万回のスル（餓鬼供養）、『無量寿経』の読経三千回を行じた。

しばらくして二人のラマは処刑された。テンペ・ワンチュクは終身刑の宣告を受け、タンカルモ収容所に移された。

トクデン・ロドゥ・ギャツォとの出会い
――タンカルモ収容所からソク・ツァルダム収容所へ

テンペ・ワンチュクは、一九七〇年から一九八〇年まで、三十三歳からの十年間を、タンカルモ収容所とツァルダム収容所で過ごした。文化大革命の真っ最中で、唇のへりや喉がかすかに動くだけでも、マントラや勤行とみなされ、処罰された。

看守の目の届かない日中の労働のあいまに、あるいは心の中で、マントラを唱え、過酷な労働が終わった深夜、瞑想修行を続けた。十年間でパドマサンバヴァへの祈願を一千万回、マントラを一億回唱えた。修行の功徳を回向するときには、自分たちを痛めつける者たちを、特にイメージした。

獄中生活を支えたのは、「すべての有情の苦しみと苦しみの因が、自分に熟しますように。自分の幸せと幸せの因によって、すべての有情の苦しみが除かれ、幸福を得られますように」という「抜苦与楽《トンレン》」の慈悲の瞑想だった。このころ書かれた誓願には、次のようにある。[5]

誰かに悪しき言葉で罵られ、虐待され、殴られ、切りつけられても、忍耐の修行の対象と見て、慈悲によって助けることができますように！

カルマに動かされ、他人に支配され、衆生を殺害するありとあらゆる行為をなす者たちよ、わたしが完全な覚者となったとき、彼らがわたしの弟子の集まりに、ただちに生まれますように！

テンペ・ワンチュクにとってたいそう幸運だったのは、同じ収容所に、多くのすぐれた師僧が集まっていたことだ。タンカルモ収容所には、五十人あまりの学僧や転生化身たちがおり、テンペ・ワンチュクは夜中に、隠れてさまざまな教えを受け、また議論した。

すぐれた学識と大きな菩提心で知られた、ゲルク派のアラク・ヨンズィン・リンポチェからは、ゲルク派を開いた偉大な学僧、ツォンカパが著した修行の道の三つの要点《ラムツォナムスム》を説いた教えや、道次第《ラムリム》、ゲルク派の依拠する五つの顕教経典の要点を学んだ。ゾクチェン僧院出身のラマたちやキャラマ・ガルワンというラマとは、修行の要点について議論し、疑いをとりのぞいた。

なかでも重要なのは、ゾクチェン僧院の僧院長だったトクデン・ロドゥ・ギャツォ（「トクデン」は高い悟りを得たヨーギへの尊称。以後、ロドゥ・ギャツォ）から、親しく学んだことだ。[6]

ロドゥ・ギャツォは、一九三〇年にテンペ・ワンチュクと同じゴロク地方アキョンで生まれた。八歳のときから多くの師に学び、隠棲修行を続けた後、二十二歳のとき、カム地方ルダムにあるゾクチェン僧院で、広大な学殖と深遠な悟りで知られたケンポ・ヨンテン・ゴンポの弟子となった。

第三章で述べたように、ゾクチェン僧院は、ゾクチェン・ニンティクの哲学と修行を洗練された体系に磨き上げたロンチェン・ラプジャム（十四世紀）と、その教えを要約したジグメリンパ（十八世紀）に由来する密教の強力な修行の伝統によって、またザ・パトゥル、ジュ・ミパム、ケンポ・シェンガをはじめ、超宗派運動の指導者たちを輩出したことで名高い。

ロンチェン・ラプジャムがあらわしたゾクチェンの指南書である『ラマ・ヤンティク』を学んだときのことだ。ロドゥ・ギャツォは、「輪廻とニルヴァーナの分離」の修行に行く途中、シュリーシンハ学堂の裏山にある、ジュ・ミパムが隠棲した洞窟で、しばしまどろんだ。

すると夢の中で、ガラップ・ドルジェ、マンジュシュリーミトラ、シュリーシンハ、ジュニャーナスートラ、ヴィマラミトラといった、ゾクチェン相承の師たちが姿をあらわし、ジュニャーナスートラは、灌頂用の瓶に入った水を注いでくれた。ゾクチェンの悟りの境地が、師から弟子にそのまま転移し、伝えられる。その加持の流れを受けたしるしだった。

こうしてロドゥ・ギャツォは、『ラマ・ヤンティク』をはじめ、ゾクチェン僧院の中で、一子相伝で伝えられてきた教えを学び、その血脈を後の世代に、しっかりつなぐ役割をになうことになったのである。

ロドゥ・ギャツォは、一九五〇年代の末中国人民解放軍の侵攻とともに、ゾクチェン僧院から故郷に戻ったところを逮捕され、地元のマトゥにある収容所に収監されていた。その後、テンペ・ワンチュクと同じタンカルモ収容所に移され、一九八〇年までのおよそ二十年間を、強制収容所で過ごした。

二人にとって幸運だったのは、一九七二年にこのタンカルモ収容所から、やや規制のゆるいツァルダム収容所に、ほかの数人の師僧とともに、移送されたことだった。

命令が下される数日前、テンペ・ワンチュクの夢に、護法尊のツィウマルポがあらわれた。「これからおまえは西の方に行く必要がある。わたしもいっしょに行こう。期間はこれだけだ。」そう言って手のひらを見せる。そこには数字の九が書かれていた。

モンゴル人の居住区にあるツァルダム収容所は、数ある収容所の中でも、相対的に規律がゆるく、つてを頼って秘かに経典を手に入れることもできた。そうした環境の中で、テンペ・ワンチュクは、同郷の知者ロドゥ・ギャツォから、多くの教えを学ぶことになったのである。

『金翅鳥のはばたき』と『雲一つない青空』

ロドゥ・ギャツォは、自分が学んだありとあらゆる教えを、テンペ・ワンチュクに注ぎ込んだ。ロンチェン・ラプジャムの『ラマ・ヤンティク』、その内容を要約したジグメリンパの埋蔵宝典、ゾクチェン・ニンティクのエッセンスを圧縮したザ・パトゥルの「三つの要点をつく教え」などにくわえ、テンペ・ワンチュクにとって特に重要な意味を持ったのは、十九世紀のヨーガ行者シャプカル・ツォクドゥク・ランドルがあらわした指南書、『金翅鳥のはばたき』だった。

シャプカル・ツォクドゥク・ランドルは、アムド地方レプコンで生まれ、生涯の大半を放浪と隠棲修行に過ごした。『金翅鳥のはばたき』は、ロンチェン・ラプジャム、ジグメリンパ、テルダクリンパなどの指南書をもとに、ゾクチェンのエッセンスを、たいそう美しい詩の形で表現している。

テンペ・ワンチュクは、この『金翅鳥のはばたき』に、なみなみならぬ縁を感じていた。すでに述べたように、十五歳のとき、前世であるウォンポ・リグズィン・ドルジェの蔵書の中から、一冊だけ選び出して、故郷に持ち帰ったのも、この詩的な口伝書だった。『金翅鳥のはばたき』は、心の本性にゆったりとリラックスするテクチュー（「断束」）について、多様な角度から明らかにしている。シャプカル・ツォクドゥク・ランドルには、ほかに肉体を速やかに光に変えるトゥゲルについて書かれた「太陽の光」という指南書もある。テンペ・ワンチュクは、この二つの指南書について、ロドゥ・ギャツォから三回伝授を受けた。

ツァルダム収容所には、シャプカル・ツォクドゥク・ランドルの転生化身であるショプン・キャプゴンというラマも、収監されていた。妻帯している行者で、密教の深々とした悟りとすぐれた学問を兼ね備えていた。白いひげを伸ばし、威風堂々たる人物だった。テンペ・ワンチュクはこのラマに、心の本性についての詳しい口伝を授けてくれるよう、くりかえし頼んだ。だが「わたしは無知だから」と言って、断られた。

しばらくして釈放が決まったショプン・キャプゴンは、テンペ・ワンチュクに一枚の巻紙を手渡した。そこには、次のように書かれていた[7]。

元初から清らかな明知を、
つくりかえることなく、何かに集中させることもなく、
あるがまま、赤裸々に放置しなさい。
迷いの顕現も、一時の汚濁も、分別も、すべて生じるものは、おのずと解脱する。
思考の動きは、明晰と空性が不二である本質なる明知、
すなわち法身である、自己の本来の面目なる法界の空間に、解脱する。

その平等な境地に、たんたんととどまり、ゆったり安らぎなさい。
さすれば遠からず、父なる法身普賢の悟りの境地を現成するだろう。

ショプン・キャプゴンは、出獄後一か月もたたないうちに、示寂した。荼毘に付した遺体からは、五色の大きな仏舎利、白い小さな仏舎利が大量に出たと伝えられる。

もう一つ、テンペ・ワンチュクにとって大変重要だったのは、ロドゥ・ギャツォじしんが書いたゾクチェンの指南書、『雲一つない青空』（nam mkha' phrin bral）を学ぶ幸運に恵まれたことだ。テンペ・ワンチュクはロドゥ・ギャツォから、ロンチェン・ラプジャム、ジグメリンパ、ザ・パトゥル、そしてシャプカル・ツォクドゥク・ランドルが書いた論書や指南書を、くりかえし学んだ。それが一段落すると、ロドゥ・ギャツォにゾクチェンのエッセンスを、一つにまとめた口伝書を書いてくれるよう、何度も頼んだ。だが返事はなかった。

数年後のある日、テンペ・ワンチュクは不思議な夢を見た。ヤントラヨーガのときに身につける短いショーツをまとった裸の女が、ピンク色の脳でいっぱいの、生温かく濡れた頭蓋骨を手にあらわれ、「中国の五台山にいらっしゃるヴィマラミトラから預かってきました。さあ、どうぞ」と言って手渡す。「全部飲まなければいけない」と思って、飲み干した。

朝目覚めると、なんとも快い気分だ。しかも休日だ。ゆったり休んでいた。

そこに突然ロドゥ・ギャツォが、手に筆を持ってやって来た。顔が黒ずんで見える。「テンペ・ワンチュク、昨夜どんな夢を見た？」あわてて前夜の夢について話した。すると、「そうか！」と言って戻っていった。

しばらくすると、書き終えたばかりの『雲一つない青空』を持って、やって来た。「密教を守る女神、エカジャーティの利他の仕事は、まったく素早い」という。

聞くと、『雲一つない青空』の最後に、エカジャーティに守護してもらうよう、こんな委託の言葉を書いたという。

法界の女王、虚空を支配するエカジャーティよ、
一瞬も離れることなく、仏教を見守る者よ、
持明者と密教行者の家系を守る者が、長く生き、
大きな利他を達成するよう、手伝いたまえ！

書きながら、心臓がどきどきして、からだが揺れる。筆を持つことができず、三回も落としてしまった。これほど深遠な口伝を、文字にするのはふさわしくないのかもしれない。そう思って、テンペ・ワンチュクの部屋に来たのだった。だが聞けば、夢の兆しは上々だ。護法尊が助けてくれているのにまちがいない。

ロドゥ・ギャツォは、この口伝書の由来について、さらに語った。逮捕され、マトゥの収容所に入れられたとき、鎖で手足を縛られたことがある。その夜の夢に、根本の導師であるケンポ・ヨンテン・ゴンポがあらわれ、両手を頭にのせると、こう言ったのである。

かくのごとくあらわれている現象は、すべて心の本性に内蔵される力が、戯れとして立ち上がっ

てきたもの。そのことを知り、取捨することなく、あるがままの新鮮な境地にとどまりなさい。それを「一瞬にして跡形もなく解脱する」というのだ。心の象が狂気に陥らないようにしなさい。

この夢を見て以来、ロドゥ・ギャツォは、師の短い口伝を大切に守ってきた。『雲一つない青空』は、夢中にあらわれたケンポ・ヨンテン・ゴンポの口伝にもとづいて書かれた。

ゾクチェンの伝統は、心の本性を雲一つなく晴れわたった青空にたとえる。ロドゥ・ギャツォの『雲一つない青空』は、そうした心の本性に無為のままとどまる、テクチューのクラスに属し、ロンチェン・ラプジャムの代表作の一つで、難解で知られる『法界宝蔵』（chos dyings mdzod）を要約した内容になっている。けれども、その核心にあるのは、夢の中で師に授かった口伝だったのである。

強制労働が終わって、囚人たちが寝静まる真夜中、ロドゥ・ギャツォは、テンペ・ワンチュクの耳元で、『雲一つない青空』の中から一節だけを、毎夜小声でささやいた。弟子はその言葉を暗記し、その意味について、明け方まで修習する。[8] そうやって、三回伝授をくりかえした。

『雲一つない青空』は、——モーツァルトの音楽がそうであるように——、ロドゥ・ギャツォの心の深い奥底から、自然に湧き上がってきたものだ。前世で学び、心の本性に刻み込まれた教えが鮮やかによみがえる「密意の埋蔵宝典《ゴンテル》」の一つではないか、とテンペ・ワンチュクは考えていた。

それには別の理由もあった。ゾクチェン僧院において、ロドゥ・ギャツォは、八世紀末から九世紀にかけて、ゾクチェンの重要な経典をチベット語に翻訳した偉大な訳経師、ベーロツァナの転生化身だと考えられていたのである。

実際ロドゥ・ギャツォは、自分がベーロツァナだったときのはっきりした記憶を持っていた。強制労働のあいまに、テンペ・ワンチュクと休息していたときのことだ。「前世で、ベーロツァナと弟子のユダ・ニンポだったとき、こんなふうにいっしょに座っていたのを覚えているかい?」と言ったこともあった。その言葉を聞いて、テンペ・ワンチュクは、はげしく泣いた。

ロンチェン・ニンティクの密教体系の血脈の師への祈願文を作ったときも、その中には「ユダ・ニンポの幻の化身なるテンペ・ワンチュクよ、お見守りください」という一節が含まれていた。ロドゥ・ギャツォは、前世からの深い縁に結ばれ、慈悲と知恵を兼ね備えた弟子に、あらんかぎりの知恵を注ぎ込んだ。それから、収容所の中で教えるように励ました。テンペ・ワンチュクは師の言葉にこたえ、多くの囚人にゾクチェンや顕教の教えを説いた。その中からは、収容所の中でトゥクタムに入り、さらに完全な解脱を得たことを示すしるしを見せた者も、たくさん出た。

こうして、激しい労働と暴力と共産主義教育による思想改造のための強制収容所は、高度な密教の教えがひそかに伝えられる空間となった。テンペ・ワンチュクが、弟子のデチェンに与えた次の詩は、そのことをとてもはっきり表現している。

前世のカルマによって牢獄に集まり、よきカルマによって友としてたがいを大切にする。深遠にして秘密なる心髄の教えを、飽きることなく、楽しむ。すべてのよき徳がそなわっていた善劫の幸せはかけらもない。だが同じ仏法を学ぶ友たちは、喜びに溢れている。心から愛するわが息子がここを去り、ほかの場所に行くにあたって、乞食のわたしは悲しみとともに、この手紙を贈ろう。偏見なくすべてを清らかに見ることが大切だ。三昧耶戒と戒律を眼のごとくに守り、遠近の区別なく、すべての者を慈しみと憐れみをもって守りなさい。……(「弟子のデチェンへの手紙」[9])

逆境を道とし、忍耐を実践する機会にする。ピンチをチャンスにする。テンペ・ワンチュクやチベットの囚人たちは、そうやって長い収容所生活を耐えたのである。

釈放され、新しく僧院を建立し、教え、放生し、学堂をつくりながら、テンペ・ワンチュクは、収容所時代を思い出して、「収容所の中でこそ、よく修行ができた」と言うこともあった。

「埋蔵宝《テルレンカ》を取り出す場所」

数え年の四十三歳になった一九八〇年、テンペ・ワンチュクの夢に、赤い顔をした少年——たぶん護法尊のツィウマルポと思われる——が、あらわれた。なめした羊皮の敷物と寝床用のマットレスを持っている。「さあ、二人でテルレンカに行き、農作業をしよう。しばらくすれば、故郷に帰れる」という。

同じころロドゥ・ギャツォの夢には、髷を結った黄色い肌の女があらわれ、牢獄の扉を開け、「さあ、行きなさい」と言って道を示してくれた。自分もテンペ・ワンチュクもたぶん釈放されるだろう、とロドゥ・ギャツォは思った。

しばらくしてテンペ・ワンチュクは、護法尊の授記のとおり、テルレンカの地に移された。ロドゥ・ギャツォとの別れはひどく耐えがたく、号泣した。ロドゥ・ギャツォは、「きっとまた会える。密教の勉強をしよう」と言い、後半生の出来事を予言する授記の言葉を書いてくれた。

テルレンカでは、ある日病気でもないのに、真っ赤な血を吐いた。医者が、きつい労働を止めさせるように言ってくれたおかげで、自由な時間ができた。

「テルレンカ」という地名は、「埋蔵宝を取り出す場所」を意味する。それだけではない。モンゴル人の王プンツォク・ダルギェの王女で、ダーキ・イシンコルロ──「空を飛ぶ女神なる如意宝輪」──という女性が、立派なペンと紙の贈り物を持ってきてくれた。

時が来た。テンペ・ワンチュクは、心の本性から湧き起こる「密意の埋蔵宝典《ゴンテル》」を、文字に書き記す作業に入った。この埋蔵宝典や、難解なゾクチェンの経典の注釈書をはじめとする旺盛な著述は、テンペ・ワンチュクの後半生の重要な柱になった。それらの著作の大半は、現在五巻からなる全集に収められている。

一九八一年、ある夜の夢に一人の男が姿をあらわし、「甥のツルティィム・サンポに預かった」と言いながら、ラピスラズーリの地に、黄金の文字で八つの吉祥なシンボルが描かれた、絹布を手渡した。数日後ツルティィム・サンポは釈放された。

予知夢や、人間以外の神霊とのコンタクトは続いた。テルレンカの近くには、大きな湖があった。あるときこの湖に住む竜女がやって来た。竜の国の力が弱まりつつある、病を癒して、助けてくれと言う。さまざまな薬材や宝を入れた壺を湖に投げ込み、ヒマラヤスギや香木などを燃やして、供養する「竜の穢れの浄化」(ルザン：klu bsang)の儀軌を行じた。すると、地域全体が豊かな実りに恵まれ、栄えるようになった。

そのせいもあって、地元の信心深い人たちから、新しくお寺を建立してくれるように頼まれるようになった。そんなある夜、夢にツィウマルポがあらわれ、授記した。「西に一〇キロほどいった高地に、素晴らしく気持ちのいい山がある。象が寝ころんだような形で、南側に斜面が開き、平坦な草原になっている。そこに寺をつくれば、この地方に利益がもたらされるだろう。」この言葉とともに、まるで映画のように、土地のようすがヴィジョンとしてあらわれてきた。

翌朝八人の弟子とともに車で行ってみると、夢で見たとおりの土地がある。土地神に供養し、寺を建立するための許可を土地神から得るための簡単な儀軌を行じ、誓願した。

かつてこの地域を支配していたモンゴル人の王が、あちこちから集めた石を材料に僧院を建立するのは、どこがいいでしょうと言って、ダライ・ラマ十三世トゥプテン・ギャツォに占ってもらったことがある。あとで聞くと、そのとき適地とされた場所だった。

自由の身になったテンペ・ワンチュクはラサに巡礼に行き、生まれ故郷のカンサルと前世に暮らしたペヤクの地に戻った。十数年ぶりにテンペ・ワンチュクにまみえた人々は、喜びに震えた。

機は熟した。一九八二年四十五歳のテンペ・ワンチュクは、カンサルのタクルンの地で、説法を始めた。新しく弟子になった若者たちには、ゾクチェンの本格的な修行に入るための前行を、信心深い地元の人々には、極楽に往生するための誓願を教えた。

そのころ近くを訪れたパンチェン・ラマに、僧院建立の場所を占ってもらった。タクルンがいいという。それにタクルンは、もともと古のすぐれた聖者たちが、仏法興隆の拠点になる聖地だと授記した場所だ。テンペ・ワンチュクは決心を固めた。

インドのシッキムから訪れたドゥプチェン・リンポチェをはじめとする多くの阿闍梨に、土地神に供養し、建立の準備をする儀軌を行じてもらった。新しい僧院は、「元来清浄《カダク》にして無戯論《トゥデルリン》の島」と名づけられた。

一九八三年にはタクルンで、ロンチェン・ニンティクの「持明者集会」の大法要を行った。ペヤク僧院では、前行と極楽往生の誓願にくわえ、釈放されてからはじめて、ゾクチェンの教えを説いた。テンペ・ワンチュクが選んだのは、ドゥジョム・リンパの『顕現の浄化』と、シャプカル・ツォクドゥク・ランドルの『金翅鳥のはばたき』の二冊だった。いずれも心の本性を発見し、その中に安らぐテクチューのクラスに属す指南書だ。『顕現の浄化』は一九五八年に故郷に戻ってすぐに、隠れてむさぼり読んだ書物だ。『金翅鳥のはばたき』は獄中で、ロドゥ・ギャツォから三回にわたってひそかに学んだ。

一九八四年には、菩薩行の基本を説いた「三十七の菩薩の修行」や「極楽往生のための四つの要点」、『金翅鳥のはばたき』にくわえ、高い修行の段階に達した弟子たちのために、物質でできた肉体を光に変容させる、トゥゲルの詳しい口伝を与えた。

一九八五年、四十八歳の年にはロドゥ・ギャツォを招いて、ロンチェン・ニンティクの体系に属すゾクチェンの指南書、『至上の智慧』の教えを授けてもらった。

この時期から二〇一四年の示寂の直前まで、テンペ・ワンチュクは、心を浄化する前行を満行した弟子たちに、ここにあげた経典をはじめ、ザ・パトゥルの「三つの要点をつく教え」、ロンチェン・ラプジャムの『法界宝蔵』、ロドゥ・ギャツォの『雲一つない青空』など、多くのゾクチェンの教えを説いた。

また牧畜民を中心とする在俗の弟子たちには、死のとき意識を頭頂から抜き出し、一気に極楽に往生する「意識の転移」（pho ba）を教えた。この教えには、千人を超える人々が、はるか遠くの地から集まり、草原はテントでいっぱいになった。

こうした伝法の一方で、タクルンとペヤクの二つの僧院を整備、拡張し、伝統の復興に努めた。パドマサンバヴァの浄土である「銅色吉祥山《サンド・ペルリ》」を模したお堂を建立し、占星術や医学から仏教全般の要点について、きわめて明晰に表現したジュ・ミパムの論書を中心に学ぶ顕教の学堂と、三年三か月の伝統的な隠棲を行う密教学堂を開設した。

密教舞踏を復活させ、パドマサンバヴァ、ヴァジラキラヤ、金剛薩埵、死後のバルドで姿をあらわす神々のマントラを、何日間も一瞬も切らすことなく、唱え続ける大成就会の法要を開いた。大成就会の途中、祭壇の上に置かれた丸薬は大量に増えて溢れ出し、また空からも降り注いできた。仏像に加持すると、仏像は自然に動き、その心臓の部分は熱くなった。弟子たちが前行の五体投地を行じていると、空から金粉が降ってきた。

一九八五年からは漢人の弟子の求めに応じて、中国各地で殺生の戒めや極楽浄土に往生するための教えを与え、魚の放生を行った。成都の市場で買い集めた魚を、百台をこえるトラックで運び、海に放った。

埋蔵宝と著作

こうした活動と並行して、テンペ・ワンチュクは埋蔵宝の発掘と旺盛な著述を続けた。

一九九一年中央チベットに巡礼に行ったときのことだ。サムエ寺の近くにある、かつてユダ・ニンポが瞑想した洞窟にいるとき、前世ベーロツァナから受けた教えのことを思い出し、文字に書き記した。

二〇〇三年には、青海湖の真ん中にある島に、一〇〇人ほどの弟子といっしょに巡礼に行った。島の西には、パドマサンバヴァが修行した洞窟がある。ヴィジョンの中で虹の光に包まれた赤い女があらわれ、道案内をする。みんなでその後をついていく。立ち止まったテンペ・ワンチュクが右手を上げると、空中からイェシェ・ツォギェルの仏像が降ってきた。三〇人ほどがそのようすを目撃した。

テンペ・ワンチュクはこの出来事を機に、ゾクチェン・ニンティクのエッセンスをまとめた「ツォギェルの心髄の深遠なるビンドゥ」(mtsho rgyal snying gi yang tig)を書いた。「埋蔵宝典発掘者《テルトン》」としての活動は、その後も続いた。

それと並行して、ロンチェン・ラプジャムの『法界宝蔵』やジグメリンパの『至上の智慧』、師のロドゥ・ギャツォの『雲一つない青空』などの内容を明らかにする注釈書を書いた。『法界宝蔵』は、ロンチェン・ラプジャムの著作の中で、哲学的に最も重要で、かつ難解とされる。ロンチェン・ラプジャムじしんが書いた大きな注釈書があるけれども、それ以降誰も注釈を書こうとしなかった。じつに六百数十年ぶりに、新しく書かれた註釈書だった。特別に難解な箇所にさしかかると、ゾクチェンの護法尊エカジャーティやツィウマルポが夢にあらわれ、光のヴィジョンの中で、シンボルをつうじて、その意味を明らかにしてくれた。

すでに述べたように、テンペ・ワンチュクは少年時代、多くの仏典や論書を学び、論理学にも熟達していた。けれども難解な用語や議論を用いることなく、自分自身の体験をもとに、仏教のエッセンスを説き明かす力を持っていた。

そのおかげで、仏典について長い時間をかけて学ぶ機会に恵まれない在俗の弟子でも、その意味をはっきり理解することができた。死ぬときトゥクタムに入る者も、稀ではなかった。体験にもとづいて仏教のエッセンスを説く能力は、その多くの著作にはっきり表現されている。

テンペ・ワンチュクの令名は、しだいに広がった。ケンポ・ジグメ・プンツォクの開いたラルンガル五明院に招かれ、四人の金剛阿闍梨の一人として、法要を主宰した。ツァラ・ケンポやケンポ・ペンツェといった有名な学僧たちも、教えを受けに、はるばるやって来た。また多くのラマが、自分が一子相伝で受けた教えを、テンペ・ワンチュクに託した。

ゾクチェン、カトク、アンゾムガルといった、東チベット・カム地方の重要な僧院には、特別な口伝の血脈が存在する。テンペ・ワンチュクは、それらにくわえ、十九世紀のゴロクの埋蔵宝発掘者ドゥジョム・リンパの教えなど、あわせて六つの特別な口伝の血脈を受けつぎ、次の世代に伝える役割を果たすことになったのである。

最期の日々

ケルサン・ナムデンの伝記『如意宝珠の蔓草』は、二〇〇四年で終わっている。ここからは、わたしがタクルンのカダク・トゥデルリン僧院で、本人や身近な弟子から見聞きしたことをもとに書くことにしよう。

晩年のカンサル・テンペ・ワンチュク・リンポチェは、タクルンのカダク・トゥデルリン僧院と、

トクデン・ロドゥ・ギャツォの転生化身

カダク・トゥデルリン僧院　本堂

ユダ・ニンポが生まれたギャロンの間を行き来しながら、ゾクチェンの教えを説いた。
カダク・トゥデルリンでは、ロドゥ・ギャツォの『雲一つない青空』にくわえ、ジグメリンパの『至上の智慧』、ドゥジョム・リンパの『顕現の浄化』、ザ・パトゥルの「三つの要点をつく教え」やジュ・ミパムの指南書を、またギャロンではシャプカル・ツォクドゥク・ランドルの『金翅鳥のはばたき』を説くことが多かった。『法界宝蔵』のために自分が書いた注釈書については、一生に二回だけ、カダク・トゥデルリンで説いた。

二〇〇四年にラルンガルのケンポ・ジグメ・プンツォク、そして二〇一一年にヤチェンガルのケンポ・アチュク・リンポチェが、示寂した。それからは、この二人の有名なラマの弟子たちが、夏の教えを聞きに、はるばるやって来るようになった。

二〇〇七年は、カンサル・テンペ・ワンチュクにとって、特別にめでたい年だった。収容所の中で親しく学んだ根本の導師ロドゥ・ギャツォの幼い転生化身が、カダク・トゥデルリンを訪れ、化身ラマとして正式に法座に上がったのである。

ロドゥ・ギャツォは、一九八〇年に釈放されると、故郷のアキョンに新しく僧院をつくり、アキョン僧院とゾクチェン僧院の二か所を中心に、多くの弟子を育てた。二〇〇二年に示寂したときは、一週間のトゥクタムに入った。その間遺体は収縮し、荼毘に付した遺灰からは、さまざまな色の仏舎利が出た。その数年後、ロドゥ・ギャツォは、同じゴロク地方に転生したのである。

両親に連れられ、カダク・トゥデルリンにやって来たわずか二歳の少年は、ロンチェン・ラプジャムの『法界宝蔵』の教えを聴聞するため、チベット各地から集まった行者たちを前に、シャンティデーヴァの『入菩薩行論』や文殊菩薩のマントラを伝授した。

チベットでは、排泄をまだ上手にコントロールできない子供は、お尻に丸い穴のあいたパンツをはかされる。ロドゥ・ギャツォの転生化身は、僧服の下に穴あきのパンツを着け、休み時間は、本堂から少し離れた宿舎の庭を駆け回っていた。

二〇一三年夏ごろから、カンサル・テンペ・ワンチュクは、体調を崩した。わたしは日本から、ネパールのパルピンにいるチャダル・リンポチェに電話をかけ、占ってもらった。「寿命が来ている。たくさん祈祷をしても、あと一年くらいだろう」という答えだった。

二〇一四年四月一三日早朝、カンサル・テンペ・ワンチュクは、三日間のトゥクタムに入った。その間からだは収縮し、三〇センチほどの大きさになった。

遺言は次のようなものだった。

「有情に慈悲を持ち、行為の因果を信じなさい。三宝を信じ、口伝にもとづいて修行をし、法友を愛しなさい。とりわけ出家のサンガは、心を一つに合わせ、戒律を清らかに守り、ブッダの教えに奉仕することをけっして忘れないようにしなさい。」

カンサル・テンペ・ワンチュク・リンポチェ（カダク・ドゥデルリン、2012 年）

カンサル・テンペ・ワンチュク・リンポチェの収縮した遺体（カダク・トゥデルリン、2014 年）

【註】

1　以下、ラマ・ジャムヤンのパーソナル・コミュニケーション。

2　毛里和子『周縁からの中国 民族問題と国家』（東京大学出版会、一九九八年）、第四章および第八章。

3　以下、sKal bzang rnam 'dren, *rNam thar dpag bsam nor bu'i 'khri shing,* in *Khang sar bstan pa'i dbang phyug gi gsung 'bum,* Mi rigs dpe skhrun khang, 2005, vol.1 pp.1-148.

4　「パンチェン・ラマの告発」https://www.tibethouse.jp/about/information/panchen_lama/pl_speaks_text.html（二〇二一年六月一八日閲覧）

5　sKal bzang rnam 'dren, *op.cit.*, pp.54-55.

6　トクデン・ロドゥ・ギャツォの伝記については、bsTan 'dzin lung rtogs bstan pa'i nyi ma, *sNga 'gyur rdzogs chen chos 'byung chen mo,* Krung go'i bod rig pa dpe skrun khang, 2004, pp.771-791.

7　sKal bzang rnam 'dren, *op.cit.*, p.63.

8　カンサル・テンペ・ワンチュク・リンポチェの著者へのパーソナル・コミュニケーション。二〇〇七年八月。

9　sKal bzang rnam 'dren, *op.cit,* p.65.

第九章

光の錬金術——ゾクチェン・ニンティクの光の存在論

虹の身体とは、縁起から生まれる有為の五蘊を、原初の智慧が食い尽くすことだ。

（アク・タムディンギャ）

「虹の身体」とゾクチェン・ニンティクの十七タントラ

「虹の身体」は、ゾクチェンの三つのセクションのうち、ロンデ（「原初空間の部」）とニンティク（「心髄のビンドゥ」）の修行によって、到達する究極の悟りだとされる。

そのうちロンデの修行をつうじて、「虹の身体」の悟りを得た修行者は、十二世紀から途絶えている。ロンデの血脈の伝承は、現代にいたるまで続いている。けれども実際にその修行をする人は、ほとんどいない。

そのため現在ゾクチェンを修行する場合、ほぼニンティクの伝統にかぎられていると言っても、かまわない。前章までに登場した修行者たちも、例外なくニンティクの系統に属す修行をつうじて、「虹の身体」の悟りを得ている。

ニンティクの教えは、ゾクチェンの究極のエッセンスとされ、その哲学と修行法は、「ニンティク十七タントラ」（snying thig rgyud bcu bdun）――と呼ばれる十七の経典にもとづいている。

この十七のタントラは、インドの偉大な学僧ヴィマラミトラとチベットの訳経師たちによって翻訳された。だが内容があまりに高度で、当時のチベットには理解できる者がほとんどいなかった。

そのため、ラサの近くに建立された寺や堂に隠されたという。

ニンティクの初期の聖者伝によると、秘密の口伝を得たごく少数の行者たちは、山中に隠棲し、あるいは放浪しながら悟りを深めた。そして教えを受ける器にふさわしい弟子があらわれるのを、場合によっては何十年も待った。どうしても見つからないときは、自分が持つ経典や口伝書を、再び岩山の洞窟やお堂の梁や地下に埋蔵した。現代に伝えられる十七タントラは、十二世紀の初めにシャン・タシドルジェが、チベット南部の山中の洞窟から発掘したものと伝えられる。

十二世紀の後半、シャン・タシドルジェの息子で継承者だったシャン・ニブムは、「言葉の意味を明らかにする十一章」(tshig don bcu gcig pa)という注釈書を書いて、十七タントラのエッセンスを明らかにした。それから二百年後、十四世紀に出現した天才的な哲学者で文殊菩薩の化身と讃えられるロンチェン・ラプジャムは、その内容をさらに深く、広く掘り下げ、洗練されたスタイルで表現することに成功した。

ロンチェン・ラプジャム以降、現代にいたるまで、ニンティクの修行について書かれた指南書や理論書の多くは、このロンチェン・ラプジャムがあらわした『至高なる乗の宝蔵』(theg pai mchog rin po chei mdzod)や、『言葉の意味の宝蔵』(tshig don mdzod)といった理論書に、深い影響を受けている。またたいていの場合、十七タントラからの引用を多く含んでいる。その意味で、ゾクチェン・ニンティクの哲学と修行の骨格は、十二世紀にシャン・タシドルジェが十七タントラを発掘してから、現代にいたるまで、基本的に変わっていないということができる。

この十七のタントラを読み進めていくと、とても不思議な事実に突き当たる。ニンティク十七タントラには、「虹の身体」という表現が、ただの一度も出てこないのである。

ゾクチェンのニンティクの修行をつうじて、肉体が虹の光に変化する。そうした究極の覚りについては、書かれている。けれどもそのことを指すのに、十七タントラは、「虹の身体」という言葉を使っていないのである。

同じことは、十七タントラと深く結びついている秘密の口伝のコレクションについても言える。ゾクチェン・ニンティクの伝統には、「ダーキニーのニンティク」(mkha' 'groi snying thig)と、「ヴィマラミトラのニンティク」(bi ma snying thig)という、二つの系統の口伝を集めた重要なテキスト群がある。

この二つは、チベットにニンティクの教えを伝えたインド人の阿闍梨、パドマサンバヴァと、偉大な学僧ヴィマラミトラに、それぞれ由来し、特に修行法についての詳しい説明を含んでいる。この二種類の系統の文書のどこにも、「虹の身体」という言葉は、やはり姿を見せないのである。

ではボン教においては、どうだろうか? ボン教のゾクチェンにおいて、最も重要で古い「シャンシュンの口頭伝承」(zhang zhung bsnyan brgyud)は、外、内、秘密、最秘密の四つのサイクルから成り立っている。その内容は、ごくわずかな用語の違いを除いて、ニンマ派に伝えられるニンティク十七タントラと、基本的に変わらない。そして、たいそう不思議なことに、この「シャンシュンの口頭伝承」にも、「虹の身体」という言葉は出てこないのである。

「光の身体」「肉体を残さずにブッダとなること」「真に完全なるブッダ」

ではそうした覚りは、どのように呼ばれ、どのように説明されているのだろうか?

十七タントラは、こうした覚りを、「肉体を残さずにブッダとなること」、「真に完全なブッダとなること」、あるいは「光の身体」といった、別の用語で表現している。「金剛薩埵の心臓の鏡」には、次のように書かれている。

> ニルヴァーナには二つの種類がある。真に完全なるブッダ（正等覚：yang dag par rdzogs paï sangs rgyas）と、現前に完全なブッダ（現等覚：mngon par rdzogs paï sangs rgyas）である。真に完全なるブッダとは、肉体を残すことなくブッダとなることである。現前に完全なブッダとなった場合、光、音響、仏舎利、仏像、大地の震動が生じる。（「金剛薩埵の心臓の鏡」[1]）

ここで述べられているブッダの二つの類型は、顕教とはまったく異なる、ゾクチェン特有の分類にもとづいている。少し註釈を加えておこう。

「真に完全なブッダ」になると、物質でできた肉体は完全に消えてしまう。それに対して「現前に完全なブッダ」になった場合、大地が揺らぎ、不思議な音が鳴り響き、虹が立ち、光が飛びかう。遺体を荼毘に付すと、仏舎利が出る。それにくわえ、遺骨の頭、喉、心臓にあたる部分から、金剛手や観音菩薩の仏像の形があらわれる。さきほど引用した「金剛薩埵の心臓の鏡」で、「仏像があらわれる」というのは、そうした仏像の形の骨が出現することを指している。[2]

一方「真に完全なブッダ」の場合、修行の深まりによって、完全なブッダの境地に近づくとともに、粗大な物質でできた肉体は、その本質である純粋な光に変化し、最後には消えてしまう。ニンティクのタントラは、こうした錬金術的変容を、「光の身体」という言葉で表現しようとしている。

十七タントラの一つ、「透明無碍な音」は、次のように述べている。

修行に熟達することで、法性の力が、肉体の元素に完全に浸透する。元素はその本質へと解き放たれる。肉体を構成する元素は消滅し、煩悩に汚された（有漏の）身体は、現象しなくなる。かくして明白にブッダとなる。……分別を超えた原初の智慧は、光の身体に融合する。（「透明無碍な音」[3]）

「光の身体」があらわになってくるとき、究極のブッダの境地はもうすぐだ。このタントラは、そんなふうに述べている。

『太陽と月の和合』タントラは、同じ覚りを、空飛ぶ女神《ダーキニー》やヴィディヤダーラといった言葉で表現している。

ミトク・トゥプパ、お聞きなさい。（中略）

中間の機根（能力）を持つ者は、山に住む鹿のように死ぬ。山の上で、あるいは住むものとてない谷で死ぬのである。あるいは、ライオンのように（雪山で）死ぬ。（だれの遺体かもわからぬ）乞食のごとく、あるいは（生と死を区別しない）赤子のごとくに死ぬ。これが、中間の機根のヨーギの死に方だ。

空を飛ぶ女神やヴィディヤダーラたちのように死ぬ者は、燃え盛る火のかたまりが自然に消え去るように、あるいはあたかも目に見えない水蒸気が、こわれた陶器の容れ物から立ち昇るように死ぬ。すべての元素は、その本質に滅す。何一つ顕現するものはない。何一つ手に取ることのできるものもない。これこそが、最高のヨーギの死に方だ。（中略）
かくのごとく、ヨーギは、恐れも肉体の欲望もすべて超越し、死ぬべきである。悟りを得、修習するヨーギには、利益もなく、過失もない。
（『太陽と月の和合』[4]）

世界、身体、こころ――「顕現を封印する三昧」

こうした覚りは、ゾクチェン・ニンティクの修行の道のなかで、どのように位置づけられているのだろうか？

ニンティクの中心の修行は、心の本性に無為のままとどまるテクチュー（「断束」）と、身体の内部に眠る光を取り出すトゥゲル（「超躍」）や暗闇の修行の二つの段階からなっている[5]。後者の修行は、とりわけ鮮やかな光のヴィジョン体験をもたらす。

ニンティクの伝統は、そうした光のヴィジョン体験の深まりを、四段階に分けている。ヴィジョンはやがて密教の神々のマンダラに成長し、その後空性の中にしだいに溶けて、消えさってしまう。この最終段階――「法性滅尽」と呼ばれる――に入ると、物質でできた肉体は、光になって消えてしまう。

大乗仏教には、修行の深まりとともに、世界のあらわれが光に満ちたものに、さらにはマンダラに変化していくという考え方が、古くから存在していた。大乗仏典の最も古い層に属す「十地経《じゅうじきょう》」

——『華厳経』十地品——は、そうした考え方をもっともよく表現しているものの一つだ。この経典には、ブッダの身体から光が放たれ、あるいは世界が光に満ちた菩薩たちのヴィジョンに変容するありさまが、鮮やかに描かれている。

ゾクチェン・ニンティクのタントラは、こうした大乗仏教の体験的思考を、しっかり引き継ぎ、世界のあらわれ——仏教のテクニカルタームでは「顕現」あるいは「対境」——の変化が、心身の錬金術的変容とパラレルに進む、と述べるのである。

ゾクチェン・ニンティクのタントラは、修行による変容のプロセスを、「身体」、「対境」（あるいは「顕現」）、そして「明知」からなる三位一体の概念によって、表現しようとしている。たとえば「法身普賢の六つの法界」は、次のように述べる。

顕現を封印する三昧とは、身体と対境と明知が、みずから顕現するままに、究極の清らかさにいたることだ。顕現は究極の完成にいたり、六道の迷いの顕現は滅する。それとともに、心は完全に調和する。心が完全に調和すると、物質の体は現象しなくなる。（肉体を構成する）元素はその清らかな本質に変容し、元素から生まれた肉と血でできた身体は、対象としてあらわれなくなる。心の動きは、その本質に浄化され、迷いの心によって維持される意成身は、その本質の境地に消滅し、あらわれなくなる。明知によって維持される光の身体だけが、あたかも水面に映し出される月のようにして存在する。

（「法身普賢の六つの法界」[6]）

心、身体、世界のあらわれは、密接に結びついている。「法身普賢の六つの法界」の洞察は、大乗仏典の考察をしっかり引き継いでいる。

ロンチェン・ラプジャムは、「如意宝蔵」(yid bzhin mdzod)の中で、唯識仏教に由来する「習気」の概念を用いて、「法身普賢の六つの法界」の洞察を、さらに大きく深めている。存在の根源に内蔵されている光は、習慣化されたパターン――「習気」――によってゆがめられ、輪廻を生きる有情は、二元論的な心、身体、世界の狭苦しい牢獄の中に閉じ込められている。それらの習気を浄化する修行によって、心は繊細きわまりない智慧に、身体はブッダの三身に、そして外部の世界のあらわれは清らかな浄土に変容するのだと、「如意宝蔵」は説くのである。

こんなふうに、ゾクチェン・ニンティクの理論家たちは、唯識学派の洞察や「十地経」を踏まえながら、それをニンティク特有の「光の存在論」と結合することで、仏教全体にわたる修道論を創造しようとしてきた。

その一方で、ゾクチェンの導師たちは、ニンティクの究極の覚りと「光の存在論」の、より直接的なつながりについても、述べてきた。現代のゾクチェンの最も優れた理論家の一人だったドゥジョム・リンポチェ(ジグデル・イェシェ・ドルジェ。一九〇四―～八七)は、次のように書いている。


ゾクチェンの最秘密の部においては、プラーナはおのずと静まるのにまかせ、わざわざ中央の脈管に入れたりはしない。個々の脈管の花弁のプラーナが自然に静まると、光の脈管の原初の智慧のプラーナが、その本来の境地において、おのずと明晰に光り輝くようになる。それによって、仏身、浄土、光を本質とする清らかな原初の智慧の顕現があらわれ、不浄な迷いの顕現はなくなる。中央の脈管の光の脈が増大することで、脈管の結節はしだいに光に融け入り、光に内蔵されているすぐれた徳性によって、ブッダの覚りにいたる異なる段階のヴィジョンが、自己の顕現として生じる。最初の二つの脈管の結節が光に融解することで、外部には、光の中に無数のブッダの浄土の顕現が現出し、そこから光線が放射される。それらはすべて自己の顕現にほかならない。歩いたり、身体を動かすことによって、無数の浄土が脈動するのはそのためだ。内的には、百の無分別の法性の三昧に入り、またそれらの三昧から立つのである。
（「光の宴」[7]）

光の存在論

この引用からも見て取れるとおり、ゾクチェンの存在論と修道論の全体は、横溢する光のイメージに満たされている。底なしの無から光が発出し、そこから一方では清らかな光に満ちた浄土が、もう片方では輪廻の中を生きる世界のあらわれ、身体、心のありようが生まれてくる。ゾクチェン・ニンティクの存在論は、このプロセスを精密に表現することに、たいへん大きな力を注いできた。その最初の鍵となるのは、「基《き》」（gzhi）と「基の顕現」（gzhi snang）の概念である。

「基」というのは、ブッダも有情も存在する以前、原初における光を内蔵した空無のありようを指している。この世界は、どこから、どのように生まれ、存在しているのか。「法身普賢の六つの法界」の中で、「太陽を集めた光線」（Nyi ma 'dus pa'i 'od zer）という名前の菩薩は、原初仏サーマンタバドラに次のように問いかける。

キエ！

教主であるサーマンタバドラよ、教主なるご自身がまだ存在していなかった以前には、同じく有情というものも、実在していませんでした。ブッダと呼ばれる方も、実在していませんでした。そのような過去において、この基はどのように存在していたのか、お説きください。

（「法身普賢の六つの法界」）[8]

この問いに、ゾクチェンの哲学は、「元来清浄」（カダク：ka dag）と答える。

この「元来清浄」という言葉は、もともと般若経典に由来している。心の本性はなにもないからっぽの空間、広々とした清らかに澄み渡った青空のような「空《くう》」だ。「元来清浄」というテクニカルタームは、言語が止滅したなかからあらわれてくる、清らかな空性を指している。

ゾクチェン・ニンティクの経典や注釈書は、次のように述べる。

わたしたちは、混乱した現象の世界の中を生きている。その中にいて、原初なる存在の「基」を、さまざまな用語を使って表現しようとする人々がいる。だが、「決定」、「不確定」、「多様」をはじめとする七つの概念で説明しようとする試みは、すべてあやまっている。そうした説明は、本質が一つであり、元来清浄な空であることの無知から生まれてくるのだ……。

「基」においては、ブッダも、有情も存在しない。それは一切の概念を超えた、清らかな空性だ。けれどもこの空無は、ただの無ではない。その中には、叡知の輝きが内蔵されている。そのことを、ゾクチェンの哲学は「自発的完成性」（lhun grub）と呼ぶ。

「基」は、すべての現象を超えた空でありながら、同時に叡知の輝きを内蔵しており、あらゆる現象を生み出す豊かな母胎として、存在している。「基」は「元来清浄」と「自発的完成性」の不可分の統一として、存在している。その叡知としての側面について、「文字のないタントラ」には次のように書かれている。

自ずと生じる原初の智慧の見解には、分割する対象がない。過去に去ることも、未来に生じることもなく、現在においてあらわれることもない。カルマもなく、習気もなく、無明もない。心も、意識も、知性もない。輪廻もなく、ニルヴァーナもない。明知そのものも、あるわけではない。原初の智慧としてあらわれることもまったくない。おのずと生じる原初の智慧には生命がないから、善と悪の概念を超えている。

（「文字のないタントラ」）[9]

「基」は時間を超えた時間、原初の空間に存在しており、思考、概念、物質性を超えている。すべての現象の土台であり、一切を生む母胎だ。ゾクチェンの経典は、そのありようを「卵」にたとえている。

この「基」は、さらに本体、自性、慈悲のエネルゲイアの三つの側面の統一体として表現することができる。「明知の自然な現出」タントラの中で、原初仏はこんなふうに語る。

わたしが存在する以前から、基は、次のようにして存在していた。基は元来完全に清浄であり、本体、自性、慈悲として存在している。本体は不壊なる原初の智慧であり、その本質は童子の壺の身体だ。自性は五色の光であり、その顕現はとだえることがない。慈悲のあらわれは、たとえば雲のない大空のようである。これが、元来清浄な本質だ。何ら限界によって区切られることがなく、いかなる部分性に陥ることもない。[10]　（『明知の自然な現出』）

「基」の本体は空であり、自性は光明であり、慈悲のエネルゲイアは、すべてに満ちわたっている。「基」は、この三つの側面の統一体として存在している。そのうち自性の光明は、ここでは「五色の光」として表現されている。けれども「基」のレベルにおいては、その光はいわば潜勢力として存在しているだけであって、まだ外に溢れ出して、現象の世界をつくり出してはいない。ところがあるとき、その封印が破れる。この「基の顕現」のプロセスについて、「麗しき吉祥」は、次のように述べている。

基には自発的に完成している本質が存在している。……それは、実在することのない大いなる実在として存在し、断滅することなく、慈悲のエネルゲイアとして、また光としてあらわれる。内なる童子の瓶の身体の封印が破れると、外なる自発的完成性の存在モードが生成する。鮮明に輝き、折れ曲がり、垂れ下がり、うごめき、揺らぎ、多様に広がる。そうやって自発的に完成している偉大な存在のありようが、発生するのである。原初の智慧は不断に滅することがなく、そのすぐれた徳性は滅することがない。そこから、自性変化身の顕現が生じる。慈悲のエネルゲイアは滅することがなく、そこから不浄な顕現が生じ、さらにさまざまな迷妄の顕現が生じる。かくして輪廻が発生する。　（『麗しき吉祥』[11]）

「麗しき吉祥」にあらわれる若々しい童子のイメージは、超時間性を象徴している。時間も空間も超えた「童子の壷の身体」から、光が放射され、そこからブッダの化身たちの浄土や、さらに輪廻の世界が展開するのである。

このプロセスにおいて決定的な転換点となるのは、光があらわれてきた次の瞬間、それを対象として分析する二元論的知性の出現だ、とニンティクの哲学は考えている。

量子力学において、観測が行われた瞬間、波動関数が収縮するのと同じように、分析的知性の出現とともに、純粋な光のあらわれは凝固し、物質化のプロセスに入る。

分析的知性の次には、「対象」を自己と完全に分離したものとみなし、名づけ、怒りや欲望の対象とする二元論的な心のプロセスが続く。こうして、純粋な叡知――「明知」――は、二元論の無明におおわれ、輪廻の世界が始まる。

「基」には、もともと無明は存在しない。けれども「基の顕現」が生じるとき、突発的な偶然によって、無明が生じる。ここでは書けないけれども、ゾクチェン・ニンティクの哲学は、さらにこの無明の発生プロセスを、三つの側面からくわしく分析している。

一方で、もし純粋な光が生じた次の瞬間に姿をあらわす二元論的な分析的知性を、あるがままに自覚できれば、二元論的な心は一瞬にして消え、その瞬間にブッダの覚りを得ることができる。原初仏のサーマンタバドラは、そうやって解脱したのだと、ニンティクのタントラは語る。

「基」は輪廻とニルヴァーナを超えている。逆にいうと、「基」から光が放射される瞬間、それが輪廻を生むのか、ニルヴァーナの境地を生むのかは、決まっていない。不確定だ。「麗しい吉祥」は、次のように述べる。

　変化することのない基から、（そこに内蔵されている）力によって、自性（の光）が、絶えず立ち現れる。慈悲のエネルゲイアの潜在力は不確定だ。そのため、無明がおのずと生じるのである。青空に、真の意味で雲が存在するわけではない。雲はただ一時的に生じるだけだ。それと同じく、基に無明が存在するわけではまったくない。だが、慈悲のエネルゲイアが現出することによって、無明が生じるのである。[12]

大いなる元素、小なる元素、清浄なる元素

ではブッダの浄土と輪廻の世界は、どのようにちがうのだろうか？この点について、ゾクチェンの哲学は、「元素」の概念を用いて表現している。ゾクチェン・ニンティクの哲学を、きわめて洗練された形で表現したロンチェン・ラプジャムは、ゾクチェン・ニンティクの十七タントラに注釈しながら、次のように述べている。

　有情たちは、五つの元素からなる迷いの世界において行為しており、大いなる元素をみずからの一部として具有している。ブッダたちは、究極の真実である（勝義の）五つの清浄なる元素――すなわち堅牢ではない地の元素などの五つ――の世界に住しており、完全に無垢な五つの大いな

る元素を享受している。

（『至高なる乗の宝蔵』）13

この短い一節を理解するためには、ロンチェン・ラプジャムの「元素」の説明を、もう少し読んでみる必要がある。ロンチェン・ラプジャムは、おもに二組の概念のセットについて、書いている。一番目は、「内なる元素」と「外なる元素」の区別だ。この区別は、輪廻の世界を生きる生命と、その環境にかかわっている。

「外なる元素」というのは、外的な環境世界を構成する地、水、火、風、空の五つのエレメント——「五大」——を指す。それに対して、「内なる元素」は、身体を構成する五つのエレメントを意味する。「内なる元素」は、純粋な叡知である「明知」や「心」の拠り所として、それらを支えている。一方「内なる元素」は外的環境を構成する「外なる元素」を拠り所として、それによって支えられている。

とても興味深いのは、この両者は、「実体」（dngos）と「物質性」（gzugs）としてつながっている、とロンチェン・ラプジャムが述べていることだ。

「実体」としての「内なる元素」は、堅牢、冷たい、といった性質として定義される。それに対して、「外なる元素」とは、「内なる元素」が、まるで遊戯のように、外の世界に現出したものであり、大地や水や火といった「物質性」（「色」）としてあらわれているのだと、ロンチェン・ラプジャムは述べるのである。

こうした説明の背景には、空性をめぐる大乗仏教の哲学が横たわっている。大乗の空性の哲学によれば、「外なる元素」も「内なる元素」も、心から完全に切り離された対象として、客観的に実在するわけではない。いずれも空だ。

唯識学派はそうした認識を徹底して深めている。同じ対象であっても、それがどのようにあらわれてくるのかは、生命種や、個別の有情によって、異なっている。たとえば水は、人間にとっては渇きをいやすものだが、魚にとっては住む環境として、餓鬼にとっては血や膿として、天界の神にとっては甘露として、ヨーギにとっては女神としてあらわれてくる。

世界がどのようにあらわれているかと、その中でどのように行為するのかは、一つにつながっている。生命は環境の中で行為し、それを変化させながら、生きている。その環境は、「客観」的に存在しているわけではない。主体としての生命との関係の中で、あらわれている。

現代のオートポイエーシス生物学は、こうした唯識学派やゾクチェン・ニンティクとよく似た認識に到達している。個々の生命にとって、外部の環境は「客観」的に存在するわけではない。そのことを、オートポイエーシス生物学は、生命体の情報・代謝プロセスには、内部が外部に反転するようなトポロジカルな構造が貫いている、と表現している。

ゾクチェン・ニンティクの思想家たちは、こうした唯識学派やオートポイエーシス生物学と共通する洞察を、「元素」という言葉で、表現しようとしているのである。「透明無碍な音」タントラは、次のように述べる。

カルマによって生まれる有情の身体は、共通のカルマのちがいに応じ、外なる元素によって支えられ、それを拠り所としている。それによって、カルマ、成長、感覚器官、輪廻、誕生が完成するのである。[14]

（『透明無碍な音』）

どんな身体を持って生まれるかは、カルマによる。共通のカルマがあるおかげで、わたしたちは「人間」として生まれ、水を——生息する環境としてではなく——、飲み物として認識し、身体に取り入れる。水は「飲み物」として、人間の生命を支えている。

この観点からすれば、物質性を帯びた「内なる元素」からできている身体が、純粋なエッセンスである光に変化すれば、「外なる元素」からできあがっている環境もまた、変化することになる。

こうした錬金術的な変容のプロセスについて、ゾクチェン・ニンティクは、「大いなる元素」、「小なる元素」、「清浄な元素」という三つ組の概念をつうじて、さらにはっきりと表現しようとしている。ロンチェン・ラプジャムによれば、「大いなる元素」とは、明知から放射される五色の光明の原初の智慧（'od gsal ba'i ye shes kha dog lnga）を指す。

それに対して、「小なる元素」とは、地、水、火、風、空の五つのエレメント——五大——を意味する。ブッダは、清らかな光である「大いなる元素」の世界に住している。それに対して、有情はこの物質性を帯びた「小なる元素」——「迷いの元素」——の世界に生きているのだ、とロンチェン・ラプジャムは述べる。

すでに述べたように、元来清浄な「基」の封印が破れ、清らかな光があらわれた瞬間、その光を自己の外部にある「対象」として分析しようとする知性がうごめく。そこから、無明のプロセスが始まる。

無明の発生とともに、純粋な智慧の光である「大いなる元素」は、輪廻の世界をつくり出す「小なる元素」——「迷妄の五元素」「不純な元素」とも呼ばれる——に変化してしまう。ちょうど、水が凍って氷になるのと同じような相転移や、低エネルギー化が起こるのである。この点について、ロンチェン・ラプジャムは次のように述べている。

物質性（色）をはじめとする五感の対象（五境）は、五つの光がおのずと顕現していることを認識しそこない、対象として執着することから生じる。五つの煩悩は、五つの原初の智慧を認識しそこなうことから生じる。多様な要素からなる身心の五つの構成体（五蘊）は、法性の自然な輝きが清らかさを失うことから生じる。……（外部の対象を追い求めるなどの）五つの意は、五つの風が完全に浄化されていないことから生じる。……（主体、対象、思考の運動などを）他から切り離された永続する実体（「我」）と見なす五種類の思考は、（思考の）運動がそのまま滅しなかったことから生じる。このように、不浄なる輪廻の現象は、すべて、明知の境地から生じ、その境地のままに存在し、遊戯としてあらわれている。真実においては、無でありながら明晰に顕現する、空なる色の幻のあらわれにすぎない。……そのことを「輪廻は完全に清浄だ」というのである。（『言葉の意味の宝蔵』）[15]

輪廻をさまよう有情は、二元論の無明に支配され、「小なる元素」の世界を生きている。けれども、その世界の根底には、原初の叡知が存在している。そしてそこからはたえず原初の智慧の精妙な光が、自然に放射されている。だから輪廻にある生命とその生きている世界にはどんなものであれ、明知とじかに結びついている純粋な光――「大いなる元素」――がつねに浸透しているのである。

ロンチェン・ラプジャムの元素論は、あらゆる生命体には仏性があるという如来蔵思想の洞察を、別の観点から表現しようとしているのである。

ゾクチェン・ニンティクの高度なトゥゲルや暗闇の修行は、身体の内部から、純粋な叡知の光である「大いなる元素」を、じかに取り出す。そしてその中に不純な「小なる元素」からなる物質の身体を、融解させてしまう。そのことによって、世界のあらわれ、こころ、身体は、光に満ちたものに変化していく。

重要なのは、ゾクチェン・ニンティクにおける「光」（'od）は、たんなるメタファーではないということだ。イルン・ソナム・ナムギェルの言葉を思い出してみよう（第二章）。洞窟での長期の隠棲修行に入った彼は、久しぶりに会いに来た息子に、次のように語ったのである。

はじめは目に見るものも、聴くものも、すべてブッダのお姿と智慧の光の戯れとして、あらわれるようになった。寂静尊と忿怒尊の神々が姿をあらわし、さらに五部族のブッダたち、原初の法身のブッダであるサーマンタバドラが女神と抱き合うヴィジョン、そして最後にはサーマンタバドラだけがあらわれるようになった。今では光のヴィジョンも、それを生じさせる心もまったくなくなってしまった。

トゥゲルや暗闇の修行は、五色の光や神々のマンダラの直接体験をもたらす。鮮やかな光のヴィジョンが、澄み渡った明晰な心の本性からあらわれ、完成し、消滅する。ヴィジョンの深まりは、身体が光に変容するプロセスと、じかに結びついているのである。

三番目の「清浄なる元素」という概念は、この変容のプロセスを表現するうえで、特別な力を持っている。

ロンチェン・ラプジャムによれば、この言葉は大きく二つの意味を持っている。一つ目は存在の土台から自然に立ち上がってくる、叡知の清らかな光――「大いなる元素」――だ。二つ目は、身体を構成する「内なる元素」――暖かい、軽い、涼しい、広大、動くという性質を持ち、「迷妄の五つの元素」とも呼ばれる――が浄化され、五色の智慧の光に変容し、さらに存在の内部空間――「内なる界」――に融解したものを指している。

ゾクチェン・ニンティクの思考によれば、ブッダになるとは、みずからの実存の内部と外部を、純粋な叡知の光に変容させ、その果てに、存在の基体に還帰することだ。その過程で、物質でできた身体は、「清浄な元素」でできた「光の身体」に変容するのである。

法身――存在の土台への還帰

こうしてブッダの境地に近づくとともに、心は浄化され、世界のあらわれは光に満ちるようになる。粗大な物質でできた肉体は、「光の身体」に変化する。そして最後に、すべては存在の基体に消え去ってしまう。「透明無碍な音」は次のように述べている。

本来の境地にいたるとは、(身体を構成する)元素が滅することによって、物質の肉体が消滅することだ。粒子(微塵)も究極の素粒子(極微)も完全に消滅し、ごく小さな部分すら存在しなくなる。煩悩が滅し、迷妄も、分別も、執着も消える。顕在する思考も、潜在する思考も、完全に消滅する。粗大、微細にかかわらず、すべてが消滅し、五蘊は精妙の極にいたる。四つの元素からなる体は消滅し、完全な智慧の仏身に変容する。無分別の三昧におのずと住しているので、作為されたダルマを超越する。「ダルマ」という表現もなくなる。（「透明無碍な音」[16]）

ロンチェン・ラプジャムは、この一節に注釈して、次のように書いている。

外部と内部の物質性が消滅し、脈管と風が滅する。……たえず三昧に住し、法性のめぐる輪から離れることがなくなる。大いなる天眼と神通をわがものとし、輪廻の三つの世界に法を説く王の代理としての力を得る。……ブッダの境地を妨げる汚れは、完全に消滅する。元来清浄な法身の内的空間に入り、完全なニルヴァーナを得るのである。[17]

修行の最終的な果実を、仏教は「法身」と呼ぶ。ゾクチェン・ニンティクの伝統は、特にそれを水晶になぞらえている。透きとおった水晶には、固定した色も光もない。けれども太陽の光の中に置くと、その透明な水晶から五色の光が放射される。それと同じように、すべての物質性と二元論的思考が消滅した空無から、新鮮な光に満ちた智慧と慈悲が、自然に立ちあがってくる。そこから二元論の無明に苦しむ有情を助ける、無限の利他の行為が広がる。

人間の生命を、存在の根源の光によって変容させる。ゾクチェン・ニンティクのタントラと論書は、光による生命の錬金術的変容のプロセスを、たいそう精密に描こうとしている。

光の哲学と物理学

これまで見てきたように、ゾクチェン・ニンティクの「光の哲学」は、身体を「大いなる元素」「小さな元素」「清浄な元素」といった、異なる階層の「元素」からなる多層的な存在として考えている。その点において、生命を組織や細胞、さらに分子、原子、素粒子といった異なる階層に分類し、それぞれのレベルでの探求を続けてきた現代の科学と、とても深い共通点を持っている。

仏教において物質的リアリティを、多層性を帯びたものとして見る視点は、初期の説一切有部《せついっさいうぶ》や経量部《きょうりょうぶ》に遡る歴史を持っている。物質を分解し、「微塵」からさらに「極微」にいたる。あるいは分割不可能な時間の最小単位――「刹那」――について考察する。仏教の物質理論は、深いサマーディの中で生じる体験と分析的思考の結合から生まれたと考えられる。その背景には、ギリシアからインドに移植された古代原子論が存在している。

ゾクチェンの伝統もまた、この仏教理論に深く根差している。死のとき肉体が消えてしまう悟りには、二つの種類がある。一つは肉体をつくりなす物質が「極微」に分解して消え去る場合、もう一つは純粋な光に融解してしまう場合だ。後者の場合、生きていたときと同じ形を持つ「光の身体」を持ち、利他行を続けることになるのだと、ゾクチェンの伝統は語るのである。

もう一つ大切な共通点がある。ゾクチェンの伝統は、修行と呼ばれる「実験」をつうじて形作られてきたのである。

現代の物理学は、ふつう目に見えないミクロの世界の探求をつうじて、質量はエネルギーと等価であるという結論に達した。それによって人類は、二十世紀以降マッスとしての物質をエネルギーに変換するテクノロジーを手にするようになった。

ゾクチェンには巨大な実験装置はない。けれども、そのかわりに人間の身体に眠る「光の身体」を目覚めさせ、そのなかに、粗大な物質からなる肉体を融解する実験を積み重ねてきた。ゾクチェンの「光の哲学」は、物質からなる肉体を「光の身体」に変容させる技法とともに発展した。それは、瞑想と呼ばれる一人称の実験から生まれ、無数の修行者たちによって追試され、確証されたサイエンスとしての側面を持っている。

ゾクチェンと物理学。両者の間に対話の回路を開くことはできるだろうか？　関係論的量子論（relational quantum theory）と超弦理論（superstring theory）の二つに絞って、少し考えることにしよう。

関係論的量子論

素粒子――たとえば光子――が、観測されていない時と観測されている時――あるいは観測しようと待ち受けているだけの時ですら――、異なる振る舞いを見せる。量子力学における観測者問題は、物理学者たちの頭をひどく悩ませてきた。

関係論的量子論の考察は、この問いについて、科学者も測定機器も自然の一部だという観察から出発する。[18]対象物は他から独立した実体ではない。自然は対象物がたがいに影響し合っている濃密な相互作用の網であり、対象物はその相互作用そのもの、あるいは網の結び目（rode）にほかならない。事物の「属性」は、その相互作用の中で一瞬立ち現れる出来事であり、量了論は自然の一部が別の一部に対して、どのように立ち現れるかを記述する。

関係論的量子論の哲学を、きわめて洗練された形で表現したカルロ・ロヴェッリ——一般相対性理論と量子論を統合するループ量子重力理論の提唱者でもある——は、次のように書いている。

対象物の属性を、そもそもそれらの属性が発現するために相互作用している別の対象物から切り離すことは不可能なのだ。対象物のあらゆる属性（変数）は、煎じ詰めればほかの対象物との相互作用として存在している。[19]（『世界は「関係」でできている』）

エルンスト・マッハによって主張された関係論は、対象が主体と切り離された実体として存在するという実体論を否定する。ロヴェッリの量子論解釈は、このマッハの現代的展開という色合いを帯びている。

関係論的な量子論解釈によると、世界の普遍的記述を行う超越的主体は存在しない。あらゆる記述は、対象物と相互作用する別の対象物——たとえば科学者——の一人称の視点からなされている。この一人称を支える「自己」は、他から独立した永続する実体ではない。ロヴェッリによれば、「わたし」の統一感は、自分の体が——差し当たって——統合されていることと、心的過程の意識と呼ばれる部分が、一度に一つのことしか行わないということによって、正当化されているのに過ぎない。世界の記述、そして科学は――哲学者のジェナン・イスマエルの表現を借りるなら――、「状況の中に埋め込まれた自己」（situated self）によってなされる、「常に一つの視点からの、一人称の視点の記述」なのである。

生命、細胞、分子、原子、量子場、クォーク、グルオン。惑星、太陽系、銀河、宇宙……。人間は、自然を異なる階層に分け、それなりに矛盾のない各階層の姿を描いてきた。だがそれらの階層の分割は、もともと自然と人間の相互作用の仕方によって決まっている。個別の科学は、生命進化にとって妥当性を持った情報からつくりなされた「似像」であり、いずれも不完全だ。科学の知識は、現実と調和する「幻覚」にすぎない。

仏教になじみのある読者は、こうしたロヴェッリの思考が、あらゆる現象（「法」）は空であるという大乗仏教の哲学と、深く通底していることを、すぐに見て取るだろう。紀元前二世紀以降に書かれた般若経典は、空でありながらあらわれる現象のありようを、夢、幻、蜃気楼、水に映る月といった比喩で語っているのである。

ロヴェッリもそのことに気がついている。彼は、空性をめぐるナーガールジュナの哲学――特に『根本中論』――について、次のように述べるのである。

何ものもそれ自体では存在しないとすると、あらゆるものは別の何かに依存する形で、別の何かとの関係においてのみ存在することになる。ナーガールジュナは、独立した存在がありえないということを、「空」（シュニヤーター）という専門用語で表している。事物は、自立的な存在でないという意味で「空」なのだ。……誰が、星を見ているのか。誰も見ていない、とナーガールジュナは言う。星を見るということは、わたしが慣例に従って「自分」と呼んでいる相互作用の集まりの一構成要素なのだ。「言語が分節化しているものは存在しない。心の及ぶ範囲は存在しない」と『根本中論』は述べるのである。[20]

量子論の描く世界は、人の心を軽やかに伸びやかに開き、自由にする。中観派の哲学も同じだ。この世界は軽やかで、光り輝いていることを教えてくれる。

けれども、ロヴェッリとナーガールジュナの向かう方向は、同じではない。ロヴェッリによれば、科学者たちは異なる視点を交換する。対話をつうじて視点は変化し、豊かになり、収斂していく。ロヴェッリは、その協働のプロセスのなかに、人間の存在と人類の進化の意味――少なくともその一部――を見ている。

大乗仏教は、新たな発見によって人間の世俗的幸福が増大することを否定しない。ゾクチェンの経典によると、菩薩は医師、コメディアン、歌手、娼婦、果ては橋や道に化身して衆生を利益する。科学者に化身しても何の不思議もない。

けれども大乗仏教の中心の関心は、もっと別のところにある。ナーガールジュナのテキストは、衆生の「状況の中に埋め込まれた自己」が変容し、根源的な自由を獲得する広々とした道を開くために書かれた。

解脱をもたらす智慧は、概念や思考が静まり、消え去った中からあらわれてくる。『根本中論』は、すべての概念（「戯論」）を徹底的に破壊する。その破壊は、二元論や対象に向かう心のはたらき――フランツ・ブレンターノや現象学が「志向性」と呼んだもの――を超えた、「智慧」ないし「光明」

を開くことを、目指している。

ブレンターノによれば、物質と区別される人間の意識（「心的作用」）は、すべて「何かについての」意識である（「心的現象はそれ自体の内に志向的に対象を有する現象である」）。

ロヴェッリは、この志向性の概念を生物の進化と結びつけ、意味の発生について、たいへん明晰な考察を行っている。思考の中で起きていることと、その「外側」で起きていること、つまり考えが意味するもの――たとえば「猫」という単語と猫――の間には、密接な関係がなければならない。生物が生き延びるためには、両者の間にある種の調和ないし妥当性（relevance）がなければならない。ロヴェッリによると、意味の出発点には、生物の進化のプロセスから生まれる、妥当性を持った情報が位置している。

けれども仏教の観点からすれば、生物の進化は、どれほど洗練されたものであれ、二元論の「無明」のなかにある。解脱は、二元論や概念が完全に消え去った中からあらわになる智慧から生まれる。『根本中論』は概念と志向性を破壊し、それをつうじて解脱への入り口に導くために書かれたのである。

この智慧は「プラージュニャーパーラミター」、「光明」、あるいは「明知」（rig pa）といったさまざまな言葉で呼ばれる。この智慧の深まりとともに、「状況の中に埋め込まれた自己」は一人称から無人称に近づいていく。ナーガールジュナは、『根本中論』だけではなく、般若経典とほぼ同じ時期に書かれた「十地経」（十住論・『華厳経』十地品）に注釈した『十住毘婆沙論《じゅうじゅうびばしゃろん》』の著者でもある。そこには内的変容とそれにともなう行為の変化が、ブッダの境地にいたる十の菩薩の段階として、描かれているのである。

興味深いのは、この智慧には、現象をロジックや知識によってではなく、直接に知る知性――ゾクチェンの用語では「明知の力」(rig pai rtsal)、「明知の知性」(rig pai blo) と呼ばれる——が内包されていると、ゾクチェンを含む大乗仏教の伝統が考えてきたことだ。

特にゾクチェンは、明知に内蔵されている創造力の自然発生性——「任運」——を強調する。現象についての新しい知や創造は、明知から自然発生的に立ち上がる叡知の一瞬の閃きから生まれる。知性がそのポテンシャルを完全に開花させるためには、二元論を超えた智慧としっかり結びつく必要があると、ゾクチェンのテキストは語るのである。

法性とスーパーストリング

超弦理論はどうだろうか?

すでに述べたように、ゾクチェンの大きな特徴は、「状況の中に埋め込まれた自己」——縁起の中にある「五蘊」——の変容が、物質からなる肉体の変容、さらに世界のあらわれの変化とじかに結びついている点にある。

大乗仏教において、ブッダの身体と浄土は、もともと深く結びついていると考えられてきた。[21] ゾクチェンの哲学者たちは、トゥゲルや完全な暗闇で行われるヤンティ・ナクポなどの瞑想体験をもとに、この直観を徹底的に展開した。

その鍵となるのは「法性」の概念である。この言葉は、もともと「現象の本質」あるいは「存在そのもの」という意味を持っており、顕教においては空性と同じ意味で用いられる。だがゾクチェンのユニークな哲学において、「法性」の概念は、光のヴィジョン体験とじかに結びつけられている。トゥゲルの修行は、四つの段階をつうじて究極の完成にいたる。そのうち最初の段階は「法性が直にあらわになる」(「法性現前」)、最後の段階は「有法が法性に滅尽する」と呼ばれる。第四段階にいたると、物質からなる粗大な肉体は、光になって消えてしまう。

とても興味深いのは、最初の「法性が直にあらわになる」ヴィジョナリーな光の体験が、超対称性によって拡張された超弦理論の描く世界と、深く通底していることだ。

超弦理論によれば、物質と力を構成する素粒子の本質は、十次元の時空で振動する弦であり、振動のパターンのちがいによって、光子やハドロンなど、異なる素粒子としてあらわれる。時間を除く九次元の空間のうち六次元は、カルツァ゠クラインが提唱したコンパクト化によって収縮し、わたしたちはふつう三次元の空間だけを知覚している(コンパクト化した次元はカラビ・ヤウ多様体の形をとっていると予想されている)。この理論によれば、素粒子の衝突やエネルギーの放出は、二つの弦が一つに合体したり、一つの弦が二つに分かれるプロセスとして記述されることになる。

わたしたちにとってとても興味深いのは、弦には「開いた弦」と「閉じた弦」の二種類があると超弦理論が考えていることだ。トゥゲルの「法性が直にあらわになる」段階は、超弦理論がたどりついたのとよく似た、幾何学的なヴィジョンから、始まるのである。

トゥゲルの瞑想は、物質からなる粗大な神経や、プラーナの運動する脈管よりもさらに微細な「光の脈」を開き、それによって裸のリアリティを見ることを可能にする。ゾクチェンのヨーギたちは、抽象的な数学によってではなく、法性を直接に「見る」ことをつうじて、幻である物質の究極のリアリティに接近してきたのだと思われる。

ゾクチェンと未来の知性

最後に、ゾクチェンの光の哲学は、二十二世紀の惑星的知性とどのように接続されることになるのか、簡単に考えることにしよう。

これまで見てきたように、ゾクチェンの光の存在論は、「元素」の概念をなかだちにして、物質と意識からなる存在の全体を、大きく包みこむような構造を持っている。

そのキーワードとなるのは、「不二」である。この言葉は、物質と意識、内部と外部、善と悪といった二元論を超えた、メタレベルの叡知──「智慧」「明知」──のありようを、表現しようとしている。

重要なのは、この叡知が、ＡＩ的知性とはまったく異なっていることだ。

現在急速に進展しつつある人工知能の研究は、脳活動をＡＩの基板上で再現するリバース・エンジニアリングによって、最終的に、人間の意識や心の全体を「創造」することを目指している。だが、そこで考えられている「心」は、たいへん狭苦しいものだ。

唯識仏教によると、有情の心は、五感の知覚作用（「前五識」）、判断、推論、意思決定などが行われる「意識」、それらの背景にあり自我の感覚を支える「マナ識」、無始の過去から習慣化したパターンが貯蔵されている「アーラヤ識」の八つの層から成り立っている。ゾクチェンにおける「智慧」や「明知」は、それらを超えたより微細な、判断や観念をともなわない心のありようを意味している。

アーラヤ識や智慧、明知といった概念は、直接的な体験をもとに生まれた。深々とした瞑想をつうじて、あるいは生まれつきによって、前世の記憶がありありとよみがえる。さらにそれを超えた光に満ちた意識の層があらわになる。仏教の考え方によれば、そうやって発見されたアーラヤ識や智慧は、肉体――脳もその中に含まれる――を超えている。

学習を続けるプロセスをつうじて、人工知能が、創成（emergence）によって、新しい機能を獲得することは、あるだろう。人工知能が十分に複雑な構造をそなえたとき、そこに意識が「転生」することだってありえる。けれども、仏教の観点からすれば、心の全体を、リバース・エンジニアリングによって「創造」することは、できない。[22]

インテルでマイクロプロセッサを開発し、ニューラル・ネットワークの最初の研究者の一人でもあったフェデリコ・ファジンは、意識について、このような仏教と深く通底するヴィジョンに到達している。

ファジンによると、意識は、特定の量子状態と対応している。量子複製不可能性の定理によれば、それと同一の状態を、電気回路上で複製し、実現することはできない。

それだけではない。そもそも意識はアルゴリズムではない。意識は時間や空間を超えており、それらをみずからのうちに内包している。外部と内部の区別のない根源的な意識から量子情報が生まれ、量子情報から量子力学や古典力学が描く世界の描像が生まれる。その逆ではない。[23]

ＡＩは、――たとえば大規模な気候変動に対応するための方法をデザインするために――、とても役に立つだろう。けれども、回路そのものに心があるわけではない。瞑想の伝統は、二元論を超えた叡知の中から、一閃の光とともに全体を照らし出すヴィジョンや知恵を提示することで、ＡＩ的な知能を大きく包みこむ役割を果たすことになるのだと思われる。

【註】

1 *rDo rje sems dpa' snying gyi me long gi rgyud*, in *sNying thig rgyud bcu bdun (A 'dzom)*, vol.1, p.379.

2 この点については、永沢哲「骨の宝石」（『チベット仏教』サンガ、二〇一六年）。

3 *sGra thal 'gyur chen po'i rgyud*, in *sNying thig ryud bcu bdun (A 'dzom)*, vol.1, p.116.

4 *Nyi ma dang zla ba kha sbyor ba chen po gsang ba 'i rgyud*, in *sNying thig rgyud bcu bdun (A 'dzom)*, vol.1, p.218.

5 ニンマ派における暗闇の修行(mun mtshams)には、アヌヨーガ、寂静尊と忿怒尊の体系と密接に結びついているヤンティ・ナクポ（「黒いヤンティ」）、「海の浄化」（dwangs 'jugs）の三種類がある。ゾクチェン・ニンティクにおける暗闇の修行は、そのうち「海の浄化」にあたる。

6 *Kun tu bzang po klong drug pa'i rgyud*, in *sNying thig rgyud bcu bdun (A 'dzom)*, vol.1, p.211.

7 bDud 'joms 'jigs bral ye shes rdo rje, gSang sngags snga 'gyur rnying ma pa'i bstan pa'i rnam bzhag mdo tsam brjod pa legs bshad snang ba'i dga' ston, in *gSung 'bum*, Dupjung Lama, 1979-1983, vol.2, pp.417-418.

8 *Kun tu bzang po klong drug pa'i rgyud*, *op.cit.*, pp.168-169.

9 *Yi ge med pa'i rgyud*, in *sNying thig rgyud bcu bdun (A 'dzom)*, vol.2, pp.218-219.

10 *Rig pa rang shar chen po'i rgyud*, in *sNying thig rgyud bcu bdun (A 'dzom)*, vol.1, pp.529-530.

11 *bKra shis mdzes ldan chen po'i rgyud*, in *sNying thig rgyud bcu bdun (A 'dzom)*, vol.1., pp.214-215.

12 *Ibid*., pp.213-214.

13 kLong chen rab 'byams dri med 'od zer, *Theg pa'i mchog rin po che'i mdzod (bLa rung)*, n.d., vol.2, p.1.

14 *sGra thal 'gyur chen po'i rgyud*, *op.cit*., p.45.

15 kLong chen rab 'byams dri med 'od zer, *Tshig don rin po che'i mdzod (bLa rung)*, n.d., vol. p.38.

16 *sGra thal 'gyur chen po'i rgyud*, *op.cit*., pp.172-173.

17 kLong chen rab 'byams dri med 'od zer, *Theg pa'i mchog rin po che'i mdzod (bLa rung)*, *op.cit*., vol.2, p.150.

18 以下 Carlo Rovelli, *Helgoland*, Adelphi Edizioni, 2020.（日本語訳 カルロ・ロヴェッリ『世界は「関係」でできている』（冨永星訳。ＮＨＫ出版、二〇二一年）。

19 ロヴェッリ、上掲書、一四三ページ。引用は必要におうじて一部改訳。

20 同書、一五二~三ページ。

21 この点について最もはっきり表現している大乗仏典は『華厳経』である。鈴木大拙も仏身と浄土の密接な関係について指摘している。『無心について』（角川ソフィア文庫、二〇〇七年）参照。

22 この点については、永沢哲『瞑想する脳科学』（講談社、二〇一一年）。

23 これらの点については、F. Faggin, *Irriducibile - La coscienza, la vita, i computer e la nostra natura*, Mondadori, 2022.

第十章

「虹の身体」「光の身体」「女神の浄土」

「虹の身体」と「光の身体」

物質でできた肉体が、光になって消えてしまう。「虹の身体」は、ゾクチェン特有の覚りだと考えられている。ところがたいへん不思議なことに、前章で述べたように、ゾクチェンの古い経典に、この表現は出てこない。

なぜだろうか?

「虹の身体」と「女神の浄土」――ヨーギニー・タントラ

この問いについて考えるうえで鍵となるのは、ヨーギニー・タントラだ。ヨーギニー・タントラは、チャクラサンバラやヘーヴァジラをはじめとする、女神を中心とした密教経典のクラスで、チベットでは、ある時期から「母タントラ」(マギュ:ma rgyud)と呼ばれるようになった。チベットにおいては、おもにカギュ派とサキャ派によって継承されてきた。

ヨーギニー・タントラの核心には、体内を流動するプラーナの生命エネルギーを制御することで、強烈な快楽や熱とともに、すべてが空であるという認識を生む、チャンダリーを中心とする修行が存在する。「虹の身体」は、このヨーギニー・タントラの修行における悟りの一つとして、姿をあらわすのである。

カギュ派は、密教の口伝にもとづく強力な修行によって知られる。その伝統は、インドの偉大な成就者ナーローパに学んだチベット人訳経師、マルパ・チュキ・ロドゥに遡る。ナーローパがインドのプラハリで、マルパ・チュキ・ロドゥに与えた口伝には、次のように述べられている。

> チャンダリーによって、楽と熱がおのずと燃え上がることが、道の核心だ。……アヴァデゥティの脈管に風・心が入ることによって、分別は消える。煩悩はおのずと静まり、楽と光明の体験が途切れることなく続く。心の本体を見たら、法身の境地にとどまりなさい。
> さらなる進歩のためには、幻の身体によって、八つの（世俗の）法がおのずと解き放たれ、輪廻とニルヴァーナがすべて幻だと知ることが必要だ。幻は虹のごとく、また水に映る月のごとし。今、あたかも実体のごとくにあらわれている現象が、真に存在し、恒常であるなら、変化は、理にかなわないことになる。現象は、迷いの中にあらわれる物質（色）にすぎず、真実には実在しない。あらゆる色（物質）は現象してはいても空であり、音はこだまのごとくであることを見なさい。二元論は崩壊し、それによってあらゆる貪欲と怒りから離れるだろう。
> かくのごとく知り、多様な現象に執着することなく、行為する。さすれば、虹の身体なる法身を得るだろう。素晴らしきかな！
> （「口伝なる金剛の詩句」）[1]

マルパには、すさまじい苦行によって、「ただ一回の生でブッダとなった」ミラレパという弟子がいた。ミラレパは後半生を雪山での孤独な隠棲修行に費やし、そのあいまに瞑想用の洞窟には

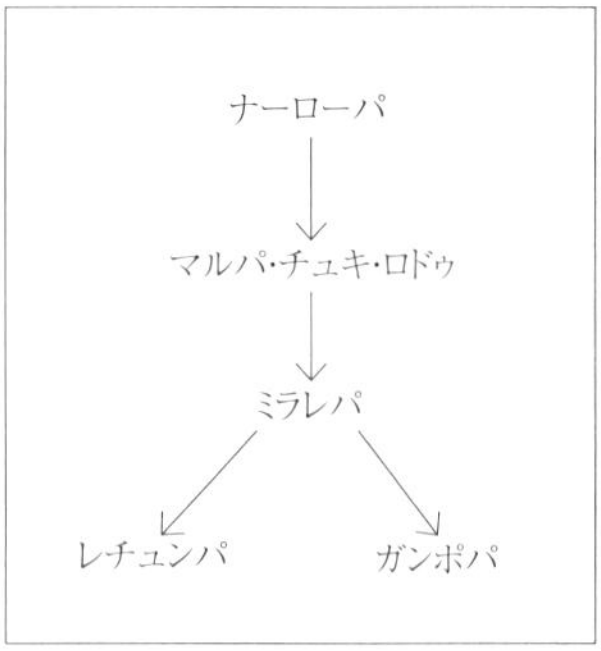

るばるやってくる縁ある弟子たちに、密教の口伝を与えた。現代に連なるカギュ派の血脈は、そのうちガンポパ（一〇七九〜一一五三）とレチュンパ（一〇八五〜一一六一）の二人の弟子に由来している。

ガンポパは、厳重な戒律を守るカダム派の教えと、ミラレパから学んだ密教を融合することで、現代にいたるカギュ派のしっかりした土台を作った。ガンポパは、多くの弟子を持ち、その中からは優れた覚りを得た行者が輩出した。

それに対して、レチュンパは、インドとチベットの間を往復しながら修行を続け、ついには「虹の身体」の悟りを得たと伝えられる。ゴツァンレパ（一四五二〜一五〇七）が著したその伝記には、次のように書かれている。[2]

修行を達成し、弟子を育てたレチュンパは、七十代のなかばにさしかかったあるとき、弟子たちに告げた。「密教の神々が次の生に移るように招きに来た。そろそろ行かなければならない。わたしの体はすべて、本尊のマンダラに変化してしまった。だから、物質でできた肉体をこの世界に残すことはないだろう。わたしは、天空のダーキニー女神の浄土で説法するだろう。」

そんな授記を残し、供養の法要を行うと、レチュンパはさらに言った。「もう行って、瞑想の修習をしなさい。涅槃に入ったしるしや不思議な神変が起こっても、日が昇るまでは来てはいけない。」

弟子たちは言われたとおり、自分の部屋に戻った。すると、真夜中に楽器の音が鳴り響き、素晴らしいお香の匂いがあたり一帯に広がった。さらに密教の本尊である勇者たちや、空を飛ぶダーキニー女神たちが大空を満たし、歌い、踊り、空間は光と光線でいっぱいになった。

夜明け前には、大きな地響きが起こるとともに、大地を支配する神霊たちが祈りを捧げる声が、朗々と響いた。弟子たちは、師のレチュンパに、「日の出までは来てはならない」と命じられていた。だが心がひどく騒ぎ、いてもたってもいられない。部屋から出てあちこち見渡した。

すると広々とした大空の真ん中から、ダマルや金剛鈴、手足につけた小さな鈴の音が、あたり一帯に鳴り響き、ダーキニー女神たちが踊っているのが見える。上半身だけが、まるで虹の光のように見え、輪郭ははっきりしない。だが見える。

その中心に師のレチュンパはいた。ときどき本尊のチャクラサンバラに姿を変えながら、どんどん高く上昇していく。それを見た弟子の一人は、とても堪えがたくなって、ほかの弟子たちを大声で呼んだ。

弟子たちは、みんなでレチュンパの住んでいた瞑想用の洞窟に走った。そこにはレチュンパが、チャクラサンバラの姿をとって座っているように見えた。だが、それも消えてしまった。

こうしてレチュンパは、丁兎《ひのとう》の年（一一六一年）二月の明け方に、「空飛ぶ女神の清らかな浄土《ケチャリ》」（dag pa mkha' spyod kyi gnas）に向かったのである。

若き日のレチュンパの振る舞いは、とてもかんばしいものとは言えなかった。異性の誘惑に弱く、師のミラレパの言葉を振り切って、何度もインドに求法の旅に出た。ゴツァンレパが描く青年レチュンパは、才能に恵まれた、しかし生意気で危なっかしい一匹狼のトラブルメーカーだ。それだけに密教の最高の悟りを得て、空中に消え去る最期の日々の描写は、深い感動を与える。

レチュンパは、ガンポパが知らなかった一子相伝の秘密の教え――「レチュンパの口伝の血脈」――を伝えたヨーギとして、現在でも特別な敬意と愛着をもって語られる。

物質の肉体を浄化する

ではこうした「虹の身体」の覚りは、どのようにして可能になると考えられているのだろうか？

ヨーギニー・タントラは、「微細身」の意識・生命論と深く結びついている。粗大な物質の肉体の内部には、微細な生命エネルギーの運動からなる、目には見えない精妙な身体が横たわっている。

ヨーギニー・タントラの修行者は、この微細身の変容に取り組む。

呼吸法や身体的ヨーガ――「ヤントラヨーガ」――を駆使して、微細身の内部を循環するプラーナの生命エネルギー――「風」――を制御する。身体の中央に立ち上がる主要な脈管――「アヴァドゥーティ」――に導き入れ、強烈な熱や快楽を引き出すのである。

微細身は、脈管、風、精滴の三つの要素から成り立っている。脈管は、風の運動する通路ないし空間だ。風は身体をくまなく循環する生命エネルギーであり、さまざまな意識状態とじかに結びついている。精滴は風の生命エネルギーのエッセンスであり、食事や健康状態によって、大きく変化する。

マントラの念誦、呼吸法、ヤントラヨーガによって、脈管の詰まりやねじれ、結び目をほどく。それによって身体を、自由に解放された、光り輝く「智慧の風」が運動する空間に変容させる。ヨーギニー・タントラは、この「脈管と風」の修行をつうじて、身心の錬金術的変容に取り組む。完全に覚醒したブッダに向かうヨーギニー・タントラの修行の道は、微細身を浄化し、光に満ちたエッセンスに精錬するプロセスだということになる。

くりかえされる修練によって、脈管はしなやかに開き、全身を循環する風は、カルマによって支配された感情や思考を運ぶものから、純粋な光に満ちた智慧の風に変容し、消滅する。下腹部の性器のチャクラから立ちあがった強烈なエネルギーが、結び目を一つ一つほどきながら、中央の脈管を駆けのぼる。それとともに全身の脈管のシステムは、純粋なエッセンスに浄化される。

ヨーギニー・タントラの修行において、「虹の身体」は、こうした錬金術的変容の到達点だと考えられているのである。

ヨーギニー・タントラの理論家たちは、心身の錬金術的変容の究極の到達点である「虹の身体」は、顕教の修行をつうじてたどりつく境地を、はるかに超えていると考えた。顕教経典は、空性の覚りを得たあとの修行のプロセスを十の段階（「十地」）に区分している。それに対して、ヨーギニー・タントラは十三の段階があるとするのである。カギュ派の修行体系にこのうえなく明晰な表現を与えた思想家、ダクポ・タシナムギェル（十六世紀）は、次のように述べている。

脈管、風、精滴の最も微細な部分にいたるまで、すべてが完全に浄化され、汚濁がなくなる。それとともに通常の肉体は浄化され、原初の智慧の身体、すなわち虹の身体を成就する。それが修行の道の究極の到達点である十三地の悟りである。

（『宝珠の光』[3]）

サキャ派と「虹の身体」

レチュンパが、南チベットの山奥の修行場で、天空の女神の浄土に行ってから二十年後、中央チベットのサキャの地で、ソナム・ツェモ（一一四二〜八二）が、ヨーギニー・タントラの修行をつうじて、「虹の身体」の悟りを得た。

ソナム・ツェモは、サキャ派の開祖コン・コンチョク・ギェルポ（一〇三四〜一一〇二）の孫として生まれた。

コンの一族は、八世紀にはじめてチベットに本格的に密教が移植された時期、コン・ルイワンポが、インド人の阿闍梨パドマサンバヴァの重要な弟子の一人となって以来、その修行の伝統をしっかり守っていた。

ところがある日のこと、密教の神々を招く二十八星宿の舞踏を見に行くと、行者たちは市場の人だかりの真ん中で踊り、まわりには競馬の馬が走り回っていた。密教は秘密を大切にする。コンチョク・ギェルポは兄に、果たしてパドマサンバヴァに由来する教えの血脈は、純粋に続くのだろうか、心の疑問をぶつけた。

「これは古い密教の教えが衰えるしるしだ。」兄は、インド留学から帰って新しい密教経典を翻訳していた訳経師ドクミ・ロツァワから学ぶように、忠告した。

コンチョク・ギェルポは、兄の言葉にしたがい、祖先から伝えられてきた古い伝統――ニンマ派――の密教経典の大半を封印し、インドから新たに流れこんできた密教を学ぶことにした。そして中央チベット西部のサキャの地に、サキャ寺を建立したのである。

ソナム・ツェモは、このコンチョク・ギェルポの息子、サチェン・クンガーニンポ（一〇九二～一一五八）の長男として生まれた。ヴィジョンの力に恵まれていた少年は、わずか三歳のとき、光に満ちたヴィジョンの中で、ヘーヴァジラ、文殊菩薩、ターラ、不動明王といった本尊にまみえ、その後も偉大な密教行者だった父を師として、あらゆる密教経典を学んだ。

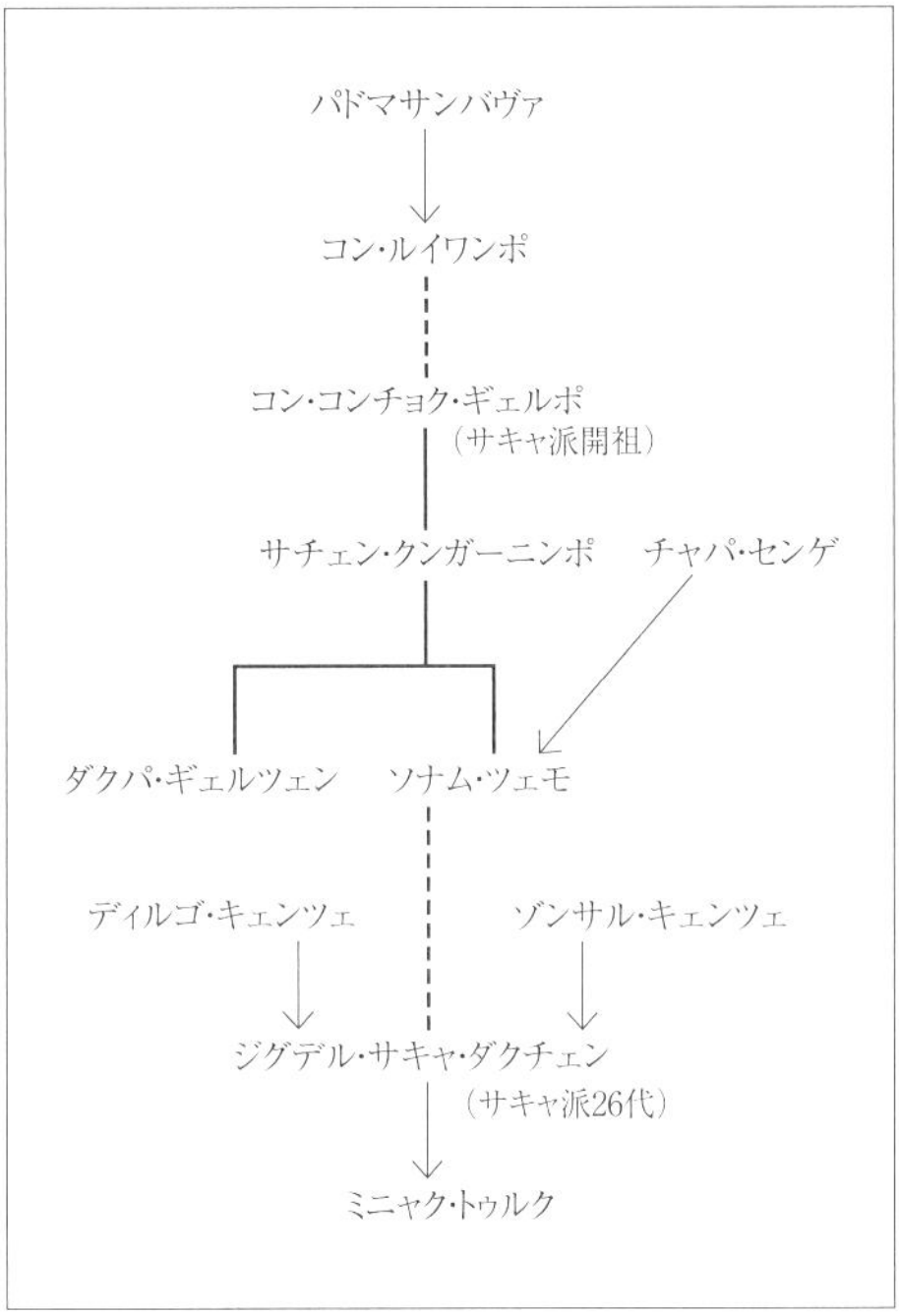

　十六歳になるころには、十四種類の密教経典を暗誦できるようになったと伝えられる。父の死後は、顕教の学問の中心だったサンプ・ネウトク僧院で、十一年にわたって、有名な論理学者チャパ・センゲから、大乗仏典と論理学を学んだ。

　二十八歳のとき遊学から戻ったソナム・ツェモは、サキャ派にとって最も重要なヘーヴァジラ・タントラの教えである「道と果」を説いた。けれども、サキャ派の座主としての役割をわずか三年で弟に譲ると、再び隠棲して、学問と修行に専念する生活に入った。

その示寂のようすについて、ドントク・リンポチェのあらわした『サキャ仏教史』は、次のように述べている。

四十一歳になった癸寅《みずのととら》の年（一一八二年）十一月十一日、阿闍梨のソナム・ツェモは、八十人ほどの弟子たちに囲まれ、法座に座った。あたりを素晴らしい芳香と楽器の音が満たすなか、ソナム・ツェモは、虹の身体、すなわち金剛なる光の仏身を現成されたのである[4]

現代のサキャ派の転生活仏であるミニャク・トゥルクの言葉によって、少し補うことにしよう。サキャ寺の北には、もともとチャクラサンバラの仏像を祀るお堂（bde mchog chos kyi pho brang）があり、その脇にソナム・ツェモの姿を彫った岩があった[5]。ソナム・ツェモはこの岩のある場所から、空飛《ケチャリ》ぶ女神の浄土に向かったと、伝えられるのである。

インドのヴィクラマシラ僧院の僧院長だったアティーシャは、十一世紀初頭にチベットにやって来たとき、サキャの地の近くを通りかかり、「ライオンの顔の形をした白い地面」（sa dkar seng ge'i gdong）に、七つの「ディー」、

ディー

フーム

フリー

一つの「フーム」、一つの「フリー」字があるのを見て、七人の文殊菩薩の化身、一人の金剛手の化身、一人の観音菩薩の化身があらわれるだろうと、授記した。ソナム・ツェモが天空の女神の浄土に向かったのは、そのすぐ近くからだった。

ソナム・ツェモ以降、現代にいたるまで、サキャ派の中からは、「虹の身体」の悟りを成就し、あるいは天空の女神の浄土に向かう修行者が輩出した。

「虹の身体」を覚ったサキャ派の現代の修行者の例について、ミニャク・トゥルクの言葉を続けよう。ミニャク・トゥルクは、一九五八年の初めからおよそ十三か月間にわたって、父とともに、サキャのブムタンと呼ばれる、黄金づくりの屋根を持つ寺院の近くに滞在した。ある日のこと、父といっしょに、チャギュル・ペマウー（bya gyur pad ma 'od）という近くの聖地に、巡礼に行くことにした。チャギュル・ペマウーは、ソナム・ツェモの弟だったダクパ・ギェルツェンをはじめ、サキャ派の多くのラマが、隠棲修行を行った場所だった。

そこでミニャク・トゥルクは、長期の隠棲修行を続ける、一人の東チベット出身の老僧に出会ったのである。老僧はたいそう喜んで、親子を暖かく迎え入れてくれた。

父は息子をインドのシッキムに送り出したら、東チベットに帰るつもりだった。その計画について話すと、老僧は強く止めた。ミニャク・トゥルクは、数か月後、父親や弟とともにシッキムに脱出し、その後ブータンに亡命した。

数年後ミニャク・トゥルクは、老僧についての知らせを受け取った。チャギュル・ペマウーで示寂した、そのからだは消えてしまった、というものだった。

それから五十八年後の二〇一六年、ミニャク・トゥルクは、密教の師の一人だったジグデル・サキャ・ダクチェン（一九二九〜二〇一六）の遺体にまみえるために、デリーに向かった。

ジグデル・サキャ・ダクチェンは、サキャ派の開祖コン・コンチョク・ギェルポから二十六代目の子孫で、一九六〇年にアメリカに移住し、ワシントン州シアトルを拠点に、世界中で伝法していた。ミニャク・トゥルクにとっては、一九五〇年代に故郷の東チベットで「道と果」の教えを受けて以来の大切な密教の師匠だ。灌頂と口伝を受けるために、わざわざブータンからアメリカに、何回も会いに行っていた。

ジグデル・サキャ・ダクチェンは、二〇一六年四月二九日、シアトルで一週間にわたってトゥクタムに入った。瞑想の姿勢を保ったままの体は、日に日に収縮した。実際にデリーで拝謁してみると、その遺体はたしかにずいぶん小さくなっていた。

サキャ派には、中央チベット西部のサキャの地を拠点に、コン・コンチョク・ギェルポの一族によって継承されてきた伝統にくわえ、ンゴル派、ツァル派、ゾン派という二つの支派がある。それぞれの僧院の近くには隠棲修行の行場があり、一生密教の修行に打ち込む行者たちが輩出した。なかでも、ペンポ・ナーレンドラ僧院を本山とするツァル派は、「虹の身体」と深い関係を持っている。

ツァル派の二十六代座主だったチョプギェ・ティチェン・リンポチェ（一九二〇〜二〇〇七）の伝記には、次のように書かれている。

> ナーレンドラ僧院は、チベット全土において、女神の本尊であるヴァジラヨーギニーの修行の最も重要な中心の一つだった。ヴァジラヨーギニーには、「ナーローパのケチャリ」（na ro mkha' spyod ma）と呼ばれる姿がある。その修行をつうじて、空飛ぶ女神の浄土であるケチャリの悟り

を得る者が、何世代にもわたって次々と輩出した。彼らは、究竟天にある報身のヴァジラヨーギニーの浄土――「ケチャリ」――におもむいたのである。

臨終のとき、物質からできた肉体は虹の光に溶け入ってしまう。あるいは肉体を持ったままこの世界を離れ、ヴァジラヨーギニーとともに空中を上昇し、大空に消え去り、ヴァンラヨーギニーの浄土へと旅する。人ごみの中を歩いているときに、ヴァジラヨーギニーに出会い、ケチャリの浄土に行ったものもいる。瞑想している部屋の中に、珊瑚の階段があらわれ、それをつうじてヴァジラヨーギニーの浄土に行ったものもいた。[6]

ナーレンドラ僧院の強力な密教の伝統は、創建者のロントン・シェチャ・クンリク（一三六七～一四四九）に始まる。シェチャ・クンリクは、東チベットのギャルモロンで生まれ、父からボン教の教えを学んだ後、十八歳のとき中央チベットに出て、顕教の学問で有名なサンプ・ネウトク僧院で、顕教、密教、論理学を学んだ。

数年のうちにあらゆる学問をマスターしたシェチャ・クンリクは、サンプ・ネウトクだけではなく、中央、西チベットにかけての広い地域で教えを説き、広々とした学殖によって知られた。般若経典、宝性論、中論などの注釈書をあらわし、弥勒菩薩の化身とされる。

だが、シェチャ・クンリクは、ただの学僧ではなかった。密教の優れた修行者であり、その成就のしるしを示すエピソードがいくつも伝えられている。ある日、足の親指から落ちた爪が、真珠のような物質に変化した、という。

八十四歳のとき、シェチャ・クンリクは、弥勒菩薩の浄土である兜率天に生まれ変わると告げると、数日後示寂した。その遺体は小さく収縮し、あとには仏舎利が残された。シェチャ・クンリクは、ヴァジラヨーギニーの修行をつうじて、「虹の身体」を覚ったと考えられている。

それから五百年後、二〇〇七年に示寂したチョプギェ・ティチェン・リンポチェは、亡命先のネパール・カトマンドゥの自宅で、二月二一日の早朝から十六日間のトゥクタムに入った。その間遺体は収縮し、子供ほどの大きさになった。

ネパール出身のサキャ派の学僧、ケンポ・ンガワン・ツルティムによると、チョプギェ・ティチェン・リンポチェのトゥクタムが始まって数日後拝謁に行ったとき、その遺体はさほど小さくなっているように見えなかった。その後、日を追うごとに、小さくなったという。

荼毘に付したあとの遺灰からは、大小さまざまな仏舎利が発見された。それらの仏舎利は、カトマンドゥ郊外にあるボードナート・ストゥーパの、巡行路に面したチャムチェン僧院の裏の敷地に、新しく建立されたストゥーパに収められている。

ナーローパのケチャリ

先ほどの引用に出てきた「ナーローパのケチャリ」という言葉には、大きく二つの意味がある。一つ目は、チャクラサンバラ・タントラと密接に関係しているヴァジラヨーギニーの相だ。ヴァジラヨーギニーには、さまざまな姿がある。「ナーローパのケチャリ」は、ナーローパがヴィジョンの中で感得したもので、ティローパが感得し、カギュ派が綿々として伝えてきたヴァジラヨーギニー

（ヴァジラヴァーラヒー）とは異なる姿をしている。[7]

二つ目は、ヴァジラヨーギニーが、ヴィジョンの中でナーローパに与えた、空飛ぶ女神の浄土──「ケチャリ」──に行くための、特別な教えの体系である。

ナーローパは、ヴァジラヨーギニーから授けられた教えをたいへん秘密にし、チベット人の弟子で、カギュ派の開祖となった訳経師のマルパにも、与えなかった。「ナーローパのケチャリ」の教えは、ナーローパから教えを受けた二人のネパール人の弟子のうちの一人をつうじて、サキャ派の伝統に流れこむことになった。

サキャ派は、インド人のマハーシッダ、ヴィルーパに由来する「道と果」の教えを、最も重視する。それに加え、サキャ派には「十二の黄金の法」と呼ばれる、重要な秘密の教えがある。その中にはインドラブティ、マイトリパ、ナーローパというインドの三人の偉大な修行者に由来する三種類のヴァジラヨーギニーの教えが含まれている。そのうち「ナーローパのケチャリ」は特に大切にされ、その修行の血脈は、現在でもしっかり保たれているのである。

「ナーローパのケチャリ」の教えには、大きな特徴がある。ヴァジラヨーギニーの浄土に行くための「ケチャリへの転移」（mkha' spyod 'pho ba）と呼ばれる、特別な口伝が存在しているのである。

この教えは、十一世紀にチベットに伝えられてから、四百年あまりにわたって口伝のみ、それも一子相伝で伝えられていた。はじめて文字に記したのは、ツァルチェン・ロセル・ギャツォ（一五〇二～六六）だった。[8]

ツァルチェン・ロセル・ギャツォは、ヴァジラヨーギニーと、たいそう深い縁で結ばれていた。[9]一八歳でゲルク派のタシルンポ寺で学んでいたときのことだ。中庭の大きな井戸で、眉と顔の毛が輝いている女と出会った。女は一巻の手書きの経典を手渡すと、すぐれた密教の導師であるドリンパのもとに行くように告げた。しばらくして、ドリンパから封印された手紙が送られてきた。「密教の教えを学ぶ時期が来た。来なさい」と書いてある。

行って経典を見せると、ドリンパは大笑いした。「ケチャリが迎えに行ったというわけか。」書棚に行ってみると、一箇所経典が欠けているところがある。持って行った経典を入れてみると、ぴったりだった。

二回目に会ったときは、醜い老婆の姿だった。独身の厳格な戒律を守る僧院の中をうろついている。追い出そうとすると空中に浮かび上がり、ヴァジラヨーギニーの姿をあらわした。三回目は、最初から女神そのものの姿であらわれ、教えを授けてくれた。

ツァルチェン・ロセル・ギャツォは、「ナーローパのケチャリ」と「道と果・弟子流」(slob bshad)というサキャ派の最も重要な二つの教えの血脈において、中心的な役割を果たした。

その弟子のネサル・ジャムヤン・キェンツェ・ワンチュク(一五二四〜六八)は、ヴァジラヨーギニーの十一の修行法について、さらにコンプリートな指南書を書いた。この指南書は、サキャ派におけるヴァジラヨーギニーの最も重要なテキストとして、現代でも用いられている。[10] そのうち「不共《ふぐう》なる不可思議」(bsam gis mi khyab pa thun mong ma yin pa)と呼ばれる修行法は、「虹の身体」と特に深く結びついている。

サキャ派の現代の学僧で、「ナーローパのケチャリ」の専門家であるケンポ・ンガワン・ツルティムによると、「虹の身体」には、肉体が収縮して虹の光に完全に消えてしまう場合と、ごく小さな遺体が残る場合がある。

サキャ派の伝統において、「虹の身体」は報身の覚りであり、完全なブッダの境地の一歩手前にあるとされる。死の時「虹の身体」を成就し、ヴァジラヨーギニーのケチャリの浄土に行き、ヴァジラヨーギニーから灌頂を授けられた瞬間、完全なブッダの境地である法身の悟りを得る。[11]

たいへんおもしろいのは、ツァルチェン・ロセル・ギャツォとネサル・ジャムヤン・キェンツェ・ワンチュクの師弟が、二人とも、パドマサンバヴァが八世紀に隠したニンマ派の埋蔵宝典を発掘する運命を持っていたことである。

なかでも興味深いのは、ネサル・ジャムヤン・キェンツェ・ワンチュクである。彼はもともとニンマ派の教えは泥臭くて、信用できないと思っていた。ところが、孤独な隠棲修行を続けていたある日のこと、部屋の入り口に、マニナータと名のる一人のネパール人があらわれて、次のように言ったのである。「パドマサンバヴァはインドに戻った後、マハーナータと呼ばれるようになった。自分はその血脈に連なるものだ。大切な教えを伝えに来た。」

この出来事をきっかけに、ネサル・ジャムヤン・キェンツェ・ワンチュクは、それまでの偏見をきれいさっぱり捨て去り、ニンマ派とサキャ派の両方をしっかり学ぼうという誓願を立てた。彼がマニナータから学んだラサーヤナの修行法は、現代にいたるまで伝承されている。[12]

ゾクチェン・ニンティクとヨーギニー・タントラ

ここまでわたしたちは、ヨーギニー・タントラにおける「虹の身体」について、駆け足で見てきた。ヨーギニー・タントラにおける「虹の身体」と、ゾクチェン・ニンティクの十七タントラが「光の身体」と呼んでいるものは、ほとんど同じ境地を指しているように見える。

では、ヨーギニー・タントラとゾクチェン・ニンティクの十七タントラの関係は、どんなものだろうか？

チベット学者のデーヴィッド・ジャーマノは、この問いに「屍林の仏教」というキーワードを用いて、答えようとした。ヨーギニー・タントラとニンティク十七タントラには、いずれも死体と人骨が散乱するインドの墓場――「屍林」――のイメージが溢れている。もう一つ、どちらも粗大な肉体とは異なる「微細な身体」に取り組む（ただし、その方法はまったく異なる）。一方、ゾクチェンの経典の中で、文献学的により古いと一般に考えられている「心部」（sems sde）のテキストには、いずれの要素も存在しない。

これらの点から、ジャーマノは、ニンティク十七タントラは、十一世紀に新しくチベット語に翻訳されたチャクラサンバラやヘーヴァジラ・タントラの影響のもとで、チベットにおいて「創作」されたものだ、と結論したのである（すでに述べたように、現行のニンティク十七タントラは、十二世紀初めにシャン・タシドルジェによって発掘された）。

けれども、ニンティク十七タントラを読み進めると、もっと別の視界が開けてくる。結論から言うと、ニンティク十七タントラのコアとなる部分は、ヨーギニー・タントラがはっきり独立したシステムとして生まれる前、少なくとも、ティローパ（九八八～一〇六九）が「六法」をまとめる十一世紀前半までに成立したのではないかと考えられるのである。

一番目の理由は、これまで述べてきた「虹の身体」と「光の身体」という用語のちがいである。

二番目の理由は、ヨーギニー・タントラとニンティク十七タントラにおける「脈管と風」のヨーガの修行法のちがいだ。ニンティク十七タントラのうち、根本タントラにあたる「透明無碍な音」タントラ（sgra thal 'gyur）には、補助的な修行として、「脈管と風」のヨーガが含まれている。その基本はヨーギニー・タントラと共通だ。

けれども、ティローパが総合した「六法」よりも単純で、数も少ない。また同じ用語が用いられていても、その意味が異なっている場合がある。「透明無碍な音」タントラに描かれる「脈管と風」の修行法は、「六法」よりも前の段階に属すと考えられるのである。

三番目の理由は、ゾクチェン・ニンティク特有の前行である「コルデ・ルシェン」（'khor 'das ru gshan「輪廻とニルヴァーナの分離」）にある。コルデ・ルシェンは、変幻してやまない心とその本質である心の本性をはっきり分離し、区別することを目的としている。

コルデ・ルシェンは、大きく三種類に分けられる。そのうち外的なコルデ・ルシェンについて述べるニンティク十七タントラの言葉は、紀元前五世紀ごろ成立したインドのダルマンャーストラと深く共通している。その一方で、外的ルシェンにあたる修行法は、ボン教において最も古いゾクチェンの体系である「シャンシュンの口伝の相承」（zhang zhung bsnyan brgyud）には、存在しない。またシャンシュンの口伝の相承は、いくつかの理由によって、現在のタジキスタンやウズベキスタンにあたるイラン文化圏から、西チベットのシャンシュン王国に流入したと考えられる。これらの点から、外的ルシェンは、もともとインド文化圏で生まれたのではないか、と推測されるのである。

もう一つ、内的なコルデ・ルシェンの背景にある身体イメージは、インドのマハーシッダ、ヴィルーパがヘーヴァジラ・タントラにもとづいて与えた口伝と重なっている。

以上の点を考えあわすと、ゾクチェン・ニンティクの十七タントラのコアとなる部分は、ジャーマノの言う「屍林の仏教」的な側面——墓場のイメージと微細な神経生理学——も含め、十一世紀よりも以前、たぶんインド文化圏で成立したのではないか、と考えられることになる。[13]十一世紀以降、チベット語に翻訳されたヨーギニー・タントラやカーラチャクラ・タントラと、ゾクチェン・ニンティクの関係について、チベットの霊的天才たちは、はっきり自覚していた。ロンチェン・ラプジャムは、瞑想体験の点から、両者について次のように、明快に区別している。

意識とむすびついている瞑想体験は、幸福感、楽、光明、無分別の体験であり、強まったり弱まったりする。その極限は、ほたる、雲、太陽、煙、蜃気楼、星、月の光、バターランプのごときヴィジョンであり、不安定で変化する。これに対して、顕現の体験は、「透明無碍な音」に述べられているように、秋の上弦の月のように、大きくなり、増大する。ヴィジョンはいやましに成長する。

(『言葉の意味の宝蔵』[14])

ここで「意識とむすびついている体験」(shes nyams) と呼ばれているのは、プラーナをコントロールする「脈管と風」のヨーガ、すなわち仏教的クンダリニーヨーガによって生み出されるものを指している。それに対して、「顕現の体験」というのは、ゾクチェンに特有の純粋な光の体験をさしている。両者のちがいについて、ロンチェンパは、別の箇所で、さらに次のように述べている。

原初の輝きに満ちた光のビンドゥと、プラーナ＝こころ (rlung sems) を止めることによって生まれる虹色の光のビンドゥは、いずれも「空なるかたち」である点においては似ている。けれどもまったく別のものだ。完全に清らかな自性のビンドゥ（前者）は、法界と明知が不二である統一体からあらわれてくる顕現であり、それゆえに澄みきっており、全体的なマンダラのヴィジョンへと成長する。また保息によってうまれるものではない。（このヴィジョンがあらわれるときには）煩悩と分別は自然に止まる。それゆえ、静寂に満ち、澄みわたり、自然に生じる静慮によって飾られている。それに対して、「脈管と風」のヨーガにおける十の清らかなしるしは、風を努力してコントロールすることによって生み出され、強まることも、弱まることもある。不安定で透明さにかけ、部分的にぼやけることもある……。両者の違いは、大きい。ちょうど金と真鍮のようなものだ。（『至高なる乗の宝蔵』[15]）

ロンチェン・ラプジャムは、ゾクチェン・ニンティクの教えを注ぎ込んでくれた師のリグズィン・クマラージャに出会う前に、すでにカーラチャクラ・タントラや、ヨーギニー・タントラの修行を実践していた。その体験をもとに、「脈管と風」のヨーガとゾクチェン・ニンティクの修行を、明確に区別しているのである。

もう一つの例は、リグズィン・グーデム（一三三七〜一四〇八）が発掘した埋蔵宝典である『透明無碍な密意』（dgongs pa zang thal）である。『透明無碍な密意』は、簡潔で詩的な表現と深遠な内容で知られる。なかでも、女神のヴァジラヴァーラヒー（ヴァジラヨーギニーの別名）を本尊とし、きわめて詳細な「脈管と風」の口伝を含む「深遠にして広大なるヴァジラヴァーラヒー」（phag ma zab rgyas）と、テクチュー（断束）とトゥゲル（超躍）を中心とするゾクチェン・ニンティクのタントラ経典や口伝書で名高い。

そのうち「深遠にして広大なるヴァジラヴァーラヒー」は、カギュ派に相承される「六法」とよく似た内容を持っており、リグズィン・グーデムの発掘したヴァジラヴァーラヒーの成就法のタイトルには、「虹の身体」という言葉が含まれている。[16]

それに対して、『透明無碍な密意』に含まれるゾクチェンのタントラ経典や口伝書には、「虹の身体」ではなく、「肉体を残さずにブッダとなる」という表現が用いられているのである。

「光の身体」から「虹の身体」へ
——リグズィン・ジャツン・ニンポとカルマ・チャクメ

ではゾクチェン・ニンティクの究極の悟りが、「虹の身体」と呼ばれるようになったのは、いつごろのことだろうか？

この問いに答えることは、とてもむつかしい。学僧もヨーギも、心の本質と存在の真実を探求する人々だ。宗派の枠を超えて教えを受けるのは、ごく当たり前のことだと、チベットでは考えられてきた。特にニンマ派、カギュ派、サキャ派の血脈は入りまじっている。ツァルチェン・ロセル・ギャツォやネサル・ジャムヤン・キェンツェ・ワンチュクのように、サキャ派の重要な導師でありながら、同時にニンマ派の埋蔵宝発掘者《テルトン》でもあることを、チベット人はまったく不思議だと思わなかった。

カギュ派とニンマ派の血脈は、さらに深くからみあっている。カルマ・カギュ派の第三代宗主だったカルマパ・ランジュン・ドルジェ（一二八四〜一三三九）は、カギュ派に相承されるマハームドラーの教えや、「脈管と風」の修行の背景となる「微細身」について、たいへん重要な理論書を書いた。またロンチェン・ラプジャムの重要な師の一人だった。

その一方で、ロンチェン・ラプジャムの師だったリグズィン・クマラジャから、ニンマ派に相承されるゾクチェン・ニンティクの教えを学び、ヴィジョンの中に姿をあらわしたヴィマラミトラが、自分の眉間に溶け入るという体験をもとに、『カルマ・ニンティク』（karma snying thig）という、たいそう明晰なゾクチェンの指南書をあらわしてもいる。

ディクン・カギュ派の宗主だったリンチェン・プンツォク（一五〇九〜五七）についても、同じことが言える。ロンチェン・ラプジャムが編纂した『四つの心臓のビンドゥ』の血脈の中心の一人であり、さらにはニンマ派の埋蔵宝を発掘しているのである。

また暗闇の隠棲修行を中心とする「ヤンティ・ナクポ」（yang ti nag po gser kyi 'bru gcig）の体系を発掘したドゥンツォレパ二世（十四世紀）は、ドゥクパ・カギュ派とニンマ派の修行に熟達したヨーギだった。

こうした密接な関係からすれば、カギュ派の導師が弟子に口伝を与えるとき、ゾクチェン・ニンティクの修行の到達点を、ヨーギニー・タントラにおける「虹の身体」と重ねあわせて説明することがあっただろうことは、容易に想像できる。

けれども指南書を書くにあたっては、ある時期まで二つの伝統は、はっきり区別されていたようにみえる。たとえばカルマパ・ランジュン・ドルジェの『カルマ・ニンティク』は、ニンティク十七タントラの用語だけを用いて、書かれている。

この傾向は、何百年も続いたらしい。ロンチェンパが十四世紀に『四つの心臓のビンドゥ』を編纂した後に書かれたさまざまな指南書のうち、現在も用いられている主要なテキストを読み進めていくと、わかることがある。テクチュー（「断束」）とトゥゲル（「超躍」）の修行を中核とするゾクチェンの指南書で、「虹の身体」という用語が最初に用いられるのは、ドゥンツォレパ二世の発掘したヤンティ・ナクポだ。けれども、ゾクチェンの指南書の中で広く用いられるようになるのは、どうやら十七世紀のリグズィン・ジャツン・ニンポ（一五八五～一六五六）の埋蔵宝典以降のことだと思われるのである。

ヤンティ・ナクポは、ドゥンツォレパ二世が南チベットのガンポダルにある湖のほとりから発掘したゾクチェンの体系で、長期間完全な暗闇にこもる「暗闇のヨーガ」（mun paï mal 'byor）によって知られる。

十二世紀の埋蔵宝発掘者、ニャンレル・ニマ・ウーセル（一一二四～九二）は、中央チベットの聖地サムイェで、「アティ」「チティ」「ヤンティ」の三つのカテゴリーからなるゾクチェンの体系を発掘した。「アティ」は原初の精髄、「チティ」は王冠の精髄、「ヤンティ」は最奥の精髄を意味する。「ヤンティ」の系統の教えは、その後グル・チョワン（一二一二～七〇）やクンガ・ブムモによって継承された。

グル・チョワンが発掘したヤンティのタントラである「サンギェ・ニャムジョル」（sangs rgyas mnyams sbyor「覚者の合一」）や、クンガ・ブムモ（十三世紀）の埋蔵宝典である「ヤンティの修行」（yang ti lam khyer）には、「四つの顕現」や「灯明」といった、光のヴィジョンを引き出すトゥゲルの瞑想に特有のヴォキャブラリーが用いられている。またクンガ・ブムモは、「虹の身体」を覚ったとされる。けれども、そのどちらにも、鮮やかな光の体験をもたらすトゥゲルや、暗闇のヨーガの具体的な修行法は、書かれていない。

それに対して、ドゥンツォレパ二世のヤンティ・ナクポは、ルシェン、テクチュー、トゥゲルといったゾクチェン・ニンティクに特有の修行法に加え、暗闇のヨーガについての詳細な指示を含む、たいそうコンプリートな体系になっている。

チベットにおいては、さまざまなタイプの暗闇の瞑想修行が行われてきた。それらは、大きく六種類に分類することができる。

一、心を静寂にするシャマタ（「止」）。二、本尊のマンダラを観想し、マントラを唱える生起次第。三、「脈管と風」のヨーガ。四、カーラチャクラタントラにおける「夜のヨーガ」。五、ゾクチェン・ニンティクにおける「海の浄化」と「海の集中」。六、ヤンティ・ナクポ。

このうち「脈管と風」のヨーガは、ニンマ派のアヌヨーガや、ボン教における最古のゾクチェンの体系である「シャンシュンの口頭伝承《ニェンギュ》の血脈」（zhang zhung bsnyan brgyud）の「十つの光明」（'od gsal bdun skor）などに見られる。

それにたいして、ヤンティ・ナクポの暗闇のヨーガは、ゾクチェン・ニンティクの暗闇の瞑想と深く通底している。ヤンティ・ナクポには、『口頭伝承の如意宝珠』（bsnyen brgyud yid bshin nor bu）と『三つの巻物』という、二種類の暗闇の瞑想の指南書が含まれている。そのうち「如意宝珠」の内容は、ゾクチェン・ニンティクにおける「海の浄化」と「海の集中」に、完全に一致している。一方、『三つの巻物』で説かれる瞑想法は、ゾクチェン・ニンティクの付属文書である「要点の書《ネーイク》」（gnad yig）の中で詳細に描かれている神経生理学を、背景にしているのである。

「ヤンティ」は「ニンティク」のさらなる精髄である、という伝統的な説明は、こうした修行法の点からも、はっきり裏づけられる。

ドゥンツォレパ二世から三百年後に出現した、ジャツン・ニンポは、カギュ派の伝統の中で、徹底したトレーニングを受けたヨーギだった。入り口を粘土で固めた洞窟で、十七年間にわたって、孤独な隠棲修行に励んだと伝えられる。また『ダーキニーの秘密の宝蔵』(rtsa rlung mkha' 'gro gsang mdzod)という、「脈管と風」のヨーガについてのきわめてコンプリートな指南書の著者でもある。

彼が発掘した埋蔵宝典の体系は、六巻の経巻からなりたっている。その第一巻に収められた『テクチューとトゥゲルの指南書』(khregs chod dang thod gal gnyis kyi khrid yig)は、ゾクチェン・ニンティクの修行をまとめたものだ。けれども、このテキストには、修行の進歩のプロセスや、果実であるブッダの境地についての記述はなく、ほかの経典を見るように指示している。

では「ほかのテキスト」はどこにあるのか? 第三巻におさめられた『光明のサイクル』(mun khrid 'od gsal 'khor yug)という指南書は、真っ暗な闇にこもる瞑想修行とトゥゲルを組み合わせて修行する方法について述べている。このテキストには、修行のしるしについて、次のように書かれているのである。

> 日ごとに、体験とヴィジョンは増大する。それはあたかも、無尽蔵の法界の宝庫から溢れ出してくるようだ。……法性滅尽の顕現の段階にいたると、顕現と心は一つに融合し、(肉体は)光の塊である虹の身体に変容する。[17]
>
> 最高にすぐれた機根の者は、透明無碍な法界と明知が不二である境地に、解脱する。虹の光の

塊に変わってしまうのである。[18]

このジャッン・ニンポの時代以降、「虹の身体」という表現が、ゾクチェン・ニンティクの指南書の中に、しだいに姿をあらわすようになる。ジャッン・ニンポの直弟子だったラソン・ナムカ・ジグメ（一五九七〜一六五〇）の埋蔵宝典は、「虹の身体」をキーワードとし、カギュ派のマハームドラーとニンマ派のゾクチェンを統合した内容になっている。

こうした傾向は、カルマ・チャクメ（一六一三〜七八）の書いたテキスト群によって、さらに推し進められたと考えられる。

カルマ・チャクメは、ニンマ派の密教行者の一族に生まれ、カルマ・カギュ派の転生化身の候補者として、徹底した英才教育を受けた。「マハームドラーとゾクチェンの統合」（phyag rdzogs zung 'jug）をテーマとする美しい指南書の著者であり、さらに晩年の「山の法」では、コーギニー・タントラとゾクチェン・ニンティクの修行の究極の到達点を、どちらも「虹の身体」という言葉で、表現しているのである。カルマ・チャクメの膨大な著作と活動は、東チベットからしだいに広がり、十九世紀の超宗派運動に、たいそう大きな影響を与えた。[19]

その後、カルマ・チャクメの甥で弟子でもあったクンサン・シェラプ（一六三六〜九九）が書いたトゥゲルの指南書である『ブッダの掌』（sangs rgyas lag lcang）や、ミンドゥリン・テルダクリンパ（一六四六〜一七一四）の短いトゥゲルの口伝書は、「虹の身体」という表現をはっきり用いているのである。

「虹の身体」と大いなる転移——超宗派運動とドゥジョム・リンパ

こうした変化は、チベットにおける政治体制の大きな転換と重なっていた。

一六四一年にダライ・ラマ五世のイニシアティヴのもとで、中央チベットに、顕教と戒律を重視するゲルク派の統一政権が樹立された。それとともに、密教の修行を重んじるカギュ派やニンマ派の教えの中心は、しだいに東チベットに移っていく（ダライ・ラマ五世じしんはすぐれた密教行者で、超宗派的なスタンスを持っている人物だった）。

それからおよそ百年後、東チベットで超宗派運動（ris med）が始まる。異なる宗派の間での交流が活発になり、口伝が交換される。それとともに、ヨーギニー・タントラとゾクチェン・ニンティク、それぞれの修行の究極の果実について、さまざまなハイブリッド思考が繰り広げられるようになったのだと考えられる。

超宗派運動の現代における重要な継承者で、カギュ派とニンマ派の瞑想の伝統を現代に伝えたトゥルク・ウギェン・リンポチェ（一九二〇〜九六）は、次のように語っている。

虹の身体の悟りを得た人物を、わたしは個人的に二人知っている。一人は、デルゲに住む在俗の密教行者だ。もう一人は、わたしの師匠のお母さんの実家にある牛小屋で、虹の身体になった。数人が目撃しており、ジャムゴン・コントゥル二世が、わたしに話してくれた。だから、まぎれもない事実だと思う。ジャムゴン・コントゥル二世には、たいそう長身でハンサムな兄がいた。彼が現場にいたのである。

年老いた尼さんが、巡礼の途中、村を通りかかった。そして一族の豊かな暮らしぶりを見て、敷地の中で、短い隠棲修行をさせてくれないか、頼んだのである。使っていない牛小屋が一つあったので、そこはどうか尋ねると、尼さんは言った。「一週間、扉を閉め切って、厳密な隠棲をさせてくださいい。扉の前に石を積んでくださいな。誰にも邪魔されたくないのです。」一族は行者が隠棲修行する施主になるのに慣れていた。誰かが食事を運んで、世話するように、すでに話がついているのだと思った。「好きなようになさい。」一も二もなく、その場で同意した。

三日後、不思議な出来事が起こり始めた。牛小屋の扉をおおうように作った石壁のすき間や穴から、さまざまな色の渦巻く光や閃光が、漏れ出てきたのである。屋根の下から光が出てきて、小屋の外では、光の玉がすばやく飛びかかった。「いったい何がおこっているのだろう。」みんないぶかった。誰が老いた尼さんの世話をしているのか、食事は誰が運んでいるのかも気になる。だが一家の召使いに聞いても、誰も知らない。誰かが食事の世話をしているはずだ。けれども、そんな人間はいない。きっと自分で調理しているのだろう、ということになった。「でも、牛小屋の中に調理できる場所など、あったかい？」ジャムゴン・コントゥル二世の兄が尋ねた。「ありませんせん。炉も何もありませんよ。」何を食べているのだろう？　水はあるだろうか？　そもそもこの光は何だろう？

ついに中を見てみることにした。積んだ石を取り除き、扉を開けて、のぞき込む。すると、尼さんの体は、ばらばらになっていた。両腕と両足が、胴体から離れ、別々の場所にあった。骨のはじからは、渦巻く虹の光がとぐろをまいて放射され、その間も体は分解しつつあった。「いったいなんだ？」「亡くなったのかしら？」

「何か、特別なことが起こりつつあるようだ。七日間、一人にしておいてくれと言っていたじゃないか。このままにしておこう。」正気をたもっている者が言い、みんなでもう一度石を積んだ。一週間後、牛小屋の扉を開けてみると、虹の光は消え失せていた。一滴の血も、肉も、骨も、残っていなかった。ただ手と足の爪と一束の髪の毛だけが、まるできれいに並べたように、床に横たわっていた。[20]

ゾクチェン・ニンティクの古い経典によると、肉体が消えるときには、虹の光に融解する場合と、ごく微細な分子――「極微」――に分解する場合の二つがあるとされる。この尼さんは、前者の例ということになるだろう。

トゥルク・ウギェン・リンポチェは、こうした区別を、ゾクチェンを超えて適用しようとしている。さきほどの引用に続けて、次のように述べているのである。

（ニンマ派の）埋蔵宝典の伝統には、虹の身体を直接に悟るための教えがある。それに対してカギュ派では、心は法界に融け入り、肉体は極微に融解するとされる。インドの八十四人のマハーシッダのうち、遺体をあとに残した者は一人もいない。[21]

ひとことで「虹の身体」と言っても、いろいろなケースがある。ことなる伝統の異種交配が起こり、さまざまな情報や口伝が入りまじる。およそ十七世紀ごろから、「虹の身体」と呼ばれてきた現象を、精密に分類しようとする試みが、しだいに本格化していったのだと考えられる。

そのうち最も新しいものは、ドゥジョム・リンパ（一八三五〜一九〇四）の著作である。ドゥジョム・リンパは、ゾクチェンの修行の到達点を、次のように「大いなる転移の仏身」、「大いなる虹の身体」、「小なる虹の身体」、「小なる転移」の四つに分類しているのである。

このうえなく微細な知識の障害（所知障《しょちしょう》）が、法界に消え去ると、真実をじかに知る如実知の智慧の力が完成し、基なる元来清浄な原初の法身をわがものとする。また個別の現象について見抜く智慧の力が完成し、自然なままで完全な仏身と智慧の遊戯にみちたあらわれを、わがものとする。そうして真に完全なブッダの境地に転移し、すべてに浸透する境地にいたるのである。最高にすぐれた機根の者は、あたかも水が水に溶け入るように、あるいは空間が空間に溶け入るように、すべてに遍満する無限の法身、すなわち「大いなる転移の仏身」の境地へと解脱する。中間の機根の者は大空に虹が消えるように、「大いなる虹の身体」の境地に入り、ブッダとなる。低い機根の者は、基の光明がたちのぼるときに、法界から溢れ出す虹の光に包まれる。物質の体はどんどん小さくなり、最後には、肉体（色蘊）を残すことなく、虹の身体にいたる。それを「小なる虹の身体」と呼ぶ。また基の光明がたちのぼるとき、一週間以上かかって、物質の体がしだいに小さくなり、不純物である髪の毛と爪だけが残る場合もある。からだは極微に消滅する。それを「小なる転移」と呼ぶ。

（「自生の本質を説き明かすタントラ」）[22]

トゥルク・ウギェン・リンポチェやドゥジョム・リンパの言葉からわかるとおり、「虹の身体」の悟りについて、どんな用語を使って分類するかは、指南書や論書の著者によって、あるいは血脈によって異なっている。

実際にその悟りを得る人々の大半は、一所不住で放浪し、あるいは一生を山の洞窟や隠棲小屋で過ごす、「隠れたヨーギ」だった。ゾクチェンの導師たちは、そうしたヨーギたちの達成を目の当たりにした人々の口伝えの言葉と、みずからの修行体験を結びつけながら、弟子たちに伝える試みを続けてきたのである。

現代へ

ここまでわたしたちは、ゾクチェン・ニンティクにおける「光の身体」の概念が、ヨーギニー・タントラの「虹の身体」と合流するプロセスを見てきた。もう一回まとめておこう。

ニンマ派に属すゾクチェン・ニンティクの系統の教えは、カルマパ・ランジュン・ドルジェをはじめ、カギュ派の導師たちと深い関係を持って、伝承されてきた。けれどもニンマ派であれ、カギュ派であれ、ゾクチェンの修行者は、ある時期まで、二つの伝統をはっきり区別していたと考えられる。ヨーギニー・タントラで用いられてきた「虹の身体」という言葉が、ゾクチェンの口伝書に明確にあらわれ、広がるのは、十七世紀になってからのことのようだ。

十七世紀後半以降、カルマ・チャクメや超宗派運動の時代をつうじて、ヨーギニー・タントラとゾクチェン・ニンティクの伝統は、しだいに深く入りまじるようになった、と考えられる。

こうした融合への傾向は、カギュ派にかぎらない。サキャ派においても同じことが起こったと考えられる。ここでは二人の例を挙げておこう。

一人目は、ジャムヤン・ロテル・ワンポ（一八四七〜一九一四）だ。ジャムヤン・ロテル・ワンポは、超宗派運動を主導したジャムヤン・キェンツェ・ワンポの弟子で、サキャ派の支派であるンゴル派に属していた。『タントラ集成』（rgyud sde kun bstus）、『成就法集成』（sgrub thabs kun bstus）という二種類の密教経典のコレクションを編纂したことで知られ、ヨーギニー・タントラの修行にも精通していた。彼が書いた「道と果」の口伝書には、「虹の身体を現成する輝く灯明」（'ja' lus mngon gyur gsal ba'i sgron me）という特別な口伝が含まれている。

その一方でジャムヤン・ロテル・ワンポは、ゾクチェンの修行者でもあった。その転生化身だったチューギェル・ナムカイ・ノルブ・リンポチェ（一九三八〜二〇一八）によると、ジャムヤン・ロテル・ワンポの蔵書には、ゾクチェン・ニンティクの重要な指南書である『至上の智慧』が含まれており、その中のトゥゲルの修行のページには、第三段階である「明知の成熟」に入ったときの、本人の体験が書き込まれていたという。[23]

もう一人は二〇一六年に示寂したジグデル・サキャ・ダクチェンである。すでに述べたとおり、ジグデル・サキャ・ダクチェンは、現代サキャ派の最も重要な導師の一人で、世界中でその教えを説いた。

その一方、ゾンサル・キェンツェとディルゴ・キェンツェの弟子でもあり、二人からゾクチェンの教えを学んだ。ダージリンで「道と果・弟子流」(lam 'bras slob bshad)を授けたとき、説法の途中で「サキャ派において最も高度な教えは、「道と果」である。仏教全体で最も高度なのは、ゾクチェンである」と述べたと伝えられる。

南インドと中国のタントリストたち

霊的な導師や修行者の体が、光になって消えてしまう。あるいは空中に浮かび上がり、天空に消え去る。そうした伝承はチベットに限らない。ネイティヴアメリカン、ゾロアスター教、ユダヤ教、キリスト教、イスラム教など、世界の各地に存在する。[24]

そのなかで最も興味深いものの一つは、南インドのタミールの聖者、ラマリンガム(一八二三~七四)である。[25]幼いころに父を亡くしたラマリンガムは、チェンナイの母方の伯父の家で育った。五歳になると、自分の部屋にランプと鏡を並べ、瞑想を始めた。三十代のなかばには愛と菜食の重要性、カースト制度の打破を訴え、餓える者すべてに食事を与える運動を始めた。

ラマリンガムは徹底した神秘家だった。人間には肉体とは別に、三つの微細なレベルの身体が存在する。太陽やランプの光を体内に取り入れることで、粗大な元素を浄化し、清らかな元素に変化させることができる。瞑想や神への祈りによって、心身は根源的な変容を遂げる。そうした直観を伝える多くの神秘詩を書いた。

「より多くの人々に奉仕できるよう、力を与えたまえ。」夢の中で祈りを捧げると、神が力を与えてくれる。ラマリンガムのもとに多くの信者が集まった、大きな理由の一つは、彼が示したさまざまな奇跡だった。

その最期の日々は、謎に包まれている。五十歳のとき、ラマリンガムは自室から「人間の霊的進歩」をテーマとする最後の講演をし、ランプを外に出すと、内側から鍵をかけた。「今度開けるとき、わたしはいないだろう。」謎の言葉はさまざまな憶測を生み、噂が駆けめぐった。三か月後、政府の役人が扉を開けてみると、部屋はもぬけの空《から》だったと伝えられる。

チベットにおける「虹の身体」について考えるうえで、直接に興味深いのは、中国の道教と禅である。

葛洪の『神仙伝』（西晋・三世紀）は、後漢までの仙人たちの短い伝記をまとめたものだ。そのなかに登場する「大いなる神秘の女」（「太玄女」）という女性の仙人については、だいたい次のように書かれている。[26]

太玄女は、姓は顓《セン》、名は和《カ》といった。幼いころに父を亡くして、母と二人だったが、あるとき、人相を見てもらったところ、二人とも長生きしないと言われた。決心して、師を探す旅に出発し、やがて良い師に出会うと、心を清め、道を求めた。仙人王子喬の術を修行するうちに、水に入っても濡れなくなり、真冬の雪の日でも、氷の上に服一枚でいられるようになった。宮殿、城市、家屋を、ほかの場所に移動させることもでき、扉や箱の鍵も、すぐに開いてしまう。

変身の術や、火を吐き出して、炎で空間を満たすといった炎や熱のコントロールもできる。いったん死んだ人間を生き返らせる「起死回生」の術にもつうじ、無数の人を救った。

太玄女は、三十六の術に精通し、どんどん若返り、頭髪も鴉のようにまっ黒だった。そしてある日、忽然として白日に昇天し去った。

道教の仙人には、三つのタイプがある。最初は、この太玄女のように空中を上昇し、姿を消す「天仙」である。二番目は、何千年も生きる「地仙」だ。そして三番目は、いったん死んで埋葬されたあと、死体が消える「屍解仙」である。

タオの修行者たちは、呼吸法（「吐納」）、体操（「導引」）、観想（「存思」）、食事（「服餌」「辟穀」）、服薬（「外丹」）、房中術などをつうじて、粗大な物質からなる肉体や生命エネルギーを浄化し、神仙の境地に入ることを目指す。「精を練って気となし、気を練って神となし、神を練って虚に還す」という言葉は、そのことをよく表現している。

峨眉丹道医薬養生学派第十四代伝人である張明亮老師（一九七〇～）によると、中国四川省にある峨眉山では、古くから道教、仏教、漢方医学が融合し、強力な伝統をかたちづくってきた。なかでも道教の修行をつうじて、仙人になる者が輩出した。昇天して消える。死後に遺体が収縮して消える。あるいはごく小さな体が残る。さまざまな場合があったという。[27]

湖北省にある武当山で、一九八〇年代に道教の修行を学んでいたロシア人のイヴァン・ゴルバチョフによると、彼の老師は、武当山に伝わる技をひととおり授け終わると、高弟たちを呼び集めた。弟子たちを前に、法座に座った老師は、「まだ一つ与えていなかった教えがある」と言うと、そのまま空中に上昇し、消えてしまった。

中国では四世紀ごろから道教、儒教、仏教を融合して、新しい道教経典がつくられるようになる。しだいに整理されていった道教の中で、神仙になるための最も重要な修行法の一つは、呼吸法をつうじて精を練り、気を練り、へそ下の下丹田から気の生命エネルギーを引き上げて、頭の上丹田に入れる内丹法である。

唐代になると、こうした身体技法を記した文書に「泥丸《ニルワン》」という表現が、あらわれるようになる。この言葉は、インド語の「ニルヴァーナ」の音写だと考えられている。道教の行者たちは、自分たちの哲学を表現するのに、仏教の用語を使うことをためらわなかったのである。

タオイストたちの修行の大きな特徴は、すでに引用した『神仙伝』の太玄女の伝記からもわかるように、健康を求める養生法が、超常的な能力や昇仙の悟りにつながっていく点にある。

謝明徳老師（一九四四〜）は、そうした神仙の道のありようを、現代において体現している導師だ。特に興味深いのは、穀類を断つとともに、清らかなエネルギー（「元気」）を吸い入れる「辟穀」を現代風につくり変え、長期間暗闇にこもる修行（dark room retreat）を教えていることだ。

謝明徳老師によると、もともと辟穀は、洞窟の闇の中で行うことが多かった。けれども、実際に中国の聖地にある洞窟（「洞天」）をたずね歩いてみると、適当な場所がない。そこで、長期間暗闇の修行ができるように、専用の建物をつくることにしたのだという。[28]

おもしろいのは、謝明徳老師の教える暗闇の隠棲修行が、――食事の点を除くと――、チベットに伝承されるものと、とてもよく似ているように見えることだ。

謝明徳老師が教える、現代化されたタオの暗闇の修行には、いくつかの異なる技法が含まれている。その最後の段階では、脳内に崑崙山を観想する。道教の修行は、へそ下の下丹田から気のエネルギーを引き上げ、身体に循環させる内丹を重視する。その土台の上で、脳の神経中枢に特に意識を集中する瞑想を行うのである。それによって、道教で重視される北極星紫微宮と、しっかりしたつながりをつくる。紫色をはじめとする光や、神秘的な音体験が生まれる。

シンボリズムのちがいをとりはらって考えると、謝明徳老師の教える暗闇の修行法は、チベットで伝承される異なる暗闇の修行法のちょうど中間に、位置しているように見えるのである。

謝明徳老師によると、現代化された僻穀は、粗大な物質でできた肉体を純粋な光でできた「元神」に変容させる。生きている間にこの変容のプロセスを完成すれば、肉体は消えてしまう。だがたとえ完成しなくても、心配しなくていい。死のとき、みずからの存在を「元神」に移せば、不死を得られる。それぞれの修行のレベルにおうじて、物質の肉体は消滅し、あるいは小さくなって残る。

古代中国に始まる道家の教えは、ときとともに分化し、さまざまな流派に分かれてきた。その現代の到達点にあたる謝明徳老師の教えが、チベットで伝承されるものとよく似た修行と理論を持つことになったのは、たいそうおもしろく感じられる。

中国の霊的伝統でもう一つとても興味深いのは、『臨済録』に登場する普化だ。墓場をねぐらとし、了然大悟した臨済義玄（～八六七）をも驚嘆、絶句させる。『臨済録』は、この風狂僧の最期を次のように描く。[29]

ある日、普化は「法衣をくれ」と叫んで、街中を歩き回った。それを聞いて臨済は棺桶をしつらえさせ、普化に渡した。普化は大喜びし、「臨済がわたしに法衣をくれた。わたしは東門で入滅しよう」と言う。群集が東門に向かうと、「今日はやめた、明日、南門で入滅する」と言う。そんなこんなが続き、普化はなかなか入寂しない。四日目になって、誰も来なくなった。すると普化は一人で城外に出て、棺の中に入り、道行く人に釘で蓋をしてもらった。ことはすぐに城内に伝わり、群集が押しかけ、棺を開いた。中は空っぽ。ただ空中に普化の鈴の音が響くのみだった。

チベットの伝統から、この普化の話を見ると、どうなるか？

ゾクチェンの初期の血脈には、中国人の導師が姿をあらわす。ゾクチェン・ニンティクは、ウディヤーナ国――パキスタン北西部のスワート渓谷を中心にする古代王国――に生まれたヴァジラプラヘー（ガラップ・ドルジェ）から、インド人のマンジュシュリーミトラへ、さらに中国人のシュリーシンハに伝えられたとされるのである。

チベットにニンティクの教えを請来したパドマサンバヴァとヴィマラミトラは、このシュリーシンハの弟子だった。ヴィマラミトラには、ジュニャーナスートラという仲のいい同い年の兄弟子がいたが、この二人はニンティクの教えを、シュリーシンハから、中国の墓場で学んだと伝えられる。

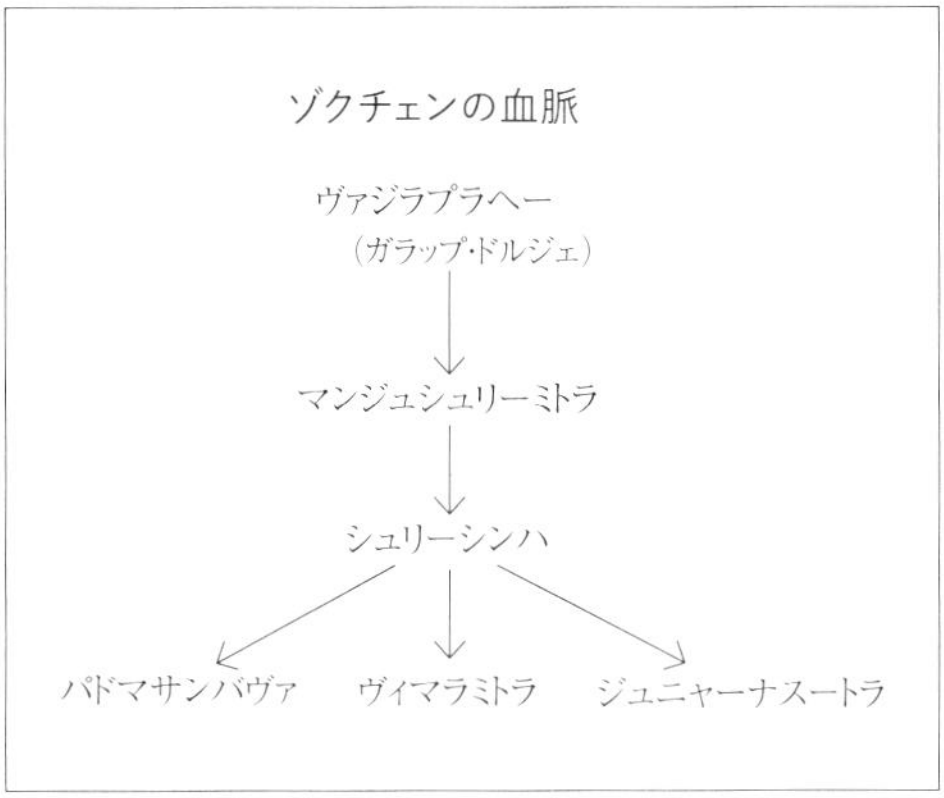

特に興味深いのは、ジュニャーナスートラをめぐる伝承である。ジュニャーナスートラは、ゾクチェン・ニンティクの経典を、二人の中国人に教えてから、インドに帰国したとされるのである。「ヴィマラミトラのニンティク」に収められた聖者伝には、次のように書かれている。[30]

あるときシュリーシンハは、コータン国王に招かれ、西方への旅に出発した。ところが、途中で、空中に浮かび上がり、虹の光の塊の中に消えてしまった。悲しみのあまり気絶したジュニャーナスートラが目を覚ますと、光の塊から手だけが差し出され、教えが入った小箱が落ちてきた。

光の塊からは、声が聞こえてきた。「ニンティクの秘密の口伝の書かれた経典を、「吉祥万門」(bkra shis khri sngo) の柱の中に隠してあるから、取り出しなさい。それからインドのバシンという屍林に行きなさい。」

ジュニャーナスートラは、師の授記にしたがおうと考え、秘密の経典を取り出し、絹の布で大切に巻いた。そしてそれらの経典の教えを、中国人の「成熟した功徳の主」(le smin tshogs bdag) と「善き心と素晴らしい智慧を持つ者」(sems bzang dpal gros) の二人に授けた。それからインドのバシンという屍林に出発した。

ヴィマラミトラは、インドで友人のジュニャーナスートラと再会した後、八世紀末に、チベットを訪れたとされる。クロノロジーからいえば、ヴィマラミトラと同い年だったジュニャーナスートラの中国人の弟子が、九世紀を生きた臨済義玄に会ったとしても、何の不思議もない。

一方で禅は道教と密接に交流しながら、発達した。「ヴィマラミトラのニンティク」の伝記作者は、両者の交流の中から生まれた普化の伝承を耳にして、新たなエピソードを創作したのだろうか。真実をはっきり知る術は、今のわたしたちにはない。

【註】

1 Na' ro pa, *sNyen brgyud rdo rje'i tshig rkang,* in *bsTan 'gyur (dpe bsdur ma),* 1994~2008, vol.52, pp.1821-1827. ここでの引用は、p.1825.

2 rNal 'byor rgod tshang ras pa, *rJe btsun ras chung rdo rje grags pa'i rnam thar rnam mkhyen thar lam gsal ba'i me long ye shes snang ba,* KMT Publisher, 2006, pp.476-479. 訳文は、部分的に要約、圧縮してある。

3 Dwags po kra shis rnam rgyal, *gSang sngags rdo rje theg pa'i spyi don mdor bsdus pa legs bshad nor bu'i 'od zer,* in *Nges don phyag rgya chen po dang zab mo na' ro'i chos drug skor,* Vajra Vidya Institute Library, 2011, p.414.

4 mKhas dbang gdong thog bstan pa'i rgyal mtshan, *Byang phyogs thub pa'i rgyal tshab dpal sa skya pa'i bstan pa rin po che'i lo rgyus rab 'byams zhing du snyan pa'i sgra dbyangs,* Sapan Institute, 2014, p.58.

5 以下、ミニャク・トゥルクの著者へのパーソナル・コミュニケーションによる。

6 Chogye Trichen Rinpche, *Parting from the four attachments,* Snow Lion, 2003, pp.21-22.

7 ヴァジラヨーギニーについては、E.English, *Vajrayogini,* Wisdom Pub., 2002. 参照。

8 Tshar chen blo gsal rgya mtsho, *rJe bsun rdo rje rnal 'byor ma'i na' ro mkha' spyod kyi mkha' spyod bsgrub pa'i gser chos chig brgyud ma,* in *gSung 'bum,* Bod ljongs zhing chen bod yig dpe rnying bsdu sgrigs khang, 2016, vol.5, pp.251-254.

9 以下、ツァルチェン・ロセル・ギャツォとネサル・ジャムヤン・キェンツェ・ワンチュクの伝記については、mKhas dbang gdong thog bstan pa'i rgyal mtshan, *op.cit.* および C.Stearns, *Song of the Road*, Wisdom, 2012.

10 なお、「ナーローパのケチャリ」の指南書は、以下の三巻本に集められている。*Na' ro mkha' spyod phyogs grigs,* rDzong sar khams bye'i slob gling, 2013.

11 ケンポ・ンガワン・ツルティムのパーソナル・コミュニケーション。

12 *Grub pa'i dbang phyug dza' ha bhi' ra yi gdams pa thun mong ma yin pa,* in *Rin chen gter mdzod (Shechen),* vol.31, pp.67-77. Tarthang Tulku, *Masters of the Nyingma Lineage,* Dharma Pub., 1996, pp.220-221. ラサーヤナについては、本書の第六章ニャラ・ペマ・ドゥドゥルを参照。

13 これらの点については、あらためて詳しく扱う予定である。

14 kLong chen rab 'byams dri med 'od zer, *Tshig don rin po che'i mdzod,* 1983, Sherab Gyaltsen and Khentse Labrang, p.390.

15 kLong chen rab 'byams dri med 'od zer 1983b. *Theg pa'i mchog rin po che'i mdzod,* Sherab Gyaltsen and Khentse Labrang, pp.103-104.

16 Rig 'dzin rgod ldem, *dGongs pa zang thal,* Thub bstan rdo rje brag e wam lcog sgar, 2000. Rig 'dzin god ldem, *gSang lam 'ja' lus rdo rje,* in *sNga 'gyur byang gter chos skor phyogs bsgrigs,* vol.7, Byang gter dpe sgrig tshogs chung, 2015, pp.491-502.

17 Rig 'dzin 'ja' tshon snying po, *Mun khrid 'od gsal 'khor yug,* in *'Ja' tshon pod drug,* Konchhog lhadrepa, n.d., vol.3, p.266.

18 *Ibid.,* p.280.

19 カルマ・チャクメの時代的背景については、永沢哲「トゥクタムと死の光明」(『チベット仏教の世界』法蔵館、二〇二一年)。

20 Tulku Urgyen Rinpoche, *Rainbow Painting,* Rangjung Yeshe Publication, 1995, pp.182-183.

21 *Ibid.,* p.183.

22 bDud 'joms gling pa, *gNas lugs rang byung gi rgyud rdo rje snying po,* in *gSung 'bum,* Lama

kuenzang wangdue, 2004, vol.17, pp.464-465.

23　チューギェル・ナムカイ・ノルブ・リンポチェのパーソナル・コミュニケーション。

24　フランシス・ティソは、チベットにおける「虹の身体」とキリストの復活を対比している。F.Tiso, *Rainbow Body and Resurrection*, North Atlantic Books, 2016.

25　SP. Annamalai, *The Life and Teachings of Saint Ramalingar*, Bhavan's Book University, 1974. T.R.Thulasiram, *Arut Perum Jothi and Deathless Body*, Madras University of Madras, 1980. ラマリンガムについては、ティソも触れている。F.Tiso, *op.cit.*

26　『神仙伝』巻七。本田濟ほか訳『抱朴子　列仙伝・神仙伝　山海経』（平凡社、一九七三年）。

27　張明亮老師の著者へのパーソナル・コミュニケーション。

28　このあたりは、謝明徳老師の著者へのパーソナル・コミュニケーションによる。Mantak Chia, Dark room technology, Universal Tao.

29　『臨済録』（入矢義高訳注、岩波文庫、一九八九年）一七五〜一七七ページ。

30　*gNas 'byed bdun pa*, in *sNying thig ya bzhi (Sikhron)*, vol.2, 2016, pp.350-352. 訳文は部分的に省略、圧縮してある。

後書き

夜の八時にイギリス植民地時代の夏の首都シムラを出発した夜行バスは、一晩かけて、インド・ヒマラヤを駆けのぼる。

そのころインドでは、バスがよく落ちた。何十年も使われてきたタタ社のバスが、乗客と荷物をいっぱいに積み、黒い排気ガスの煙を吐きながら、断崖絶壁にへばりつく曲がりくねった夜の道を進む。夜通し走る運転手の瞼はときどき閉じ、運転席にはしばしばアルコールやガンジャの匂いが漂う。

デリーのマジノカ・ティラにあるチベット人キャンプで、さんざんおどかされていたわたしは、シムラにあるニンマ派僧院の主、タクルン・ツェトゥル・リンポチェに、いつ出発したらいいか、占ってもらった。ツェトゥル・リンポチェは、未来を見抜く神通力で知られ、数日前も、わざわざデリーからチベット人が、数珠を使った占いをしてもらいにやって来ていた。

ツェトゥル・リンポチェは、数珠もサイコロも振らない。その場で「いつでも大丈夫ですよ」と、にこやかにおっしゃる。わたしはとても素直な気持ちで、翌日の夜出発することにした。ツェトゥル・リンポチェの予言のおかげだろう。わたしはバスの中で熟睡した。

明け方近く、急にバスが止まる。乗客はがやがやしゃべりながら、降りていく。洪水で川が氾濫し、道路が水没している。乗客と荷物を全部下ろして身軽になったバスを、一足先に向こう岸に渡り終えたトラックが、ロープで引っ張る。四十人あまりの男たちが集まり、かけ声とともに押す。あらためて乗車したのは、一時間後だった。

クヌ渓谷の小さな交易都市マナリの一五キロほど手前で、バスを降り、東南の斜面に開いた急な山道を、汗だくになりながら一時間ほど登る。

標高二〇〇〇メートルあまり、クヌ渓谷を見下ろす小高い丘の上に、小さな木造の瞑想小屋が並んでいる。空は青く晴れ上がり、清らかな風が吹く。パンカン・リトゥだ。

パンカン・リトゥ（「パンカンの山の行場」）は、メワ・ケンポ・トゥプテン・リンポチェが開いた行場だ。わたしが行ったころは、チベット人とクヌ人を中心に、五十人ほどの行者が厳格な隠棲修行を行っていた。

出会った尼さんの案内で、その日の午後、メワ・ケンポ・トゥプテン・リンポチェにお会いした。ラマから預かった手紙とカタを差し上げる。リンポチェは、手紙を読み終わると、「返事を書くから明日取りに来なさい。今夜はここに泊まればいい」とおっしゃる。

メワ・ケンポ・トゥプテン・リンポチェは、東チベット出身の学僧にしてヨーギだ。ニンマ派のすぐれたラマのもとで二十年あまり仏教の学問を修めた後、ヒマラヤを徒歩で越えた。インドの聖地ツォ・ペマで六年ほど隠棲した後、パンカン・リトゥを開き、ゾクチェンの瞑想に専念してきた。

東チベットの牧畜民の方言に慣れないわたしは、リンポチェの言葉を黙って聞いていた。

しばらくすると、祭壇の上にある一枚のラマの写真を指差して、「誰かわかるか」とおっしゃる。

そこには椅子に座り、真っすぐ正面を見つめる一人のラマの姿が写っていた。六十代の後半だろうか。存在の全体から、赤子のかすかな微笑みが放射されているように感じられる。

それから三時間あまり、メワ・ケンポ・トゥプテン・リンポチェは、自分の伯父で「虹の身体の大いなる転移」を覚ったメワ・ケンポ・ツェワン・リグズィン（本書三章）の一生について、訥々と語られたのである。夕闇の帳が部屋を包むころ、わたしはかろうじて聞いた。

「空中に浮かび上がって消えたのだとすると、ヴァジラヨーギニーの浄土に向かう「ケチャリ《カチュー》の転移《ポワ》」ではありませんか？」

「いや。グル・リンポチェの真言が鳴り響いていたのだから、そうではないよ。虹の身体の大いなる転移だ」

それから半年後、わたしはカトマンドゥにあるスワヤンブナート仏塔近くの僧院で、リンポチェに再会し、ロンチェン・ニンティクの灌頂を受ける幸運に恵まれた。

さらに一年後、メワ・ケンポ・トゥプテン・リンポチェは、パンカン・リトゥで一週間のトゥクタムに入られた。その間、瞑想のポーズを保った体は日に日に収縮し、五歳の幼児ほどの大きさになった。

トゥクタムが終わると、全身に金箔が貼られ、集まった有縁の弟子たちは、その前で一週間にわたり、密教の三昧耶戒を浄化するための、供養のガーナチャクラプジャを行じた。その後、リンポチェの遺体は荼毘に付された。遺灰からは無数の仏舎利が出た。

この本を、わたしはパンカン・リトゥでケンポ・トゥプテン・リンポチェと過ごした数時間の記憶に導かれながら、書いた。

本書は、さまざまな方々の助けによって、はじめて生まれた。

ニチャン・ケントゥル・リンポチェは、わたしの成長を見守り、ケンポ・アチューの伝記を手渡すとともに、本書を書く作業を励ましてくださった。

タクルン・ツェトゥル・リンポチェ、ティンレー・ノルブ・リンポチェ、ラマ・セルポ・リンポチェ、カンサル・テンペワンチュク・リンポチェ、ペマ・ノルブ・リンポチェ、ドドゥプチェン・リンポチェ、トゥルシク・リンポチェ、メワ・ケンポ・トゥプテン・リンポチェ、ツェリン・ワンドゥ・リンポチェは、灌頂や教えをつうじて、ゾクチェン・ニンティクの宝の蔵への扉を開いてくださった。

ケンポ・ソナム・ワンチュク、アンゾム・ギェルセ・トゥルク、ラマ・ソナム、ラマ・ルントク、ラマ・ドラ、ケンポ・カタヤナ、ラマ・カルマ、ケンポ・ツルティム・サンポ、ラマ・ウギェン、HC、フランシス・ティソ、グレゴール・モフキン、中澤中は、本書の土台となる資料や情報を惜しみなく提供してくださった。

チョプギェ・ティチェン・リンポチェ、ミニャク・トゥルク、ケンポ・ンガワン・ツルティムは、その存在と知識をつうじて、サキャ派における「虹の身体」について、わたしを無知から引き出してくださった。

ヤコブ・ヴィンクラー、中川吉晴のお二人は、原稿の一部を読み、コメントして下さった。イゴール・レガティ、オリオル・アギラルは、写真の使用を許して下さった。

本書における道教の理解を、わたしは謝明徳老師、張明亮老師のお二人に負うている。

本書の第二、三、六、七章の初出である「サンガ」の担当編集者である川島栄作さん、そして、これほど分厚い本の出版を快諾されたＢＮＰ出版の野村敏晴さんに、深い感謝の念を捧げる。

本書の土台となる研究の一部は、科研費（18K00091）の助成によってなされた。

最後になるが、チューギェル・ナムカイ・ノルブ・リンポチェは、ゾクチェンの豊穣な世界に導いてくださった。リンポチェとの出会いがなければ、この本はけっして書かれなかった。

一九九〇年代のある日、広々とした緑の中をいっしょに散歩しながら、わたしは聞いた。「虹の身体の覚りは、報身の純粋な光のレベルに姿をあらわす原初の智慧の身体と同じという考え方もあるようですが……」

「それは正しいとは言えないね。報身のブッダたちの純粋な光のヴィジョンは、菩薩の初地《しょじ》以上の段階に入った者たちの前にあらわれてくる。それに対して、「虹の身体」は、まだ菩薩になっていない有情にもあらわれる。この二つは別ものだ。」

「根本ラマだったニャラ・チャンチュプ・ドルジェは、「虹の身体」を覚られましたね。「虹の身体」にあるニャラ・チャンチュプ・ドルジェとお会いになったことはありますか？」

「あるよ。夢の中では何回もお会いしたけれど、昼間お会いしたのは一回だ。」

存在の本質は、水晶のように清らかな空無の内部空間から自然に放射される明知の光である。存在の土台に還帰するとき、物質と意識は、本質である空性の光に消滅する。人間には、光に満ちた究極の自由と大楽のなかに解脱する可能性が、開かれている。

チベット人のラマたちは、異国での長い亡命生活のなかで、あるいは収容所に閉じ込められながら、感情と思考の固い束縛のなかでもがく人々のために、ゾクチェンの叡知を伝えようとしてきた。この本は、そうしたラマたちのこだまする声を、未来に送り届けるために書かれた。

永沢 哲

【著者プロフィール】
永沢 哲● ながさわ てつ

1957年、鹿児島県生まれ。東京大学法学部卒。宗教学（チベット仏教、仏教哲学、身体論）。京都文教大学准教授、上智大学グリーフケア研究所客員准教授を経て、現在アティ・ゾクチェン研究所所長。主な著書に『野生のブッダ』（法蔵館）、『野生の哲学』（筑摩文庫、湯浅泰雄賞）、『瞑想する脳科学』（講談社）、『チベット仏教の世界』（法蔵館、監修）、訳書に『虹と水晶』、『夢の修行』（法蔵館）、『ゾクチェンの教え』（地湧社）などがある。

[装幀]
福島デザイン事務所／福島 治、ラデツキー リョウタ

[カバー画]
ナンワ・タムパ（ドゥグ・チューギェル画）
The Temple of the Great Contemplation, Shangshung Edition

虹の身体――チベットのヨーギたちと光の錬金術

二〇二四年一二月二五日　初版第一刷発行

著　者――永沢 哲
発行者――埋田喜子
発行所――株式会社 ビイング・ネット・プレス
〒252-0303 神奈川県相模原市南区相模大野 8-2-12-202
電話 042-702-9213
印刷・製本――モリモト印刷株式会社

ISBN978-4-908055-31-7 C0014 Printed in Japan